U0636934

公共哲学

PUBLIC PHILOSOPHY

第3卷

# 日本的公与私

［日］佐佐木毅　［韩］金泰昌　主编　　刘雨珍　韩立红　种　健　译

PUBLIC AND PRIVATE IN JAPANESE CONTEXT

人民出版社

# 总 序

# 公共哲学，作为一种崭新学问的视野

卞崇道　林美茂[*]

近年来，"公共哲学"（public philosophy）这一用语在我国学术界开始逐渐被人们所熟悉，这一方面来自于我国学术界对于国外前沿学术思潮的敏感反应，另一方面则与日本公共哲学研究者在我国的推介多少有关。其实，在半个多世纪前，"公共哲学"这一用语就在美国出现了，1955年著名新闻评论家、政论家李普曼（Walter Lippman）出版了一部名为《公共哲学》（*The Public Philosophy*）的著作，倡导并呼吁通过树立人们的公共精神来重建自由民主主义社会的秩序，他把这样的理论探索命名为"公共的哲学"。但是，此后，对公共哲学的探索在美国乃至西欧并没有取得较大的进展，尽管也有少数学者如阿伦特、哈贝马斯等相继对"公共性"问题做过一些理论探讨。另外，宗教社会学家贝拉等人也提出了

1

---

　＊ 卞崇道：哲学博士，原中国社会科学院哲学研究所研究员，现任浙江树人大学教授，我国当代研究日本哲学的知名学者。

　林美茂：哲学博士，中国人民大学哲学院副教授，主要研究领域：古希腊哲学，公共哲学，日本哲学。

以公共哲学"统合"长期以来被各种专业分割的社会科学。然而，把公共哲学作为一门探索新时代人类生存理念的学问来构筑，并没有在学术界受到普遍而应有的关注。

自 20 世纪 90 年代开始，东方的发达资本主义国家日本的学术界，却兴起了一场堪称公共哲学运动的学术探索。1997 年，在京都论坛的将来世代综合研究所（现更名为公共哲学共働研究所）所长金泰昌教授和将来世代财团矢崎胜彦理事长的发起、倡导以及时任东京大学法学部部长（即法学院院长）、不久后出任东京大学校长的著名政治学家佐佐木毅教授的推动下，经过充分的准备，在京都成立了"公共哲学共同研究会"，并且于 1998 年 4 月在京都召开了第一次学术论坛，从此拉开了日本公共哲学运动的帷幕。该研究会后来更名为"公共哲学京都论坛"（Kyoto Forum For Public Philosophizing），迄今为止，该论坛召开了八十多次研讨会，其间还召开过数次国际性公共哲学研讨会，各个学科领域的著名学者、科学家、社会各界著名人士等已有 1600 多人参加过该论坛的讨论。研讨的成果已由东京大学出版会先后出版了"公共哲学系列"丛书第一期 10 卷、第二期 5 卷、第三期 5 卷，共 20 卷。这次由人民出版社推出的这一套 10 卷《公共哲学》译丛，采用的就是该丛书日文版的第一期 10 卷本。这套译丛的问世，是各卷的译者们在百忙的工作之中抽出宝贵的时间，经过了四年多辛勤努力的汗水结晶。

这套中译本《公共哲学》丛书，涵盖了公共哲学在人文、社会科学的各个领域的理论与现实的相关问题，其中包括了对政治、经济、共同体（日本和欧美等国家地区以及各类民间集团）、地球环境、科学技术以及公共哲学思想史等问题的综合考察。第 1 卷《公与私的思想史》以西欧、中国、伊斯兰世界、日本和印度为对象,主要由这些领域的专家从比较思想史的角度,就公私问题进行讨论。第 2 卷《社会科学中的公私问题》围绕政治学、社会学以及经济学各领域中的公私观的异同展开涉及多学科的讨论。第 3 卷《日本的公与私》从历史角度重新审视日本公私观念的原型及其变迁,并就现代有关公共性的学说展开深入的讨论。第 4 卷《欧美的公与私》以英、法、德、美等现代欧美国家为对象,探讨其以国家为中心的公共性向以市民为中心的公共性之转变是如何得以完成的问题;并且重点讨论了向类似欧盟那样的超国家公共性组织转换的可能性等问题。第 5 卷《国家·人·公共性》,在承认 20世纪各国于民族统一性原则、总动员体制、意识形态政治、全能主义体制等方面存在着差异的前提下,围绕今后应该如何思考国家和个人的关系展开议论。第 6 卷《从经济看公私问题》是由具有代表性的日本经济学家们围绕着是否可以通过国家介入和控制私人利益来实现公共善以及应该如何看待日本的经济问题等进行了讨论。第 7 卷《中间团体开创的公共性》围绕介于国家和个人之间的家庭、町内会(町是日本城市中的街区,类似于中国的巷、胡同;町内会则是以町为单位成立的地区居民自治组织)、小区(community)、新的志愿者组织、非营利组织(NPO)、非政府组织(NGO)等新旧民间(中间)团体在日本能否开创出新的公共性问题进行了探讨。第 8 卷《科学技术与公共性》,主要由科学家、技术人员和制定有关政策的官员讨论科学技术中的公私问题,以及人类能否控制既给人类的生存、生活带来巨大的便利,同时又有可能导致人类灭亡的科学技术的问题。第 9 卷《地球环境与公共性》着重讨论了在单个国家无法解决的全球环境问题的今天,如何重新建立环境伦理、生命伦理和环境公共性的问题。第 10 卷《21 世纪公共哲学的展望》由来自不同领域的专家学者从不同的

3

视角探讨着构建哲学、政治、经济和其他社会现象的学问——公共哲学——所必须关心的问题以及相关问题的研究现状。

这套丛书除了第 10 卷《21 世纪公共哲学的展望》之外,其他9 卷的最大特点是打破了以往学术著作的成书结构,采用了由各个领域的一名著名学者提出论题,让其他来自不同领域的学者参与讨论互动,使相关问题进一步往纵向与横向拓展的方式,因此各章的内容基本上都是由"论题"、"围绕论题的讨论"、"拓展"等几个部分构成,克服了传统的学术仅仅建立在学者个人单独论述、发言的独白性局限,体现了"公共哲学"所应有的"对话性探索"之互动=公共的追求。其实,作为学术著作的这种体例与风格,与日本的公共哲学京都论坛的首倡者、组织者、构建者金泰昌教授对该问题的认识有关①,也与日本构筑公共哲学的代表性学者、东京大学的山胁直司教授的学术理想相吻合。② 金泰昌教授认为,"公共哲

①　金泰昌教授是活跃在日本的韩国籍学者,他对于东西方哲学、政治学、社会学等领域的学术问题都很熟悉,年轻的时候留学美国,后来又转到欧洲各国,至今已经走过世界的近 60 个国家,从事学术交流、讲学活动。为了构筑公共哲学,他从 20 世纪 90 年代开始就把学术活动据点设在日本,致力于日本、中国、韩国学术界进行广泛的学术交流,为各个领域的学者之间搭起了一座跨学科的学术对话平台,希望能为东亚的三个国家的学术对话有所贡献。

②　山胁直司教授并不是一开始就参与京都论坛所筹划的关于公共哲学的构筑运动。所以,在《公共哲学》丛书 10 卷中的第 1 卷、第 2 卷、第 7 卷、第 9 卷里并没有他的相关论说。然而,自从他开始参与"公共哲学共働研究所"所组织的研讨会之后,在至今为止八十多次的会议中,他是参加次数最多的学者之一。本文把他作为代表性学者来把握在日本兴起的这场学术运动,一方面是因为他在 1996年就已经在东京大学驹场校区的相关社会科学科学科的研究生院开设了"公共哲学"课程,与金泰昌所长在京都开始展开哲学构筑活动不谋而合。1998 年秋,由山胁教授编辑的《现代日本的公共哲学》一书出版了,金泰昌所长在京都的书店里看到了这本书之后马上托人与山胁教授取得联系,从此开始了他们之间关于构筑公共哲学问题的合作、交往与探讨至今。与金泰昌教授作为公共哲学运动的倡导者、

学"应该区别于由来已久的学者对学术的垄断,即由专家、学者单独发言,读者屈居于倾听地位的单向思想输出的学院派传统,让学问在一种互动关系中进行,达到一种动态的自足性完成。所以"公共哲学"中的"公共"应该是动词,不是名词或者形容词。公共哲学是一门"共媒—共働—共福"的学问。"共媒"就是相互媒介;"共働"的"働"字在日语中的意思是"作用",在这里就是相互作用;"共福",顾名思义就是共同幸福,公共哲学是为了探索一种让人们的共同幸福如何成为可能的学问。而山胁直司教授提倡并探索公共哲学的目标在于,如何打破19世纪中叶以来逐渐形成的学科分化、学者之间横向间隔的学术现状,让各个领域的学术跨学科横向对话,构筑新时代所需要的学术统合。那么,在这种思想和目标的基础上编辑而成的这套丛书,当然不可能采用传统的仅仅只是某个专家、学者单独著述的形式,而在书中展开跨领域、跨学科的学者之间的对话互动成为它的一大特色。

从上述的情况我们已经可以看出,关于"公共哲学"问题,无论作为一种学术概念,还是作为一门新兴的学科,都是一个产生的历史并不太长、尚未得以确立的学术领域。针对这种情况,我们认为有必要借这次出版该译丛的机会,通过国外关于公共哲学的理解,提出并尽可能澄清一些与此相关的最基本问题,为我国学术界今后的研究提供一些参考性思路。

5

---

组织者、推动者,致力于学术对话的社会实践活动的学术方式不同,山胁教授多年来致力于相关学术著作的著述,先后出版了介绍公共哲学的普及性著作《公共哲学是什么》(筑摩新书2004年版),面向专家、学者的学术专著《全球—区域公共哲学》(东京大学出版会2008年版),面向高中生的通俗读本《如何与社会相关——公共哲学的启发》(岩波书店2008年版)等,成为日本在公共哲学领域的代表性学者。

## 一、公共哲学究竟是怎样的学问

当我们谈到"公共哲学"的时候,首先面临的是"公共哲学是什么"问题。那是因为,近年来冠以"公共"之名的学术语言越来越多,而对于使用者来说其自身未必都是很清楚这个概念的真正内涵,更何况读者们对此更是模糊不清。所以,我们在此首先必须对相关思考进行一些相应的考察和梳理。

李普曼只是从西方自由民主制度下的自由公民的责任问题出发,提出了在现代民主社会中构建一种公共哲学的必要性。至于公共哲学是什么、是一种怎样的哲学的问题并没有给予明确的解答。之后,宗教社会学家贝拉等人为了统合各种专门的社会科学,再次提出构建公共哲学这个问题。他们以"作为公共哲学的社会科学"为理想,通过"公共哲学"的提倡来批判现存的分割性的学问体系。但是,对于公共哲学究竟是什么的问题,同样没有给出明确的定义。很显然,从"公共哲学"产生的背景与学问理念来看,在美国其中最根本的问题并没有得到解决。金泰昌教授甚至指出:李普曼著作中所谓的"公共哲学"之"公共"问题,与东方的"公"的意思基本相近,即其中包含了"国家"、"政府"等"被公认的存在"的意义。但是,对于我们东方人来说,"公"与"公共"的内涵是不同的。① 更进一步,我们不难注意到,李普曼的公共哲学的理念与西方古典的政治学、伦理学的问题难以区别,而贝拉等人所

① 汉字中"公"的意思,以及在中国传统文化思想中公和私的问题,沟口雄三教授在论文《中国思想史中的公与私》(参见《公共哲学》第 1 卷《公与私的思想史》)作了详细的介绍。还有请参见《中国的公与私》(沟口雄三等著,研文社 1995年版)以及日本传统思想中"公"与"私"的问题(请参见《公共哲学》第 3 卷《日本的公与私》)。

提倡的统括性学问,与黑格尔哲学中以哲学统合诸学问的追求几乎同出一辙。

当然,日本的学者也同样面临着如何界定"公共哲学是什么"的问题。作为日本探索、公共哲学代表性学者的山胁教授,他在《公共哲学是什么》(筑摩书房 2004 年 5 月初版)一书中,同样也避开了直接对于这个问题的明确界定,只是强调指出"公共性"概念、问题的探索属于公共哲学的基本问题,他把汉娜·阿伦特在《人的条件》一书中对于"公共性"概念所作的定义,作为哲学对公共性的最初定义,以此展开了他对于公共哲学的学说史的整理和论述。从山胁教授为 2002 年出版的《21 世纪公共哲学的展望》(本卷丛书的第 10 卷)中所写的"导言"——《全球—区域公共哲学的构想》一文看出他的关于公共哲学的立场。本"导言"在开头部分作了以下的表述:

> 公共哲学,似乎是由阿伦特和哈贝马斯的公共性理论以及李普曼、沙里文、贝拉、桑德尔、古定等人的提倡开始的在 20 世纪后半叶新出现的学问。其实,如果跨过他们的概念之界定,把公共哲学作为"哲学、政治、经济以及其他的社会现象从公共性的观点进行统合论述的学问"来把握的话,虽然这种把握只是暂定性的,但是即使没有使用这个名称,公共哲学在欧洲和日本都是一种拥有传统渊源的学问。

这种观点包含了以下两个方面的问题意识:一是公共哲学好像是崭新的学问,其实其拥有悠久的传统;二是公共哲学是一种从公共性的观点出发进行诸学问统合性论述的学问。

那么,为什么公共哲学好像是崭新的学问又不是崭新的学问呢?他认为,这种学问的兴起,是为了"打破 19 世纪中叶以来产生的学问的专门化与章鱼陶罐化后,使哲学与社会诸科学出现了

7

分化的这种现状,从而进行统括性学问的传统复辟",以此作为这种学问追求的目标。当然,这里所说的统括性学问的"复辟"问题,与黑格尔的哲学追求有关。但是,他同时指出:公共哲学的立场不可能是黑格尔的欧洲中心主义的立场,而应该是追溯到康德的"世界市民"理念,只有这样的理念才是全球化时代相适应的统括性之崭新学问的目标。为此,他对公共哲学作出了如上所述那样暂定性的定义。很明显,山胁教授在承认公共哲学的崭新内容的同时又不把公共哲学作为崭新的学问的原因是,他不把这种学问作为与传统的学问不同的东西来理解与把握,而是通过对于"传统渊源"的学问再检讨,在克服费希特的"国民"和黑格尔的"欧洲中心主义"的同时,以斯多亚学派的"世界同胞"和康德的"世界市民"的理念为理想,重构黑格尔曾经追求过的统括性的学问,以此放在全球化时代的背景之下来构筑的哲学。这就是他所理解的公共哲学。在此,他创造了"全球—区域公共哲学"的问题概念,提出了在全球化时代构筑公共哲学的视野(全球性—地域性—现场性)和方法论(理想主义的现实主义与现实主义的理想主义)。

　　与山胁直司教授不同,在构筑现代公共哲学中起到中心作用的金泰昌教授的看法就不是那么婉转,他一贯认为公共哲学是一个崭新的学术领域、一门崭新的学问。并且,这种学问正是这个全球化时代中人们所体验的后现代意识形态才可能产生的学问,才可能开辟的崭新的知的地平线。金教授认为,西方的古典学问体系是以"普遍知"的追求为理想,寻求最为单纯的、单一的、具有广泛适用性和包容性的知识体系。但是,近代以后的学术界,意识到这种统括性的形而上学所潜在的危机,开始重视拥有多样性的"特殊知",诸学问根据学科开始了走细分化的道路,其结果出现了诸学问的学科之间的分割、断裂现象的问题。那么,公共哲学一方面要避免"普遍知"的统括性,另一方面也要克服学问的学科分化,实现学科之间的横向对话,构筑"共媒性"的学问。所以,与传统的"普遍知"和近代以来的"特殊知"不同,公共哲学是一种"共媒知"的探索。为此,2005 年 10 月 11 日他在清华大学所进行的一场"公共哲学是什么?"的对话与讲演中,针对学者们的提问,他提出了公共哲学的三个核心目标,那就是"公共的哲学"、"公共性的哲学"、"公共(作用)的哲学",并进一步指出三者之间相互联动的重要性。所谓公共的哲学,那就是从市民的立场思考、判断、行动、负责任的哲学;公共性的哲学,就是探索"公共性"是什么的问题之专家、学者所追求的哲学;公共(作用)的哲学,就是把"公共"作为动词把握,以"公"、"私"、"公共"之间的相克—相和—相生的三元相关思考为基轴,对自己—他者—世界进行相互联动把握的哲学,其目标是促进"活私开公—公私共创—幸福共创"的哲学。以此体现日本所进行的公共哲学研究与美国所提出的公共哲学的不同之处,强调日本的公共研究的独特性。①

上述山胁教授所提供的问题意识,对于我们进行公共哲学的研究,拥有许多启发性的要素,在一定的时期,将会为人们进行公共哲学的研究与探索,提供一种学术的方向性,这是其研究的重要意义所在。但是,他那暂定性的诸规定,并没有从正面回答"公共哲学是什么"的问题,只是在公共哲学的概念、问题还处于模糊的状态中,就进入了关于公共哲学的目标和学问视野的界定。其实,这种现象并不仅仅只是山胁教授一个人的问题,也是现在日本在

9

---

① 公共哲学共働研究所编:《公共良知人》,2005 年 1 月 1 号。

公共哲学的探索过程中所存在的共同问题。①

　　金泰昌教授的观点与山胁教授相比体现其为理念性的特征，其内容犹如一种公共哲学运动的宣言。这也充分体现了在日本构建公共哲学的过程中，他作为运动的组织者和领导者而存在的角色特征。确实，我们应该承认，金教授的见解简明易懂，可以接受的地方很多。特别是他提出的公共哲学所具有的三大特征性因素，对于打破19世纪中叶以来所形成的学问的闭塞现状，将会起到一种脚手架式的辅助作用。但是，问题是他的那种有关知的划分方式仍然只是停留在西方传统的学问分类之中，还没有超越西方人建立起来的学术框架。仅凭这些阐述，我们还无法理解他所说的"共媒知"与传统的"普遍知"有什么本质上的区别，而"共媒知"是否可以获得与"普遍知"对等的历史性意义的问题也根本不明确。当然，西方思想中所谓的"普遍知"是以绝对的符合逻辑理性并且是以可"形式化"（符合逻辑，通过文字形式的叙述）为基本前提的，而金教授所提倡的"共媒知"却没有规定其必须具有"普遍"适用的绝对合理性。与其如此，倒不如说，其作为"特殊知"之间的桥梁，多少带有追求东方式的"默契"的内涵，也就是"无须言说性"的认知。这种"默契知"的因素，从西方的理性主义来看属于"非理性"，但是，在东方世界中这种不求"形式知"，以"默契知"达到人与人之间、人与世界之间的沟通是得到人们承认的。

　　那么，很显然，无论在美国，还是在日本，所展开的至今为止的有关公共哲学的研究，明显地并没有对"公共哲学是什么"的问题给予明确的回答。根据至今为止的研究史来看，如果一定需要我

---

　　① 桂木隆夫著：《公共哲学究竟应该是什么——民主主义与市场的新视点》，东京：劲草书房2005年版。

们对公共哲学给予一个暂定性的定义的话,那么,只能模糊地说:公共哲学是一门探索公共性以及与此相关问题的学问。关于这个问题,我们觉得可能在相当长的一段历史中,仍然会不断被人们争论和探讨。

也许正是由于"公共哲学"的学术性概念的不明确,其研究对象、涵盖的范围也茫然不定,现在仍然被学院派的纯粹哲学研究者们所敬畏。在日本,东京大学的研究者们展开了积极而全方位的研究活动,而保持学院派传统的京都大学的学者们至今仍然保持静观的沉默态度。但是,我们与其不觉得一种学问的诞生,最初开始就应该都是在明确的概念的指引下进行的,倒不如说一般都是在其研究活动的展开过程中,其所探讨的问题意识、预期目标逐渐明确,方法论日益定型,通过研究成果的积累而达到对问题本质的把握。从泰勒士开始的古希腊学问的起源正是如此开始的。为了回答勒恩的提问,毕达哥拉斯也只能以"奥林匹亚祭典"的比喻来回答哲学家是怎样一种存在的问题。对哲学概念的定义,只是在后世的学者们整理学说史的过程中才慢慢得到比较明确把握的。

我们认为,对"公共哲学"的学术界定问题也会经过同样的过程。只有到了我们所有的人都能站在全球化的视阈和立场上思考、感受、共同体验一切现实生活的时候,所有的人理所当然地站在公共性存在的立场上享受人生、悲戚相关的时候,公共哲学在这种社会土壤中就会不明也自白的。对于"公共哲学是什么"的回答,应该属于这种社会在现实中得以实现的时候才可以充分给予的。这个回答其实与过去对于"哲学是什么"的回答一样,学者们在实践其原意为"爱智慧"的追求过程中,通过长期不懈的探索智慧的努力,才得以逐渐明确地把握的。当然,为了实现对于"公共哲学是什么"问题的本质把握,社会的意识改革与实际生活中的

11

坚持实践的探索追求是不可或缺的。要在全社会实现了上述的每一个社会构成员对于公共性问题的自我体验的目标，从现在开始循序渐进地努力是必不可少的。当思考公共性的问题成为人们自然而然地接受和体验的时候，"公共哲学"究竟应该是什么的答案将会自然地显现。从这个意义来说，现在日本所进行的公共哲学的探索，朝着自己所预设的暂定性的学术目标所作的研究和努力，也许可以说正是构筑一种崭新学问所能走的一条正道。

### 二、公共哲学是否属于一门崭新的学问

在这里，我们涉及一个重要的问题，在日本所展开的公共哲学研究，企图构筑一种崭新的学问。那么，我们必须进一步思考：日本的学术界所谓的公共哲学的崭新性是什么？究竟公共哲学是否属于一门崭新的学问？如果作为崭新的学问来看待的话，必须以哪些领域作为其研究对象？应该设定怎样的目标、采取怎样的方法进行探讨呢？

纵观日本的公共哲学研究，上述的金泰昌教授与山胁直司教授值得关注。笔者对金教授的学术理想虽然拥有共鸣，而从山胁教授的研究视野、所确定的研究领域和研究方法也能得到启发。但是，两者所表明的关于公共哲学的"崭新性"问题，笔者觉得其认识仍然比较暧昧，而有些方面，两者的观点也不尽相同。

如前所述，山胁教授的"公共哲学……似乎作为崭新的学问而出现"的发言，容易让人觉得他并不承认这种学问的"崭新性"。其实不然，他就是站在公共哲学是一门崭新的学问的前提下展开了相关的研究。他在《公共哲学》20 卷丛书出版结束时于 2006 年 8 月发表的一篇短文中，明确地表明了公共哲学是一门崭新的学问的认识。他认为：公共哲学是一门发展中的学问，虽然学者之间

可能会有各种各样的见解,但是自己把其作为崭新学问的理由,除了认为它是一门"从公共性①的观点出发对于哲学、政治、经济以及其他的社会现象进行统合性论述的学问"之外,它的崭新性还可以从以下五个方面得以认识:(1)对于现存学问体系中存在的"社会现状的分析研究 = 现实论"、"关于社会所企求的规范 = 必然论"、"为了变革现状的政策 = 可能论"之学科分割问题进行综合研究,特别是没有把其中的"必然论"与"现实论"和"可能论"分割开来进行研究是公共哲学的重要特征。(2)以提倡"公的存在"、"私的存在"、"公共的存在"进行相关把握的三元论,取代原来的"公的领域"与"私的领域"分开对待的"公私二元论"思考。(3)通过提倡"活泼每一个人使民众的公共得到开启,使政府之公得到尽可能的开放"之"活私开公"的社会根本理念,克服传统的"灭私奉公"或者"灭公奉私"的错误价值观。(4)把人们交流、交往活动中的性质进行抽象性把握,探索一种具有公开性、公正性、公平性、公益性之"公共性"理念,这也是公共哲学的实践性特征。(5)在公共哲学的构筑过程中,努力尝试着进行"公共关系"的社会思想史的重新再解释,这种研究也是这种学问的重要内容。②

与山胁教授不同,金教授邀请日本甚至世界各国著名学者会聚京都(或大阪),进行"公共哲学"对话式探讨的同时,积极到世界各国特别是韩国和中国行走,进行讲演和对话活动。到 2008 年

---

① 关于"公共性"、"公共圈"(öffentlichkeit, öffentlich, publicité, publicity)的问题,哈贝马斯在《公共性的结构转换》一书中,对于其历史形态的发展过程做了详细的梳理和研究。日本的"公共性"问题的探索,从哈贝马斯的研究中得到诸多的启示。

② 山胁直司著:《公共哲学的现状与将来——寄语〈公共哲学〉20 卷丛书的发行完成》(请参见 *UNIVERSITY PRESS*),东京大学出版会,2006 年第 8 期。

10 月为止,在中国就进行过十多次关于"公共哲学公共行动的旅行"。在这个过程中,每当人们问及公共哲学是否属于崭新的学问的时候,他都是明确地回答这是一门崭新的学问。但是,纵观其所表明的见解,其中所揭示的"崭新性"也都是停留在这种学问追求的"目标"和"方法"之上。他承认自己所说的这种学问的崭新性,并不是从根本的意义上来说的,而是"温故知新"的"新","是对学问的传统向适应于现在与将来的要求而进行的再解释、再构筑意义上"的崭新性问题。就这样,毫不犹豫地宣言公共哲学是一门崭新学问的金教授的见解,基本上与山胁教授的观点是一致的。只是他明确表示不赞同山胁教授的"统合知"的看法,公共哲学的目标应该是"共媒知"的追求。① 而针对山胁教授所提倡的"全球—地域(グローカル)"公共哲学的探索目标,他却提出了"全球—国家—地域(グローナカル)"公共哲学的学术视野。

上述的两位学者关于公共哲学"崭新性"的见解,基本体现了日本当代公共哲学研究的一种共有的特征。但是,我们面对这种观点,自然会产生下述极其朴素的疑问。

只要我们回顾一下人类思想史就不难发现,人类对于社会生活中的公共性问题的思考、探索的学问,古代社会就已经存在,并不是现在这个时代才产生的新问题。从古代希腊的城邦社会的城邦市民到希腊化时期的世界市民,从近代欧洲的市民国家到现代世界的国民国家,随着历史的发展,公共性的诸种问题在伦理学、政治学、经济学等领域中都被提起,并以某种形式被论述过。因此,并不一定要把公共哲学作为一种崭新的学问来理解,即使过去并没有使用过这个概念来论述,但是,其中所探讨的问题在本质上

---

① 公共哲学共働研究所编:《公共良知人》,2006 年 10 月 1 号。

是一致的。现在所谓的"公共哲学",只是从前的某个学问领域或者几个领域所被探讨的问题的重叠而已。如果这种理解可以说得通,那么现在所探索的"公共哲学"与过去的时代所被探讨过的有关"公共性问题的哲学",即使其所展开的和涵盖的范围不尽相同,其实那只是由于生存世界环境发生变化所带来的现象上的差异,从根本上来说,其问题的内核并没有多大的变化。那么,他们强调"公共哲学"属于一种崭新的学问领域的必要性和依据究竟何在呢?

更具体一点说,public 的概念中包含了"公共性"问题。这种情况下所谓的"公共性",就是相对于"个"(即"私")来说的"公"的意思。通常,从我们的常识来说,构成"个"之存在的要素是乡村、城市,进一步就是国家。把"个"之隐私的生活、行动、思想、性格、趣味等,敞开置放于谁都可以明白的"公"的场所的意思包含在 public 的语义之中。那么,public 本意就是以敞开之空间(场所)为前提的,即"öffentlich"的场所(行动、思想、文化的)。正因为如此,汉娜·阿伦特把"公共性"的概念,定义为"最大可能地向绝大多数人敞开"的世界。但是,个体的世界在敞开的程度上会由于时代的不同而存在着差异。随着时代的变迁,生活的世界也在逐渐地扩大。这种发展的过程到了现代社会,随着全球化的浪潮扩大成为世界性(或者地球)的规模出现在我们面前。因此,如果以个人(私)与社会(公)的对比来考虑这些问题的话,虽然其规模不同,但其根本点是一样的。所以,公共性问题自人类组成社会、共同体制度确立以来,从来就没有间断过、总是被思考和探讨的古典问题。对于个人(私)来说,公的规模从很小的村庄发展到小镇,从县、市发展到大都会,然后是国家,随着其规模扩大的历史进程,其构成员之每一个人之"个"的生存意识也要进行相应的变革,这种一个又一个历史阶段的超越过程,就是人类历史的真实状况。因此,认为现代社会的公共性问题会在本质上出现或者说产生出崭新的内涵是值得怀疑的。

当然,金教授和山胁教授以及日本的公共哲学研究界,对于这种"私"与"公"的发展历史是明确的。正因为如此,金教授在谈到公共哲学之"崭新性"时,承认"如果采取严密的看法的话,这个世界上完全属于新的东西是没有的",强调对于这里所说的"崭新性",是一种"继往开来"意义上的认识。① 而山胁教授更是在梳理社会思想史中的古典公共哲学遗产的基础上展开了他的公共哲学的研究。然后,根据"全球—区域公共哲学"的理念,提出了构筑"应答性多层次的自己—他者—公共世界"的方法论,尝试着以此界定作为公共哲学的崭新内容。② 就这样,即使认识到提出公共哲学之"崭新性"就会遇到各种难以克服的问题,却还要强调并探索赋予公共哲学的崭新意义,日本的这种研究现象说明了什么呢?

如前所述,在人类历史的现实中,公与私的对比是随着规模的不断扩大而发生变化的。个人层次的自他的界限,是在向由个体所构成的社会的扩大过程中逐渐消除的。个体是置身于公的场合而获得生活的领域的。但是,这种情况下"个"性并没有消亡,而是成为新的"公"中所携带着的"个"的内核。也就是说,从对于"个"来说属于"公"的立场的"村",与其他"村"相比就会意识到自他的区别与对立,这时作为"公"之存在的"村"就转变为"私"

---

① 公共哲学共働研究所编:《公共良知人》,2006 年 10 月 1 号。

② 山胁直司著:《公共哲学是什么?》,东京:筑摩书房 2004 年版,第 207—226 页。

的立场。而"村"放在比村的规模更大的"公"（乡镇、县市、国家）的面前，其中的对立就自然消除。接着是乡镇、县市、国家也都是如此，最初作为个体的"个"性所面对的"公"，而这种"公"将被更大的"公"所包摄而产生公私立场的转换。这种链条型动态结构，与亚里士多德《形而上学》中的"实体论"的结构极为相似。这就是自古以来人类社会进化的过程，基本上来自于人类本性中所潜在的自我中心（或者利他性）倾向所致。这也就是普罗泰哥拉思想中产生"人的尺度说"的根本所在。从这种意义上来看，普罗泰哥拉的哲学已经存在着公共哲学的端倪，"尺度说"思想应该属于公共哲学的先驱。

　　人类在国家这种最大的"公"的场所中寻求"公"的立场经过了几千年，现在却直面全球化的浪潮，从而使原来处于"公"的立场之国家面临着"私"的转变。因此，可以说全球化的产生来源于原来的"公"的立场的国家之"个"性的增强所致。即由于国家之"个"性的增强，由此产生了侵略、榨取、掠夺、环境恶化等生存危机状况的意识在世界各国中日益提高，为此，全球化的问题从原来的历史潜在因素显现出历史的表面，让人们无法拒绝地面对。当然，这种意识根据各国的发展情况不同而强弱有别。那么，新时代的"公共性"问题，要想获得拥有"崭新意义"的概念内涵，就需要各国各自扬弃自身的"个"性，也就是说强烈地意识到个的立场的基础之"公"性，实现站在"公"的立场思考、行动的一场意识形态革命。人的意识变革，不能仅仅停留在立法、政策的层面纸上谈兵。如果不能做到地球上的每一个人真正回到思考作为人的本性、在现实生活中实现把他者当做另外的一个不同的自己之"公"的意识，一切立法和政策都将是空谈，最多也只是国家之间的一时性的政治妥协而已，没有实质性的现实意义。只有实现了这种意识形态的变革,所有的人类在生活中极其平常地接受新的生存意识,崭新的公共性才会成为现实中人们的行为规范。现在日本所进行的公共哲学的研究,有意识地将其作为崭新的学问领域进行探索,应该就是以上述思考为前提而致。金教授的"活私开公"的理念提出和"公—私—公共世界"之三元论的提倡,山胁教授"学问改革"的目标和"全球—区域公共哲学"的构筑等等,都应该属于以新时代意识革命为目标而构筑起来的面向将来的理想。

但是,现在日本的公共哲学研究中所提出的"公"与"私"的关系,并没有明显地把"公"作为"私"的发展来把握。他们过于强调"公"是"私"的对立存在,缺少关于包含着"私"之性质的"公"的认识。因此,在那里所论述的"私"只是始终保持自我同一性之狭义的"私",对于包含着自我异质性的、内在于他者之中的另一个自己,即广义的"私",属于向"公"的发展与转化的问题,还没有得到充分的认识。这种意识结构,明显地受到西方近代以来个人与国家、与社会对立关系的把握与定立方式的影响。那么,在这种思考方式下所展开的公共哲学的研究,其中对于"公共性"问题的领域的圈定、目标的设立、方法论的构筑等,当然无法脱离西方理性主义之知的探索方法的束缚,为此,在这里所揭示的这种学问的"崭新性",只是一种旧体新衣式的转变,根本无法从本质上产生真正"崭新"的内容。

### 三、作为崭新学问的公共哲学所必须探索的根本问题

那么,我们能否把公共哲学作为完全崭新的学问来构筑呢?能否通过"公共哲学"来探索一种与至今为止在西方理性主义和形而上学的基础上建立起来的学问体系不同的、崭新的思维结构、思考方式并以此来重新认识和把握我们所面临的生存世界呢?如

果设想这是可能的话,我们该以怎样的问题为探索对象？应该具备怎样的视阈和目标进行探索呢？对于我们现有的学问积累来说,要回答这些问题需要一种无畏的野心和面向无极之路的勇气。从我们自己现在的浅薄的学识出发,将会陷入一种已经精疲力尽却还要在茫茫大海中漂流的恐惧之中。一切的努力最终都会如海明威笔下的那位老人,拖回海滩的只是一架庞大的鱼骨。然而,我们明白,自己已经出海了。也就是说一旦把上述问题提出来了,就已经无法逃脱,就必须确立自己即使是不成熟也要确立的目标和展望。为此,我们想从以下三个方面,把握公共哲学作为崭新学问的可能性。

1. 首先必须明确公共哲学的构建问题已经在日本引起重视并开始展开全面探索的现实背景问题。一句话,这种学问的胎动与 20 世纪 80 年代前后伴随着信息技术的飞速发展、网络技术的出现与迅速普及、标志着全球化时代的全面到来的时代巨变有直接的关系。在全球化的大潮面前,至今为止处于被人们所依存的公的存在,几千年来,作为处于公的立场的国家,面对其他的国家时其内在的"个"性(私)逐渐增强,伴随着这种历史的进展而出现的弊端(侵略、榨取、战争、环境恶化等),特别是首先出现的经济全球联动、环境问题的跨国界波及等,让世界各国日益增强了现实的危机意识,无论个人还是国家,都面临着作为私的存在领域和公的存在领域该如何圈定的全新的挑战。那么,新时代出现的"公共性"问题,以区别于过去历史中的同类问题,凸显其迥然不同的内核,这些问题成了迫在眉睫的必须探讨的现实问题。人们希望从哲学的高度阐明这个新时代的"公共性"问题的内在性质和结构,为解决现实问题提供崭新的生存理念。

然而,从一般情况来看,现在学术界热切关注的全球化问题,主要集中在政治学、经济学、环境科学等社会科学和自然科学的领域，从文化人类学的角度进行思考的并不太多。特别是从哲学的理性高度出发把握人类生存基础所发生的根本性变化的研究几乎没有。学者们在这个时代所呈现的表面现象上各执一端、盲人摸象式的高谈阔论的研究却很多。这就是现在学术界的现状。而在全球化问题日益显著的 20 世纪 90 年代开始在日本出现的"公共哲学"的研究胎动，虽然所涉及的研究领域是全方位的，可是其探索的热点同样也只是集中在政治学、经济学、宗教学、环境科学等社会科学诸领域中凸显的个别问题的个案研究，从高度的哲学理性进行知的探索，对于现实现象进行生存理性的抽象和反思的研究还没有真正出现。从哲学的角度（或者高度）思考全球化时代出现的问题，就必须超越一般的社会科学和自然科学中所探讨的问题表象，通过洞察人类生存的根本基础在这种时代中究竟发生了怎样的变化，这些变化意味着什么，通过前瞻性地揭示人类生存的本质，为人类提供究竟该如何生存的行为理念。那是因为，只要是哲学就必定要探讨人类该如何生存的根本问题，哲学是一种探讨世界观、提供方法论的基础学问，公共哲学作为哲学，同样离不开这样的学术本质。

20 世纪的人类历史，科学技术的进步促成了至今为止几千年来所形成的人类生存的基础发生了根本性的改变，使人类面临着全新的生存背景。为此，必须从根本上重新思考人类自身的生存问题，探索出一种可以适合日益到来的未来生存之崭新的思考方式、认识体系。之所以这么说，那是因为 20 世纪的科技发展从根本上改变了迄今为止的人类生存际遇和意识形态基础。核武器的开发利用，使人类的破坏力达到了极限。宇宙开发所带来的航空技术的发展，登月的成功，使人类的目光从地球转向了宇宙太空，从而打开了把地球作为浮游在宇宙太空中的一个村庄来认识的历史之门。网络技术的发展、利用和普及,使国界线逐渐丧失现实的意义。特别是网络上的虚拟空间的诞生,使人类的现实生存发生了根本的改变,从此虚拟空间与现实空间开始争夺占领人类的生存世界。最后不可忽视的是克隆技术的出现、开发、研究、利用,摧毁了至今为止人类作为人类生存的最后堡垒。也就是说,克隆技术使动物的无性繁殖成为可能,从而使人类获得了本来属于神才能具备的创造力。这些巨大的科学进步,使人类生存的根本之生命的意识、意义必须重新面对和认识。至今为止的人类构成社会基础的婚姻、家庭、所有制、共同体、国家的起源与存续,都必须开始重新认识和界定。我们已经进入了这样的崭新历史阶段,20 世纪发生的全球化现象,来自于上述人类生存基础的根本性改变,这是最为根源的时代基础。哲学是一种关于根源性问题的探索。公共哲学中所关注的以"公共性"为核心概念的诸问题,必须深入到这种时代的根源性认识,只有这样,才能获得作为新时代的崭新学问的基础。

2. 对于崭新时代的思考、认识与把握,当然是从反省已经过去了的时代的历史开始的。为此,我们要对从古希腊开始产生的西方理性主义和形而上学以及中国先秦出现诸子百家思想的历史背景进行一次彻底的再认识,由此出发探索适应于后现代的生存时代可能诞生的学问,并对此进行体系的构筑。

确实我们应该承认,从这套中译本中也可以看出,现在日本的公共哲学的研究,一边关注现实问题,一边整理学问的历史,正进行着适合于这个时代的学问的再认识和再构筑。他们对于公共哲学的构想与探索实践以及对于学问历史的整理和方法论的摸索,都是站在现实与历史的出发点上而展开的,特别是他们鲜明地提出了对于东亚的思想传统的挖掘和再评价的探索目标,具有极其重要的历史与现实意义。但是,问题是他们的这种研究,尚未克服从西方人的思维方法、问题意识出发的局限,还没有获得具有东方人固有的、独特的把握世界方式的自觉运用。为此,在这里所构筑的"公共哲学",仅仅只是通过"公共哲学"这个崭新的概念对于传统的学问体系所作的重新整理而已。

从泰勒士开始的西方学问的传统,是把与人类现实生活不直接相关的对象即客观的自然中的"存在(最初称之为'本原')"作为探索的对象。之后,巴门尼德通过逻辑自洽性的批判性质疑,进一步把完全超越于人类生存现实的彼岸世界中、完全属于抽象的存在,作为哲学探索的终极目标在思维中置定。但是,由于从自然主义的绝对性出发,就无法承认人的现实生存的种种际遇的存在价值。对于这种自然主义的人文观,出现了强调人的现实生存的价值问题的反省,这就是智者学派的出现。他们为了把人类只朝向自然的目光在人类生存现实中唤醒,为了高扬人类生存的价值和意义,提出了人的"尺度说"思想。但是,如果要想给予人类存在一种客观的依据,人的"臆见"、主张与具有绝对的客观性之"知识"的冲突问题自然会产生。这种冲突以苏格拉底的"本质的追问"形式在学问探索的历史中出现,从而开始了关于如何给予人的思考方式、接受方式以客观的依据,使人的价值获得认识的哲学探索。继承苏格拉底思想的柏拉图哲学,把迄今为止的自然哲学家的探索进行了综合性的整理和把握,把自然的、客观的存在性与人文的、主观的存在性的探索进行思考和定位,构筑成"两种世界"的存在理论之基本学术框架,为之后的西方哲学史确立了基础概念和探索领域。最后,由亚里士多德把两种世界进行统一的把握,完成了西方学问的范畴定立,从此,建立起西方传统的理性主义和形而上学的一套完整的理论体系。虽然，亚里士多德对于柏拉图的超越性存在的定立持批判的态度，但是，在他的形而上学的"实体论"的体系构筑中，最终不得不追溯到"第一实体"的存在，只能回到柏拉图的超越性世界之中才能得以完成。从此，西方哲学的探索以形而上学作为最高的学问，存在论成为哲学的最基本领域。虽然到了黑格尔之后的西方近现代哲学出现了哲学终结论和形而上学的恐怖的呼声，但是，植根于欧洲传统思维基础上思考与反叛传统的西方近现代哲学思潮，仍然无法从根本上彻底动摇西方学问的思维基础和思考方法。

那么，究竟为什么西方人在哲学探索时必须把探索的对象悬置于与人类隔绝的彼岸世界之上呢？从简单的结论来说，那是因为，自古以来人类被自身之外的自然世界所君临，对于自然世界中未知的存在潜在着本能的恐怖，彼岸的存在来自于这种恐怖的本能而产生的假说。从而产生了把宇宙世界不可见的绝对者在宗教世界里被供奉为神，在哲学世界里被界定为根源性的存在的抽象认识。为了逃离这种绝对者的君临，从本能上获得自由的愿望成为哲学探索的原动力。但是，人类对于超越现实存在的彼岸世界究竟是否存在都无法确认，又将如何认识与把握这个世界呢？为此，几千年的努力没有结果之后，自然地会反省自身的最初假设，终于就在这种思考的土壤上产生了"终结论"和"恐怖论"，点燃了对于传统思考反叛的狼烟。但是，上面说过，20世纪的科技发展与进步，使人类的存在上升到神的高度。几千年来的人类恐怖从对于彼岸世界的恐怖转移到对于自己生活的此岸世界的恐怖。这时，对于人类的良知和理性的要求，完全超越了智者时代的层次，成为人类从恐怖中解放出来的根本所在。在此，西方理性主义所企图构筑的均质之多样性和谐的传统求知方式，已经成为人类认识世界的过时方法,人类需要探索一种能够把握多元之异质性和谐的超理性主义的知识体系的构筑方法。如果将公共哲学作为崭新的学问体系来探索全球化时代的生存理念的话,那么,首先必须获得的就是这种此岸认识和超理性主义的思考方法,并以此为前提展开公共性、公共理性的思考和探索,构筑起自己——他者——公共世界的三元互动的体系。只有这样,才能够真正地开拓出一道崭新的知识地平线。

3. "此岸"认识与多元之异质性和谐的探索之超理性主义的知识体系,与其说是西方,倒不如说这是我们东方的思维方式。①但是,只要我们回顾一下至今为止的历史就不难发现,那是一种西方的思维方式向东方、向世界的单向输出的历史,东方的东西虽然有一部分进入西方,对于西方的思考却没有构成太大的影响。特别是近代西方通过工业革命之后,其文明得到极端的膨胀,使得东方文明转变为弱势文明。东方文明在西方强势文明面前为了自我保存,不得不采取通过接受西方的思维方式,整理和解释自己的思想遗产,以此获得文明延续的苦肉之策。现在我们所使用的学术话语基本上都是西方的舶来品,西方的思维方式几乎成了人类思考、认识世界的国际标准,我们无意识中都在使用着一个"殖民地大脑"思考现实的种种问题。在全球化日益进展的后现代社会中,这种倾向更为明显地凸显了出来。那么,在这全球化生存背景下构筑公共哲学的探索中,我们就必须有意识地改变西方文明单向输出的人类文明的交流与对话方式,提出一套平等的文明对话的理念。为了做到这一点,公共哲学的目标就不应该单纯地只是

---

① 这里所说的"东方",只是特指"以儒家文明为基础的东亚世界",不包括印度和阿拉伯地区。

追求打破 19 世纪以来形成的学问体系,而必须更进一步,做到对于西方的学问体系、求知方式进行彻底的反思,充分认识与挖掘东方思维方式的固有特征和内在结构,以此补充、完善西方思维方式的缺陷,探索并构筑起与全球化时代的人类全新生存相适应的认识体系。

确实,现在日本的公共哲学研究,已经开始对于东方的知识体系开始整理,相关的研究已经纳入探索的视野。在古典公共哲学遗产的整理过程中,对于中国、日本甚至印度、伊斯兰世界的思想文化遗产也都有所探讨。在金教授的一系列的讲演和论文与山脇教授的著作中都提供了这种思考信息。还有,源了圆教授(关于日本)、黑住真教授(关于亚洲各国主要是日本和中国)、沟口雄三教授(关于中国)、奈良毅教授(关于印度)、阪垣雄三教授(关于伊斯兰各国)等,许多学者也都发表了重要的论述或者论著。而《东亚文明中公共知的创造》①和《公共哲学的古典与将来》②两本著作的出版,集中体现了这种视野的目标和追求。但是,也许是一种无意识的结果,学者们的视点基本上还是存在着从西方的学问标准出发,挖掘和梳理东方传统思想中知的遗产的思考倾向。也就是说,那是因为西方古典思想中拥有与公共问题相关的哲学探索,其实我们东方也应该有这样的知的探索存在的思考。对于究竟东方为什么拥有这种探索、这种探索所揭示的东方的固有性和认知结构如何等问题,都还没有得到进一步的挖掘和呈现。

21 世纪的世界,正是要求我们对于近代以来在接受西方的思

---

① 佐佐木毅、山脇直司、村田雄二郎编:《东亚文明中公共知的创造》,东京大学出版会 2003 年版。

② 宫本久雄、山脇直司编:《公共哲学的古典与将来》,东京大学出版会 2005 年版。

维方式、学问体系的过程中,形成了东方式的西方思考和学问体系进行反思,从而对于东方的文明遗产中的固有价值再认识和揭示的时代。① 在这个基础上构筑新的学问体系,探索新的思维方式应该成为公共哲学的目标和理想。也就是说,以全球化时代为背景而产生的公共哲学问题,在其学问体系的构筑过程中,其最初和终极目标都应该是:打破东西方文明的优劣意识,改变君临在他文明之上的欧洲中心主义所拥有的思维方式以及由此形成的学问体系的求知传统,为未来的人类提供一幅既面对"此岸"生存又可获得"自由"的思维体系的蓝图。

　　以上三点,只是作为我们的问题和思考基础提出来的,当然要达到这个目标还需要漫长的探索过程。为了实现这些学术目标,西方哲学的研究者和东方哲学的研究者的对话、参与、探索不可或缺。特别是现在从事西方哲学的研究者们,利用自己的学术基础和发挥自己形而上的思维习惯,有意识地接触、思考、探讨东方哲学思维方式,改变已经形成的思维定式和思维结构更是当务之急。也只有这些人的参与,才有可能出现令人欣喜的巨大成果。

### 四、在我国译介这套丛书的意义

　　我国长期以来存在着一种潜意识里的接受机制,一提到国外的著述就会产生"高级感"。确实,在学术上国外的几个发达国家在许多方面领先于我们,需要向人家学习的地方还很多。但是,学

---

　　① 笔者强调"东方",没有"东方中心主义"的追求,无论"西方中心主义"还是"东方中心主义"都是狭隘的"地域主义",都是应该予以批判的。我们强调"东方",是由于几百年来"东方"文明被忽视之后出现了地球文明的畸形发展,要纠正这种不平衡,就必须提醒"东方"缺失的危险性,克服我们无意识中存在的"殖民地大脑"思维局限,明确地而有意识地揭示我们"东方"的文明价值。

术虽然存在着质量的高低、方法论的新旧,但是更为根本的应该是要把握观点上存在的不同之别。我们认为,现在应该是有意识地克服我们学术自卑感的时代了。所以,我们在学术引进时,虚心肯定与冷静批判的眼光都不可或缺。因为肯定所以接受,而批判则不能只是简单的隔靴搔痒、肤浅的意识形态对立,而是在明白对方在说什么的基础上有的放矢。所以,在我们揭示翻译这套丛书的意义之前,需要上述的接受眼光以及相关问题的基本认识。

那么,从我国近年的学术界情况来看,公共哲学的研究也已经展开,即使没有使用"公共哲学"这个学术概念,而与公共哲学的研究领域和探索对象相关的论文和著述陆续出现、逐年增加。比如说,从1995年开始,由王焱主编的以书代刊的杂志《公共论丛》,在这个论丛中主要有《市场社会公共秩序》、《经济民主与经济自由》、《直接民主与间接民主》、《自由与社群》、《宪政民主与现代国家》等。而从1998年前后开始,在《江海学刊》等杂志上陆续出现了一些关于公共哲学的研究性或者介绍性论文。此外,还有华东师范大学现代思想文化所编辑出版的"知识分子论丛"、清华大学编辑出版的《新哲学》等。特别需要一提的是,中共中央党校出版社编辑出版"新兴哲学丛书",其中在2003年出版了一部直接名为《公共哲学》(江涛著)的论著,书中的参考文献中介绍了大量的有关公共问题研究的相关论文。到了2008年年初,吉林出版集团也开始出版由应奇、刘训练主编的"公共哲学与政治思想"系列丛书,其中包括《宪政人物》、《正义与公民》、《自由主义与多元文化论》、《代表理论与代议民主》、《厚薄之间的政治概念》等。除此之外,还有一些杂志也登载一些相关问题的文章。从这些丛书的书名中不难看出,在中国,关于"公共哲学"的概念与学术领域的理解是多元的、多维的,其中比较突出的特点是学术视野集中在对于西方学术思想中政治学、伦理学、社会学等介绍和评述上，他们有的循着哈贝马斯的社会批判论，有的倾向于罗尔斯的政治哲学等，所以，在公共哲学的研究中存在着把其理解为管理哲学的倾向，甚至被作为行政学问题进行阐述。因此，这些研究与现在日本的公共哲学研究相比，在学术视野、问题的设定以及参与研究的学者阵容上都相差甚远，基本上缺少一种在现代化和全球化的浪潮逐步深入和拓展的时代背景下，面对日益出现的伦理失范、道德缺席、环境危机、政治困境、经济失衡等一系列与公共性理念相关问题的关联性探讨，更没有把公共哲学作为一种崭新的学问体系来构筑和探索的宏大视野。由于存在着对所研究问题的意识不明确，学术方向和目标定位过于混乱，甚至不排斥一些属于功利的猎奇需要，所以，作为一种学问的公共哲学的研究，至今为止还谈不上有什么引人注目的成果出现。

从这套译丛中我们不难看出，日本的公共哲学研究是建立在各个领域一流学者的参与互动的基础上，寻求构建适应于这个全球化时代的学问体系。他们的那些有关公共性问题的历史与现实的梳理、研究、探索，拥有政治、经济、文化、法律、宗教、环境、科技、福祉、各种社会性组织的作用等全方位的视觉，是一场全面而深入的跨学科的学术对话。因此，在日本学术界掀起的这场关于公共哲学问题的探索与建构，呈现着立足本土、走向世界的一种学术行动的意义。这套 10 卷《公共哲学》译丛，从其所涉及内容的广度和深度而言，所探讨及试图解决的问题已经不只是局限于日本国内而是世界性的问题，其目标是探讨在新时代生存中与每一个人息息相关的生存理念的确立问题。为此，我们认为，通过这套来自于日本的关于公共哲学研究成果的译介，必定对我国今后关于同类问题的研究有所启发并有所裨益。其意义至少体现在以下三个方面：

第一，借鉴性。日本的公共哲学在建构伊始，首先遇到的是如何把握公与私的内涵、理解公与私的关系问题。因为在不同的文化语境或不同的历史时代，公与私的含义是不尽相同的。从思想史上看，迄今的公私观大体有一元论与二元论之两大类别。灭私奉公（公一元论）和灭公奉私（私一元论）是公私一元论的两种极端形态，尽管二者强调的重点不同，但在个人尊严丧失或者他者意识薄弱的公共性意识欠缺的问题上却是相通的。而公私二元论基本上反映的是现代自由主义思想，它通过在公共领域追求自由主义而避免了公一元论的专制主义；但由于它更多的是在私的领域里讨论经济、宗教、家庭生活等而往往会忽视其公共性问题，从而容易导致单方面追求个人主义的弊端。所以，日本的公共哲学努力寻求在批判公私一元论、克服公私二元论存在着弊端的基础上，提倡相关性的公、私、公共的"三元论"价值观，即在"制度世界"里把握"政府的公—民的公共—私人领域"三个层面的存在与关系，倡导全面贯彻"活私开公"的制度理念，①而在"生活世界"中提倡树立"自己—他者—公共世界"的生存理念，以此促进"公私共媒"

①　"活私开公"是金泰昌教授提出的公共哲学的探索理念。根据他的解释："私"是自我的表征，是具有实在的身体、人格的，是人的个体的存在。因此，对作为自我的、个体存在的"私"的尊重和理解，对"私"所具有的生命力的保存与提高，就是构成生命的延续性的"活"的理念。这种个体的生命活动，称之为"活私"。复数的"活私"运动，就是自我与他我之相生相克、相辅相成的运动。而把处于作为国家的"公"或代表个人利益的"私"当中有关善、福祉、幸福的理念，从极端的、封闭的制度世界里解放出来，使之根植于生活世界，进而扩大到全球与人类的范围，使之能够为更多的人所共有，在开放的公共的世界里得到发展与实践（超越个人狭隘的对私事的关心），这就是"开公"。简单说来，就是把我放在与他者的关系中使个人焕发生机，同时打开民的公共性。只有活化"私"（重视并且打开"私"、"个人"），才能打开"公"（关心公共性的东西）。

社会的形成。

上述日本学术界的有关公共哲学探索中所提出的问题,应该是当今世界上卷入全球化时代的无论哪个国家和个人都存在的并且必须面对的问题。特别是几千年来习惯了在巨大的公权力统治下生存与发展的中国社会,"私"与"公"基本上不具备对等的立场和地位,"公一元论"的问题是值得我们反思的问题。相反,随着市场经济的接受、实行、发展,原来的"公一元论"正逐渐被"私一元论"所取代,公私关系的价值观里的另一种极端在当今社会的各个领域已经开始出现。在这原有的公权力作用极其巨大的作用尚未退场的社会里,随之而来的是对于"公"的挑战的"私一元论"的价值观正在蔓延,那么,在巨大的公权力作用下的中国市场经济社会里,对于"他者"如何赋予其"他者性",应该是我们迫切需要探索的紧要问题。因此,在我国研究、探索公共哲学,就应该把日本的这种对于传统公私关系的反思纳入自己的视野,只有在这种学术视野下的研究,才会出现属于"公共哲学"意义上的成果。如果我们只是把"公共哲学"当做"管理哲学"或者作为"行政学"来理解,至多作为"政治哲学"的一种领域来研究,那么,这种视野里的"公共哲学",其实在本质上还是"公的哲学"范畴,这里所理解的"公共",只是长期以来人们习惯了的把"公"等同于"公共"的历史产物。所以,我们相信这套译丛对于我国公共哲学的研究具有重要的借鉴意义。除此之外,采用跨学科的学者之间的对话互动的探索方式,也是值得我们参考和借鉴的。

第二,推动性。对于"公共哲学"这个学术领域的研究,无论在国外还是国内都只是刚刚开始,基本学术方向和学术领域的设定还处于探索阶段,将来会发展成一门怎样的学问体系,现在还不明确。对于这种新兴的学术动向,通过我们及时掌握国外的相关研究信息，促进我国的学术进步，为我国在 21 世纪真正达到与世界学术接轨，实现与世界同步互动，其意义不言而喻。我们的学术研究无论在方法上还是视野上仍然比国外落后，对于这个问题，从事学术研究的每一个学者都应该是心知肚明的。那么，在这思想解放、国门全面敞开、提倡接轨世界的当代学术界，对于国外最新的学术动态的把握、参与，必将有助于推动我国新时代学术视野的世界性拓展，在未来的历史中不再落后于别人，甚至可能让中华的学术再铸辉煌。

从这套译丛中我们可以了解到，日本学术界所探讨的公共哲学，体现着一个基本理念，那就是如何有意识地让公共哲学从传统意义的哲学中凸显出来，他们所追求的公共哲学的学术特色、构筑理念是：其一，其他哲学如西方哲学、佛教哲学等都是在观察（见、视、观）后进行思考或者在阅读后进行论说。与之不同，公共哲学是在听（闻、听）后进行互相讨论。公共哲学的探索不在于追求最高真实的真理的观想，而是以世间日常的真实的实理之讲学为主要任务。所谓讲学，不是文献至上主义，而是参加者进行互动的讨论、议论和论辩。其二，其他哲学几乎都倾力于认识、思考内在的自我，而公共哲学则以自他"间"的发言与应答关系为基轴，把阐明自他相关关系置于重点。其三，公共哲学与隐藏于其他哲学中的权威主义保持一定的距离。权威主义既是对专家、文献权威的一种自卑或盲从的心理倾向，同时也是指借他物的权威压迫他者的态度和行动。但是，人是以对话的形式而存在的，为了实现复数的立场、意见、愿望之不同的人们达到真正的平等、和解、共福，建立对话性的相互关系是必要条件。后现代的世界不再是冀望于神意或良心的权威，而是冀望于对话的效能，这才是后自由、民主主义时代的社会中作为哲学这门学问应有的状态。

日本的这种学术目标和姿态，可以推动我国学术界对于近代以来单方面地引进、移植西方学术话语与思想的接受心态进行一次当下的反思，促进我国在新的时代自身学术自信的建立，并为一些名家和硕学走下学术圣坛、接受新的学术倾向的挑战提供一种心理基础。从日本的公共哲学探索的参与者来看，许多领域的代表性学者基本都在讨论的现场出现，而在我国出现的公共哲学的研究，还只是一些学界的新人亮相。那么，通过这套丛书的译介，我们期待着能够推动我国各个领域的代表性学者也能积极参与这种前沿学术的探索，并且，目前的公共哲学研究还处在探索阶段，对于究竟何谓公共哲学，公共哲学的理论框架以及公共哲学的最终目标是什么等，都还没有一致的意见。这种具备极大挑战性和将来性的学术探索，对于我国的新时代学术研究的推动作用是值得期待的。

第三，资料性。这套丛书的另一个突出特点是问题的覆盖面广，作为了解国外的前沿学术动态，具有极高的资料性价值。这里所讲的资料价值包含以下几个方面的内容：其一，通过这套译丛，有助于我们了解在日本学术界，哪些问题是人们关注的前沿问题，而这些问题的探讨达到怎样的学术高度。特别是日本的学术界基本与欧美的学术界是同步的，通过日本学术界的研究成果，同样可以让我们了解到欧美学术界的最新学术动态、相关问题的代表性学术观点。其二，通过这套译丛提出以及被探讨的问题，可以让我们了解到在当前的日本社会中，存在着怎样的亟待解决的问题。为什么会存在这些问题，问题的起因、症候、状况是什么，这些问题会不会成为正在发展中的我国市场经济社会必将遇到的问题等等，这些都会成为我们的学术前沿把握中不可多得的信息、资料。其三，至今为止，我们翻译外国文献，即使是一套丛书，也只能集中在某个领域、某些时期、某种学科。可是,这套丛书的内容,其中涉及的学术领域可以说是全方位的,而被探讨的问题的时期既有古代的、近代的,也有现代的,成为他们探索对象的国家有欧洲的、美洲的、亚洲的最主要国家,这为我们拓展学术视野、在有限的书籍中掌握到尽可能多的研究对象的资料等,都具有向导性的意义。

一般情况下,资料给予人的印象都是一些被完成了的、静态的文献,可是这套译丛所提供的资料却是一种未完成的、处于动态观点的对话中被提示的内容。这种资料已经超越了资料的意义,往往会成为激发每一个读者参与探索其中某个问题的冲动契机。

正是我们认识到这套丛书至少拥有上述三个方面的意义,我们才会付出许许多多的不眠之夜,才能做到尽可能抑制自己的休闲渴望,尽量准确地把这套前沿性学术成果翻译、介绍给国内学术界,丛书的学术价值就是我们劳动的根本动力之所在。当然,如果仅仅只有我们的愿望,没有得到具有高远的学术眼光和令人敬佩的学术勇气的人民出版社的大力支持,我们的愿望也只能永远停留在愿望之中。在此,让我们代表全体译者,谨向人民出版社的张小平副总编、陈亚明总编助理以及哲学编辑室方国根主任、夏青副编审、田园编辑、李之美编辑、洪琼编辑、钟金玲编辑,对于你们的支持和所付出的劳动,致以由衷的敬意。同时,在这套译丛付梓之际,也要向参与本丛书翻译的每一位译者表示我们深深的谢意。当然,我们也要感谢日本的京都论坛——公共哲学共働研究所金泰昌所长、矢崎胜彦理事长以及东京大学出版会的竹中英俊理事,是他们全力支持我们翻译出版这套由他们编辑、出版的学术成果。

对于刚刚过去的 20 世纪末所发生的事情,相信我们一定还记忆犹新。世界性的 IT 产业从 80 年代兴起到 90 年代陆续上市,世界上几大发达资本主义国家的股市,很快走向来自新兴产业带来

33

的崭新繁荣。网络时代的到来把当时的世界卷入一场新时代到来的欣喜之中。可是随着跨入新世纪钟声的敲响,发生在发达国家的一场 IT 泡沫的破灭体验,让人们在尚未从欣喜中回过神来之时就陷入梦境幻灭的深渊。然而,IT 技术正如人们的预感,由其所带来的世界性信息、产业、资本、流通的全球化格局的形成,正以超越人的意志的速度向全世界波及。改革开放后的中国经过 90 年代的提速,紧紧抓住了这个历史性发展的机遇,逐渐奠定了自己在世纪之交的这一历史时期里名副其实的"世界工厂"的地位,并逐渐从生产者的境遇过渡到作为消费者出现在"世界市场"的前沿,历史让中国成了全球化时代形成过程中世界经济的安定与繁荣举足轻重的存在。可是,正当中华民族切身体验着稳定发展的速度,享受着新中国成立以来未曾有过的经济繁荣的时候,源于美国华尔街并正在席卷全球的"金融海啸",强烈地冲击着尚处于形成过程中的世界性经济格局。那么,当这场海啸过后,在我们的面前会留下一些什么? 幸免者会是怎样的国家? 幸免者得以幸免的理由何在? 为什么这种全球性的金融风暴会发生? 为了避免类似的事件在将来重演需要确立怎样的生存理念? 这些问题都将是此劫过后我们必然要面对的问题。

进入 21 世纪,前后不到 10 年,世界就在短短的时期内频繁地经历着彼伏此起的全球性经济繁荣与萧条,无论是所谓发达的资本主义国家,还是新兴的发展中国家,都要为某个国家、某个地区的经济失控付出来自连带性关系的代价。很明显,历史上通过战争转化国内矛盾的暴力方法,已经被经济全球性的互动格局所取代。这种只有通过相互之间的磋商、协助、合作才能实现利益双赢的 21 世纪世界,我们当然应该承认其标志着人类历史的巨大进步。然而,这种现象的出现,让生活在这个时代的每一个人不得不接受一种生存现实的提醒，那就是"全球化时代"的真正到来。"全球化时代"的到来首先在经济上得到了确认，与此相关的是，在国际政治上不同国家之间的对话方式开始发生变化，而如何做到自身文化传统的独立性保持、宗教信仰的相互尊重等问题也日益凸显。那么，一种崭新的生存理念的产生，正在呼唤着适应这种理念发展、确立所需要的人类睿智的探索、挖掘和构筑。那么，"公共哲学"的探索，是否就是这种呼唤的产物呢？当然现在为之下这样的定论还为时过早。然而，在新时代人类生存理念构筑过程中，我们相信"公共哲学"的探索将成为一种不可替代的学术方向。

那么，这套译丛如果能够为这种时代提供一种参考性思路，促进新世纪的中国在学术振兴与繁荣上有所裨益，我们所付出的一切劳动，它在未来的历史中一定会向我们投来深情的回眸。我们期待着，所以我们可以继续伏案，坚守一方生命境界里昭示良知的净土。

2008 年平安夜　于北京

35

# 凡　例

1. 本书中论题一至论题五的内容,主要是根据"将来世代国际财团·将来世代综合研究所"共同主办的第22次公共哲学共同研究会"日本公私观念的特征和外国公私观念的转换"的前半部分内容编辑而成(2000年5月12—14日,丽嘉皇家大饭店·京都)。该研究会的后半部分成果收录于第四卷《欧美的公与私》,敬请参阅。

2. 论题四根据口头发表于将来世代国际财团与将来世代综合研究所共同主办的第12次公共哲学共同研究会"高度信息化社会的公私问题"的报告内容编辑而成(1999年6月12—14日,国立京都国际会馆)。

3. 特论一以及特论三是为本书新写的内容。

4. 特论二曾口头发表于"将来世代国际财团·将来世代综合研究所"共同主办的"第一次全球—区域公共哲学京都会议亚太地区会议"(2001年9月1—3日,于国立京都国际会馆)。

5. 第22次公共哲学共同研究会参加人员名单请参照卷末一览表。

6. 论题及讨论整理后,经过参加者校阅。论题中包括作者在改变原文主旨下进行修改的内容;讨论部分,则根据需要,有些地方予以缩短或省略。

1

# 目　录

1

3

# 前　言

　　"公"与"私"的问题与文化及历史具有密切关系。由于每个国家和民族历史所创造的文化不同,其公私观也各有差异。当今日本公私问题的核心,既与同属东亚的中国和韩国不同,又与具有古希腊及犹太教、基督教传统的欧美各国有微妙的差异,诚可谓理所当然。然而,在我们的日常生活中,世界变得如此之近,"共生"已成为一个新的时代要求,在这种历史潮流中,日本拥有何种公私观的基本认识? 又将如何在实践中展开? 这已不仅仅是日本自身的问题,对于想与日本保持亲密关系的世界上所有国家的国民和市民来说,也不能说毫无关系。甚至我们可以说,从日本发出的有关公私观念的真挚讨论,以及在此过程中诞生出的新的公私观念,对于世界各国人民理解日本,拥有更加健全的共识,具有非常重要的作用。

　　"公"与"私"的问题首先表现在全体与部分、国家与个人、原则与现实、大义名分与利害欲望等一大群问题上,而迄今为止主要强调前者,全体、国家、原则、大义名分等被设定为更具高的价值;后者的部分、个人、现实、利害欲望等处于应该受到否定、压制、被支配的地位。"公"的承担者是君主、皇帝、支配者、英雄、将军、官僚等,作为个人的臣子、臣民、被支配者、庶民、平民等被降格到

1

"私"的范畴。长期以来所受的教育是：服从"公"的命令，为其尽忠，这样才是理想社会及生活方式的规范。

从适应时代需要这一脉络考虑，过去一段时期，它确实充分地发挥了作用。历史上确实有一阶段，不得不通过进行这种"教育"，创造和维持着社会发展。然而，在此过程中，人们也会产生疑问，究竟是否需要永久维系这种方式？我们应该认识到，在多样的历史发展过程中，经过多元性解构与再解构的积累，重新构筑一个人类社会所具有的多层面的相互关系，已经成为当今世界的崭新课题。

由于文化的不同，既有优先"公"的社会，又有以"私"为中心的社会，还有一些社会，"公"与"私"经常处于一种紧张关系。由此观点来看，当今日本社会的心理基础，已由第二次世界大战前的"灭私奉公"转移到第二次世界大战后的"灭公奉私"，一些对此抱有危机意识的人们，强烈要求进行"公"的重建，积极开展将其作为"国家意识再确立"的运动。从某种意义来说，这种时代风潮浅显易懂，不能说完全不可理解。

然而，将当今日本所面临的所有问题的原因，简单地视为"私"的过剩与"公"的衰退，认为追根溯源，其原因在于"国家"的衰弱与"国家意识"的丧失，对社会现状进行如此把握，是否可以说是一种完全正确的认识呢？我们是否可以断言，这种认识才是热爱日本这个国家的呢？如此思考的心理倾向究竟又是从何而来的呢？我们是否可以说，与其将其视作"私"的过剩，毋宁说正因为"私"的缺乏与不成熟，"公"与"私"之间的均衡关系被打破，才是问题的症结所在。只有当"私"由"公"自立出来，并由此产生"公"与"私"之间的相互均衡关系，才有可能对个人和国家都有益，国家与个人都能够上升到一个更为理想的层面。

"公"被收缩为"国家"的认识是否属于日本特有的现象？是否日本的"文化"土壤里，不可能产生超越国境层面的开放的"公"？在地球和人类层面上思考"公"，将国家和国民定位为"私"的公私观，真的就可以断定为荒唐无稽的认识吗？

人类正处于一个历史的巨大变动时期，面临着前所未有的各种问题。这种现实要求我们不得不采取积极向前思考和认识的态度。我们就是在这种背景下来讨论日本的公私观念，我们希望对日本的历史和文化进行相对化认识，并且从世界视野上来补充调整公私观念，重新找出问题之所在。

本次公共哲学共同研究会，我们主要探讨了日本历史上对"公"与"私"问题的各种认识，是如何成立并发生变化的，当今日本社会又存在着什么样的问题意识。

如果"公"被收缩为"国家"，"私"的存在空间缩小弱化，则"国家"和国民就会被国家朝向其所需方向单方面且无媒介地统合起来。如此，国民的存在意义、价值、尊严等都难以保持独立，甚至有可能导致国家的全盘否定。一旦到了国家产生功能性疲劳时，就会发生于国于民都很危险的事情。我们必须对此加以警戒。为了使国家充分地发挥其国家功能，国家必须于国民分享、共有其公共性作用（或者负担）。换个角度说，每个国民都应该具有主体意识，更加积极地加入到多元化多层次的公共空间，使得构成"公私"理念的渠道更加多样化，构建这样一种社会风气，才是于国于民都非常有益的事情。

我认为，这绝不是以前那种由上至下所强制命令的"公"，而是大家一同开创的"公"；不应该是"灭私奉公"，而应该是"活私开公"。我想认认真真地思考一下，这种想法是否在日本切实可行。为此对于国外的状况进行调查，也是很具意义的。

3

　　我们希望,本次公共哲学共同研究会的论题及其讨论能够成为一个新的契机,使日本的公私问题的思考与认识走向更加成熟。

# 导　言

黑　住　真

　　这套《公共哲学》丛书，唯有本书（第三卷）冠以"日本"二字作为书名。当然，本丛书自始至终都是在日本国内讨论和策划的，因此其他各卷虽然书名中没有出现"日本"二字，但各卷内容中或多或少都可看到日本的影子。正如我们总是忘记自己戴着眼镜以及用自己身体来描述周围的风景一样，我们并没有对此潜在因素有充分的意识，如此也就很有可能会招致意想不到的歪曲和混同。为了更好地回顾我们讨论的基础，我们必须有意识地对"日本"进行探讨。但是，本书的各位论者，都没有将"日本"、"日本式"等概念，视作具有某种实体性的本质东西，或可包含各种要素的必然框架。我们言及"日本"，并不是为了进入一种所谓的概念自我循环，而是为了入乎其内，将其进行历史、社会的相对化，从而在一种多面的开放体系中进行思考。无论是对此持肯定抑或否定态度，这种探讨都是不可或缺的。

　　至于本卷的内容，首先水林彪先生的论文从国制史的视角，对日本古代至中近世时期的"公私"及"おおやけ（ohoyake）・わたくし（watakusi）"等概念进行定位，奠定了日本公私观的根本基础。其后，小路田泰直先生的论文揭示出近世至近代日本国家形成时期公私观的形成过程，旁征博引地使用各种政治思想资料，并

1

与卢梭的思想进行了有益的比较。而东岛诚先生的论文,以"Public"作为问题意识,进一步对有关词汇及其与"公"的异同以及中世至近代初期所见的"江湖"概念进行了梳理。

以上三篇论文,全都是探讨"迄今为止的公私"问题,而其后的三篇论文则探讨"现代的公私与公共性"。斋藤纯一先生的论文主要分析了围绕基于市民社会、国民共同体、国家等所谓公共性的斗争情况,成为解读20世纪90年代以后日本社会的重要线索。井上达夫先生的论文则将问题的触角伸向现代日本知识界、政治认识界所认识的公共性论,与此相反,作者要提倡的却是无法回收到自我自身、可向他者开放的自由主义的公共性。阿部洁先生的论文,生动地揭示出随着信息化的发达,交流的场所发生很大变化,公共性与私性的状态也发生了巨大改变。

特论三篇进一步深化了上述诸论的主题。笔者论文在论述完公私存在论后,论及近世思想中公私观的被歪曲及其可能性。源了圆先生的论文则注意到身处德川与明治两朝之间横井小楠的"公共"论可能具有的先驱性,并对此进行细致解读,阐明其现代意义。稻垣久和先生的论文从历史角度,探讨了近世、近代日本"公"的非宽容性,提出唯有与超越者保持紧张关系,才有可能产生包容各种思想、各种信仰的复数性,进行"公共"思考。

以上我蜻蜓点水般简介了一下本书各章的主要内容,由此可以看出本卷所包含的"公共哲学"内容确实是丰富多彩、富有启迪。虽然所据材料、讨论角度可谓多种多样,但在把握"日本的公与私"的历史事实方面,各位论者所探讨的方向出乎意料地重叠在一起。举一个具有代表性的例子。本丛书第一卷《公与私的思想史》中,渡边浩先生的论文以近世日本为中心,具体探讨了"おおやけ(ohoyake)・わたくし(watakusi)"与汉语的"公私"及英文的"public/private"之间的差异,进而指出:"おおやけ(ohoyake)·わたくし(watakushi)"宛如一个箱型的套装结构,具有包含、被包含的连锁性,前者表现为"上"、"大"、"表",后者表现为"下"、"小"、"里",其中的含义并非 people(人民),且起作用的也非伦理方面的因素,而是力量的大小强弱。本卷中水林彪先生的论文,一方面认同上述观点,另一方面进一步将问题历史化,指出国家制度是由公与私多重编织而成的,"公"集中于国家及支配空间,其周围则被"私"所包围。其中渗透着"上面强制要求下面为公的结构",与此同时这种包含又导致社会性的公共性及中间团体毫无发展余地。小路田先生的论文也指出,市民的私人欲望被回收到国家·官=公共之中,而国家自身一方面呼唤一种神话话语体系,另一方面又渐渐成为共同利益及排他的装置。

在这种与其他论文具有相通认识的基础上,我们更想知道的是,力、财、人、理(正当性和协议)等的过程具体来说究竟如何?这种"内涵"空间的语法并不简单,必须进一步探讨其微妙的作用。比如说,在公私、上下的动态内涵结构方面,其内涵作用大概不仅仅依靠自上而来的"权力",而且也是包含各种"恩惠",且应该是有关力量和保护的"自下而来的要求"。我想,"公"不仅仅是一种势力,而且关系到支配着其担保的利益与义务,将其分配给成员。因此,虽然"公"具有一定的力量,但其被"称为公"的条件,应该还有力量以外的东西在起作用。另外,渡边先生的论文也提到"包含"的分节化问题,在工作和管理中,存在着"承包"的集体式多层结构。这个问题作为一般论,与温情主义(Paternalism)及派阀政治(Clientelism),小林正弥先生称之为"恩顾主义"。参见小林正弥:《论政治恩顾主义(Clientelism)——日本政治研究序说》(东京大学出版会 2000 年版)等问题颇有关联。

另一方面,导致"内涵"分节化的作用与被作用的两端,似乎有着禁忌与不可侵犯领域的问题。这是因为,无论"公"也好"私"也罢,都包含着其领地只许本人踏入、他人禁止入内这一区别的含义。问题当然与宗教性相关,对此渡边先生的论文在"公"与"公开场合"(はれ,hare)的关系中有所论及,水林先生及小路田先生在与神的关联中论及此事。东岛先生论文的后半部分也与此有关。另外,稻垣先生的论文引出带有更为垂直性、个体性、否定性的超越者观进行比照,反过来敏锐地照射出上述问题。有关这个方面的问题,一般而言,与马克斯·韦伯(Max Weber)的宗教伦理中以新教为典型的"基于与超越者紧张关系的世俗内禁欲理论",以及中世思想及东亚诸思想中显著的"同朋伦理"(有机体说的社会伦理及神秘论的社会伦理)等理论问题互为关联。

究竟是在怎样的世界观及宇宙观下构想公共性?这不仅是历史问题,而且是直接关系到现在的实践性问题。源先生的论文揭示了由儒教资源构筑的横井小楠的思想,并非内部封闭思想,而是向他者开放,由此直指可具对话的、地球市民的公共性。井上先生的论文在超越原子论式的自由主义这个意义上,或许我们也可以作为一种"同朋"论来理解。再则,东岛先生论文中所举出的"公平"、"公界",以及"正直"、"和"等概念,也可以纳入公共性问题的讨论项目。

当我们注意到"自下而来的运动"时,大而言之,虽然可以说在日本收缩到"内涵"结构的社会公共性尚未成熟,但各个地方及其内部不可能没有构筑公共性的运动。对于这种可能性,东岛先生从世界尚未固定结构化的明治初期的论说以及中世禅僧们的动态言论中去发掘。另外,东岛先生的论文中也已指出,"公议"、"公论"、"众议"这些惯例自古有之,在这一点上,有必要参考一下笔者论文注中所提及的三谷博等日本历史学家的著述。对于这些惯例，重要的是在亚洲各个地区展开讨论，并与日本进行比照。

通过这种探讨，我们或许可以发现，与横井小楠的场合一样，表面看起来似乎已经绝迹的传统，实际上与现代一脉相连，在为现代的实践做出贡献。如此看来，实际上它与斋藤先生论文中有关市民公共性实践的公共价值担保问题，以及正义与交往保全等现实生活问题也密切相关。另一方面，我们还必须注意现实生活中所出现的各种现象。正如阿部先生所述，如今无论公、私，还是政治实践得以成立的交往场所，因为信息空间的发达而在发生变化，生产出扩张的外部或深刻的内部。我们现在已经无法控制由于其膨胀或缺乏所产生的各种暴力，如何与其保持良好的关系，重新建构我们的身心及制度，将对今后人类的命运产生巨大影响。

公私问题就出现在人类的实践空间，伴随着社会的发展，其领域也不断扩张和深化，但究竟让它朝向何方发展，其根本还在于人类的实践。我们希望通过本卷对"日本"公私问题的探讨，能为对现代日本感兴趣的人们提供一个更好的思考和实践的线索。本卷对日本的公私问题进行了多场报告，并针对论题进行了讨论、综合讨论和拓展讨论，议论不可谓不激烈。我相信，其中蕴涵着许多今后考察这些主题时有益的见解，衷心期待读者能够从中汲取。

5

# 论 题 一

# 日本式"公私"观念的原型与发展

水 林 彪

## 1. 作为前提的诸问题

### (1)对公共哲学的关心

我的专业是法史学,虽然对哲学并不熟悉,但是作为生活在现代社会里的一个市民,对富于实践的公共哲学抱有一些关心。我对现代的"公共"问题所抱有的关心,可简要归纳为以下几个内容:

第一,日本这个国家,缺少以公共讨论来解决公共课题的传统,公共领域常被私人利害关系所篡夺①,而且这种状况现在看来似乎愈演愈烈。基于这种认识,我认为,首先有必要把原本应是公共的领域构筑成真正的公共领域。

第二,由于历史原因,直至现在,日本这个国家的人权思想还很薄弱,还存在"私"易受"公"以及"公共"侵犯的结构。由此我认为,应战略性地构筑一种不受公共侵害的私的领地。

我认为,以上两方面同等重要。回顾公共哲学共同研究会迄

---

① 参见水林彪:《"权力"与共同性》(载日本法社会学会编:《法社会学》1999 年第 51 号)及文中所引用的诸文献。

今为止的讨论，我们可以发现，有心理学、精神分析学专家参加的研究会强调的是第二个方面，然而更为一般的倾向，我认为是第一个方面，即把着力点放在如何创造公共世界这一问题上。也就是说，对如何把一个包含个体的整体（家族、企业、社会、国家以及国际社会）构建成一个"公共的"组织。最近有种论调认为，所谓的"公"就是国家的"公"，但是与此相反，如何构筑非国家的、社会层次的"公共性"组织，应该是我们公共哲学共同研究会的讨论主题。我同意这种立场，并认为具有极其重要的意义。但是当我们回顾日本这个国家的"公私"秩序的历史时，还有另外一个观点也具有同样重要的意义，这就是，即便"公"是非国家的、社会性质的组织，也应当保护"私"的领域不受"公"以及"公共的"不当侵害。我认为这两个观点同等重要，没有主次之分。

### （2）公共哲学与历史学

公共哲学共同研究会的终极议题就是对实践公共哲学的探究。这种实践哲学与我的专业历史学之间有什么样的关系呢？用一句话来说，对"义务"进行探究之前，作为前提，必须对"现在"有一个正确的认识，而"现在"只存在于"历史"所规定的框架之内，所以"历史"的研究就必须成为探究"义务"的前提。

"现在"作为"历史"的总括而存在，这种认识非常重要。对此人类学家萨林斯（Marshall David Sahlins）引用了帕西的观点作了如下论述：

> 帕西说："所有意识的知觉具有认知即具有和概念相结合的性质。也就是说，将某个对象作为什么而被认知时，……仅仅对什么有认知是不够的，还要认知它到底是什么。"……

历史事件被纳入已有的范畴当中,历史存在于现在的行为中。……因为人们用存在论的方法把过去没有的事情纳入到自己熟知的概念中,就这样把他们的现在埋没于过去之中。(萨林斯:《历史之岛》)①

当我们面对新事态(N)时,在 N 与已知的 A、B、C 等诸事项的关系上,我们认知为:“N 既不是 A,也不是 B,而是 C。”我们将新认识的事物与已知的概念联系在一起,以这种方法来认识未知对象。人类认识结构的客观状态意味着,人类曾经存在的看法与感受方式将不断地发生变化,不断地被再生产,这就是形成文化持续、文化传统现象的根源。以本稿的主题而言,“公”(汉语)这一概念从中国传入日本时,当时的人们认为它是“ohoyake”(オホヤケ,大和语)。由此新的概念“公”被埋没于传统概念“ohoyake”当中。于是“ohoyake”的概念以这种方式持续下来。

但是,上述内容只不过是事情的一个侧面。“N 是 C”这句话反过来说,也意味着“C 包含 N”。用上面的例子来说,即意味着产生了一种新的认识:“ohoyake 是公。”因此,“ohoyake”在某种程度上允许了中国“公”的观念的侵入。

从整体来说,作为“ohoyake”的“公”与作为“公”的“ohoyake”的统一体,便形成了今天的“公”(ohoyake)之概念。

如上所述,之所以说“现在”作为“历史”的总括而存在,无非是说“现在”既包括“过去的继续”,也包括“过去的变化”。探究“义务”不能离开“现实”而独立存在,而“现实”只能存在于“历史的现在”

---

① Sahlins, M., Islands of History, The University of Chicago, 1985. 日译本见山本真鸟译:《历史之岛》,法政大学出版局 1993 年版,第 188 页。

当中,所以探究"义务"的实践哲学的思考,也必须基于历史学的思考。

### (3)公共哲学共同研究会有关历史学思考的积累

公共哲学共同研究会重视历史研究,有着丰富的积累。渡边浩先生在第一届及第八届公共哲学共同研究会上所作的报告《从日本思想史的脉络来看公私问题》及《公私概念考察》都与本稿有着特别密切的关系。他比较了日语的"ohoyake"(オホヤケ)、"watakusi"(ワタクシ)与英语的"public"、"private"以及汉语的"gong"(公)、"si"(私)的意思,并指出:

> 日语的"ohoyake"(オホヤケ)、"watakusi"(ワタクシ)与英语的"public"、"private"以及汉语的"gong"(公)、"si"(私)是完全不一样的。但是现代日语往往将这三者混为一谈,事实上就连日本人本身都已经搞不清楚了。①

渡边先生提出了一个非常尖锐的问题,有很多值得学习的地方,但尽管如此,还存在一些问题。

首先,渡边先生比较了日本的近世、中国的帝政时代和西欧现代的《牛津英语大词典》(*Oxford English Dictionary*)中所出现的观念,展开对三者的类型论研究。如果仅就三者的比较论来说,渡边先生的说法确实没错。但是,"ohoyake · watakusi"、"gong(公)·

---

① 参见渡边浩:《从日本思想的脉络来看公私问题》(载将来世代综合研究所编:《从比较思想史的脉络来看公私问题——第一届公共哲学共同研讨会》,将来世代国际财团 1988 年版,第 118 页)及渡边浩:《公私概念考察》(载将来世代综合研究所编:《日韩首次探讨公私问题——第八届公共哲学共同研究会(首尔会议)》,将来世代国际财团 1999 年版)。

si（私）"和"public·private"应该存在各自固有的形成和变迁的历史。比如说中国的"公"的观念，渡边先生认为与"正义"这一观念有着不可分割的联系。但是如果参照沟口雄三教授的研究，就可发现即便是在中国，这种"公"的观念也形成于战国时代以后，是历史的产物。渡边先生又认为欧洲的"public"不同于中国的"公"，没有"正确的"这一观念。但是我们从法国启蒙时期的各种著作里，就可体会到当时已经存在着含有"正义"意思的"public"观念。我们通常认为欧洲的"public"和"private"是一对反义词。但是在启蒙期的法国，人们已经意识到了 public 和 particulier 才是主要的对立概念。对于欧洲的"public"，如果不参照其历史变迁，则难以对其进行正确的论述。

其次，是日本的问题。渡边先生对近世"ohoyake·watakusi"结构的分析大致上是符合事实的。但是这个独特的"ohoyake·watakusi"结构并非超越历史的存在，也是某一时刻的历史产物，随着历史的发展，具有变迁、消失的可能性。渡边先生是一位优秀的历史学家，可能他认为，日本的"ohoyake·watakusi"、中国的"gong（公）·si（私）"和欧洲的"public·private"是历史的产物，在不断变迁，这一切都是不言而喻的。所以，他在公共哲学共同研究会所做的报告，受时间的限制和为了更加尖锐地强化主题，不得不采取了类型论的形式。我本人也很重视对各个地域的文化类型性差异的认识，因此非常理解其意义。但是，仅用类型论来研究是不完整的，考察类型差异的历史理论也很重要。

### （4）本稿的主题

本稿在上述公共哲学共同研究会对"公私"论的研究基础之上，将"公私"论放到历史当中进行考察，研究的主要对象是日本古代。之所以设定这一课题,是因为我们认为,8 世纪中叶形成的独特的"公私"观念,成为此后日本"公私"观念的原型①。渡边先生指出,与"public·private"及"gong(公)·si(私)"有着本质不同的"ohoyake·watakusi"结构早在日本近世社会就已形成,其影响持续至今。在渡边先生这一重要论述的基础之上,本稿将进一步推进问题的探讨,这种独特的"ohoyake·watakusi"结构所存在的根源是什么,对于这个问题的探讨,自然会过渡到对其原型的历史形成及对其结构认识的探讨。进而,对渡边先生所指出的"gong(公)·si(私)"及"public·private",也应该对其形成和变迁的历史进行进一步的探讨,但这些都非我能力所及。

### 2. 日本式"公私"观念原型的形成与结构:古代的"公"与"私"

#### (1)大和语

大化年代(645—650)之前的大和语中并无"公私"这组概念。"私"(watakusi)好像是语源不详的训读语②。当古代日本人知道中国的"公私"观念的时候,大和语中还没有表示"私"的适当的词语。现在可以推测这个语源不详的"私"(watakusi)可能是当时新造出来的词。

---

① 参见水林彪:《律令国家变化时期有关"公民"的概念——日本式"公私"概念的形成》,载西川洋一、新田一郎、水林彪编:《罪与罚的法文化史》,东京大学出版会 1995 年版;水林彪:《我国"公私"观念的历史发展》,载历史与方法编辑委员会:《历史与方法 1:日本史中的公与私》,青木书店 1996 年版;水林彪:《"公私"观念的比较法史学考察》,载日本法哲学会编:《"公私"的再结构》2001 年版;等等。

② 大野晋:《日语练习册》,岩波书店 1999 年版,第 152 页。

与此相对的是,今天的"公"训读为"ooyake",当时却以"ohoyake"的形式存在于大和语中。据吉田孝先生研究,"ohoyake"意为大的 yake,而所谓的 yake 就是地方豪族的建筑用地、建筑群的一小块设施。在奈良时代(710—784),主要用汉字"宅"和"家"来表示这个设施(与此相关的词语有:表示建造物的 ya,表示临时建筑物的 iho,表示竖穴式住房的 muro,表示家族这一人类集团以及所住场所的 ihe 等)。yake 根据豪族大小程度的不同,产生了表示大设施之意的"ohoyake"和表示小设施之意的"woyake"一组词。可以说,当时的权力结构,"ohoyake"和"woyake"重叠并存,其首长就是人为结合而成的国家制度。①

这里重要的是,以 yake 的多重结构方式存在的日本国家制度,与中国的"公私"观念的形成具有不同性质。中国的"公私"观念形成于战国时代或秦汉帝国,并完成于宋代,采取的是一种将国家(官)与社会(民)相分离的二元制国家制度(推行非世袭的科举制,即通过能力考试从百姓之中选拔从事统治工作的官僚制度,可称为此制度的代表)。无论是中国还是日本甚至欧洲,在某一历史时刻,都经历过由地方各权力体多重结构的一元制国家制度,向社会(市场社会)和国家(统治机构)在结构上相分离的二元制国家制度的过渡。在中国,这种过渡始于春秋战国之交,一直持续到秦汉帝国的建立②。与此不同,日本虽然在 7 世纪到 8 世纪之间大规模吸收了中国文化,但当时的日本仍处于 yake 多重结构的一元制国家制度时期(日本完成二元制国家制度,是在多个世纪以

---

① 吉田孝:《イエ(Ie)与ヤケ(Yake)》,收入吉田孝:《律令国家与古代社会》,岩波书店 1983 年版。

② 滋贺秀三:《中国家族法的原理》,创文社 1967 年版,序言。

后的明治时代,在欧洲也是在专制主义以后,尤其是在资产阶级革命之后才形成了市民社会和国家的二元性秩序)。也就是说,日本在社会和国家这种二元性体系尚未形成的国家制度的阶段,便继承了中国历经发达的二元性国家制度的"公私"观念,由此产生了复杂的问题。

### (2)汉语的"公"与"私"

日本大规模地吸收中国文化,是在 7 世纪到 8 世纪之间。以我个人对滋贺秀三先生和沟口雄三先生等人先行研究的理解①,我认为当时汉语的"公私"观念主要可以归纳如下(参照图1)。

中国"公"、"私"的原始观念起源于国家建立以前的首长制社会。所谓"公",是表示古代共同体或其首长的概念。比如说"公田"是指共同所有的土地。与此相反,"私田"则是指共同体成员各自所有的田地。

到了战国时代以及秦汉帝国以后,中国的国家制度发生了根本的变化,此后直至清代,一直持续着作为"民"之领域的社会与作为"官"之领域的国家相分离的帝王政治国家制度。在这种二元国家制度下,共同性的"公"便自然分化为社会与国家两个世界,有了两个立场。拥有社会立场的"公"可以视为舆论意义上的"公义"、"公议"等词语;而拥有国家立场的"公",则表示为政府

---

① 滋贺秀三:《中国家族法的原理》,同《清代中国的法与裁判》(创文社1984 年版);吉田孝:《"律令国家"与"公地公民"》(收入吉田孝:《律令国家与古代社会》,岩波书店 1983 年版);沟口雄三:《中国的公与私》(研文出版 1995 年版);寺田浩明:《近代法秩序与清代民事法秩序》(石井三记等编:《近代法的再定位》,创文社 2001 年版);等等。

机关的"公廨"、官僚礼仪的"公仪"、官府报告书的"公案"和高级官僚的"公卿"等词语。

上述的"公"作为贯穿社会和国家的共同性而存在,伴随着道义、正义的观念,便有了"天之公"、"天下之公"、"天理自然之功"的说法。反过来说,这就意味着"私"带有缺乏道义、正义的恶的意思。参照《汉和辞典》中"公"和"私"的条目,可以看到很多词语中,"公"带有道义的正义的意思,而"私"则是贬义的。

在唐代,存在以"公"、"私"来表示"官"、"民"的用法。"官"、"民"这组词本身意味着国家和社会的二元制度,与"公"、"私"并不一致(比如"民"中也有"公")。但是唐太宗的名字是李世民,为了避讳才用"公"、"私"来代替"官"、"民"。例如,唐代以前的"民田"在唐律令里称为"私田"。

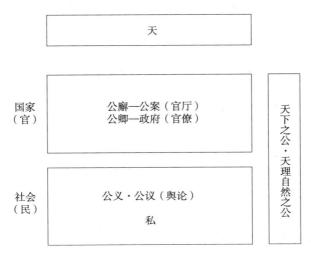

**图1　国家·社会相分离的中国帝制时期的"公"与"私"**

**(3)8世纪初律令国家形成期的"公"与"私"**

日本最初的国家制度为 yake(ヤケ)的多重结构,8世纪初日本吸收了中国先进帝政国家的律令制度,重新制定国家制度,形成了律令国家体制。在这个过程中,大和语的"ohoyake-woyake(オホヤケ—ヲヤケ)"及汉语的"公私"是如何变迁的呢?(参照图2中的Ⅰ、Ⅱ)

a. 从"ohoyake-woyake"到"公(ohoyake)—私(watakusi)"

首先,"ohoyake-woyake"这对概念渐渐消失。虽然 ohoyake 这个词流传至今,但是 woyake 这个词已经消失①,取而代之的是"公(ohoyake)—私(watakusi)"这对概念。如前所述,"私"(watakusi)是个语源不详的训读语。古代日本人刚刚知道中国的"公私"观念时,把"公"和"ohoyake"联系在一起是可以理解的,同时可能也感到"私"与"woyake"的不同,于是创造了语源不详的新词"watakusi"。

b."公"与"私"

在新出现的"公—私"这组词中,"公"这个词大多场合都是用于表示国家及支撑国家的统治阶级。当时,日本尚未形成社会与国家相分离的国家制度结构,因此意味着没有形成表示非国家社会性层面上的公共的"公",于是"公"被赋予一元性政治社会最上层的意思。这种"公"缺乏伦理意义上的正确思想色彩,赋予"公"之国家及统治者以权威的是以《古事记》为中心的神话。在《古事记》的神话里,统治这个国家的"高天原"里的诸神完全没有体现

---

① 吉田孝:《イエ(Ie)与ヤケ(Yake)》,收入吉田孝:《律令国家与古代社会》,岩波书店1983年版,第80页。

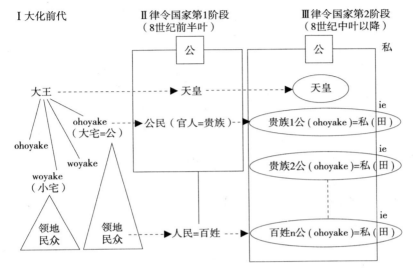

图2　从"ohoyake-woyake"到"公私"

特别的伦理意义上的正确思想色彩。

　　下面就对当时的各个文献进行具体考察，其结果如下。

　　《律令》：首先，律令特别是令（大宝令，701 年）中所体现的"公私"观念的代表性例子有"公田"与"私田"。"公田"是为国家机构的运营所保留的田地；相反，"私田"就是如口分田那样分给天皇以外的个人、归属于个人的田地。与此同类的一组概念，还有如"公廨"（衙门）与"私宅"、"公奴婢"（国家的奴婢）与"私奴婢"（个人的奴婢）、"公牛马"与"私牛马"、"公木材"与"私木材"，等等。

　　《日本书纪》：《日本书纪》（710 年）中，"公"和"私"的例子并不多。与《续日本纪》（797 年）相比，其用例之少非常明显。这大概反映了《日本书纪》所叙述对象的时代（截至 696 年）与《续日本

11

纪》所叙述对象的时代(697—791年)的差异。后者为大规模吸收中国文化的律令国家时代,前者为此前大和语占据支配地位的时代,这种差距产生了很大的影响。在这个基础之上,我们不难理解《日本书纪》所显示的特点,其中重要的一点是,这里所说的"公",仍然是指国家机构以及支撑国家机构的统治阶级。与此相对,"私"则表示非国家的个别领域。当然也有表示反国家的或在伦理上表示恶之意思的"私",但是这种用法的例子并不多。

《古事记》与"宣命":8世纪初期律令国家孕育的重要文献,还有《古事记》(712年)和以《古事记》神话为基础的宣命(天皇即位或者改元之际,以文字形式记录下来的天皇的讲话)。这些文献中有关"公"的例子非常有限,只用于一个词语之中,当然,量少并不意味着不重要。

《古事记》及宣命中有关的"公"的使用例子,是古代政治用语中具有最重要意义的"公民"一词。这种说法在汉语里没有①,应是古代日本人创造的概念。在《古事记》及律令国家形成期的宣命(8世纪前叶的初期宣命)里出现的"公民"一词,与表示一般庶民的"人民"以及"百姓"等词汇相对应,是表示贵族阶层的词语②,意即国家统治者所支配的老百姓之意。这个词通常训读为"ohomitakara(オホミタカラ)",不过是根据平安时代的"百姓"一词的训读类推而已。至于奈良时代,由于没有关于"公民"的日语

① 吉田孝:《"律令国家"与"公地公民"》,收入吉田孝:《律令国家与古代社会》,岩波书店1983年版,第52页、第66页注81。

② 通常"公民"意味着一般民众,我认为这种说法是错误的。从8世纪中叶开始,出现了包含一般民众的"公民"概念,但这个概念中并没有排除贵族。有关"公民"的本意乃是贵族的研究,请参照水林彪:《律令天皇制下的国家制度概念体系——以"天皇"及"天下公民"为中心》(载《思想》1995年第855号)及水林彪:《〈日本书纪〉中的"公民"与"王民"》(载《日本史研究》1995年第395号)。

假名记录,所以难以确定其读音,但我推测并非训读为"ohomitaka-ra",其读音可能类似"ohoyakenotami(オホヤケノタミ)"或"kou-min(コウミン)"。

当时不存在"公民"的相对概念"私民"一词,与"公民"相对的词汇是"人民"。但是从《古事记》的文脉来看,当时已经有了"私"的概念。木花之佐久毗卖与从"高天原"降临的天照大神之孙迩迩艺命的对话中,有这样一个例子,即"妾妊身,今临产时,是天神之御子,私不可产故,请"①(原文如此,意思是:因为要生的是您天神之子番能迩迩艺命的孩子,妾不能私自生下来,所以才上奏于您)。按照当时的观念(母系制)来解释,如果所怀的孩子不是"天神之子"的话,孩子的母亲和孩子的父亲没有关系,无须特意告知父亲就可以生下来("私自生下来")。如果可以这样解释的话,这里的"私"即不告知父亲,只属于母亲个人,含有"偷偷地"的意思。这样一来,《古事记》的"公"和"私"便不成为相对的概念。

如前所述,从整体上来说,在大量引进中国文化的律令制国家里,"公"是作为表示国家或支撑国家的统治阶级的词汇来使用的。由于社会与国家分离的国家制度尚未建立,所以社会性公共意义的"公"难以成立。

**(4)8 世纪中叶"公私"观念的变迁:日本式"公私"观念原型的确立**

上述早期律令国家的"公私"观念在 8 世纪中叶就开始发生变化。这种变化形成此后日本"公私"观念的原型。"公私"观念的变化主要体现在当时国家制度的两大支柱即土地制度和身份制

---

① 山口佳纪、神野志隆光校注:《古事记》,小学馆 1997 年版,第 122 页。

度之中。①

首先就土地制度而言,律令国家形成期被认为是"私田"的口分田,在人们的意识当中逐渐成为"公田"。著名的垦田永年私财法(天平年间,743 年)的出台,使土地制度发生了划时代的变化。根据这部法律的规定,个人依靠自己力量进行开发的土地、子孙可以永远相传的垦地(古代土地私有制发展的兴起)被命名为"私田",而由国家分配给个人、个人死后由国家收回的口分田,由原来的"私田"变为"公田"。这就意味着,与国家相关为"公",与国家关系以外的行为则为"私"。(参照图 2 中的Ⅲ)

"公民"的概念与"公田"相同,几乎在同一时期平行地发生了变化。在律令制国家形成时期,"公民"一词专指贵族阶层而言,而到了天平年间(729—749),耕作"公"之管理下的"公田"的"百姓",也被认为是"公民"。

简而言之,8 世纪中叶,国家制度的根干部分已形成了"公"之意识的[公(国家)—公田·公民]的体系。"公"已不单纯指狭义的国家机构或支撑国家机构的贵族阶层,而是在更广泛的国家关系中,形成了"公"的意识。而且,在国家关系以外,"私"的领域同时也在展开。无论何种层次的经营体,其核心部分为"公"(公田·公民),周边部分则依附着"私"的结构。这表明了包括"私"之层面的"公(オホヤケ,ohoyake)"之多重结构的成立。以往的 yake 的多重结构,以对中国"公私"观念的吸收为媒介,重新组成了新的 ohoyake 的多重结构。

---

① 以下叙述请参照水林彪:《律令国家变化时期有关"公民"的概念——日本式"公私"概念的形成》(载西川洋一、新田一郎、水林彪编:《罪与罚的法文化史》,东京大学出版会 1995 年版)。

这种"公私"结构的特征之一就是,"公"只作为国家权力体系而存在。在这里不承认非国家社会性的"公共"存在。第二个特征是"公"和"私"相互联系相互渗透,每个主体都将"公"的地位作为法律据点,在其外缘开拓"私"的领域。实质上以"宅"、"宅邸"为据点展开的开垦和吞食公地的运动,就是一种以"公"为法律据点的"私"的扩张运动。所以,在这里"私"不能离开"公"而存在,没有离开"公"而存在的独立世界。但是从反面来说,也正是"私"不断入侵"公"之世界的过程。以"私"的宅第或馆舍为据点,渐渐将"公"的官职和"公"的农田变成家的财产(家庭财产)。"公"的体系为"私"所篡夺,"私"侵入到"公"里面来。上述"公私"结构的两个方面,也就是本稿开头所说的现代日本"公私"问题的原型。

## 3. 中近世"公私"观念的发展

形成于 8 世纪中叶的"公私"结构,一直延续在日本漫长的历史发展当中。日本中世时期,在国家制度的各个层面,出现了以"公"为据点的"私之领域"的不断扩张(图 3)。"私领"的扩张形成了当地领主制的世界,但"公 = 私"的多重结构并未发生改变。近世以来的幕藩体制则相反,"私"在各个层面被极度压缩,而"公"则得到扩大(图 4a),"私"这个关系概念作为第一人称的代名词被广泛地固定下来,但多重的"公 = 私"的结构仍然持续着,这一点,从比较史的角度来看是一种奇特的现象。①

① 水林彪:《我国"公私"观念的历史发展》,载西川洋一、新田一郎、水林彪编:《罪与罚的法文化史》,东京大学出版会 1995 年版,第 110 页。

在此产生了一个问题,图 4a 所示的近世"公私"结构图与渡边浩先生的图①稍有不同。图 4b 是渡边浩先生所作的近世"ooyake-watakusi"结构图(我多少加了一些补充说明),他说:"'ooyake'和'watakusi'是一组相对的概念……从小箱子的角度来看大箱子时称作'ooyake',与此相对,对自己的谦虚表现则称作'watakusi'②(着重号为水林彪所加)。"诚如渡边先生的史料所示,确实在近世社会存在他所整理指出的用词体系。但是如图 4a 用词体系所示,我们同样可以说,各层面的权力体,不仅限于对下关系,对上关系也呈现出"公"的结构,或是上级强制要求下级带有"公"的结构色彩,总而言之,各层面的权力体全部呈现为"公"的形式,国家制度整体也是由"公"的多重结构组成的。当然,也确实有称将军家为"公仪"、大名(诸侯)的领地为"私领"的例子,但同时也有称将军家为"大公仪"、大名为"公仪"的例子。在《武家诸法度》中有禁止大名"私之婚姻"的一条内容,至少从这一限制来看,可以说幕府视大名为"公"的存在。在关系国家制度根本的事项上(婚姻是一种家族之间的外交,关系国家制度的根本),"大公仪"希望把大名改造为符合自己意向的"公"的性质的存在,只是将周边的局部小问题委任于大名进行"私"的处理。同样,大名也承认其家臣的"私宅",却禁止"知行所"设立"私法",也严禁进行"私之争论"(自力救济),通过这样的手段,使"公"的领域以量的优势来压倒"私"的领域,形成了此类"公＝私"结构。在庶民的世界也是一样的,杀死父母、杀死主人等皆非"私事",这样的犯罪

---

① 渡边浩:《从日本思想的脉络来看公私问题》,载将来世代综合研究所编:《从比较思想史的脉络来看公私问题——第一届公共哲学共同研讨会》,将来世代国际财团 1998 年版,第 119 页。

② 同上书,第 121 页。

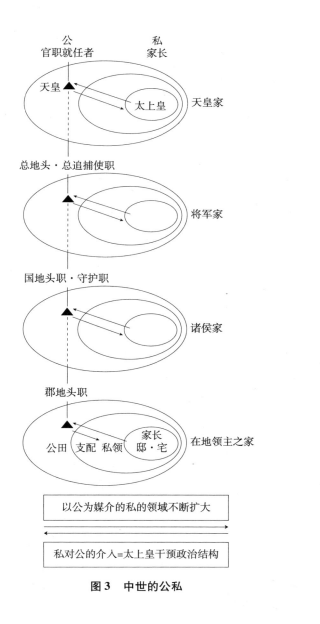

公　　　　　　　私
官职就任者　　家长

天皇　　　　　太上皇　　天皇家

总地头·总追捕使职

将军家

国地头职·守护职

诸侯家

郡地头职

家长
邸·宅　　在地领主之家
公田　支配　私领

以公为媒介的私的领域不断扩大

私对公的介入=太上皇干预政治结构

**图3　中世的公私**

17

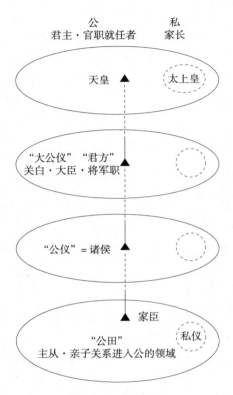

图 4a　近世的公私

会受到"公"的性质的审判,这意味着"大公仪"将庶民的家族关系视为具有"公"的性质的东西。从而,家臣的知行所、百姓耕作的田地也只不过是大名或将军的"寄存物品"而已,其结果表明一切不过是"公仪的田地"而已。①

----

　①　水林彪:《近世社会的法与国家制度研究序言——以纪州为素材》(2),载《国家学会杂志》第 90 卷第 5、6 号,1977 年第 11 页以下。

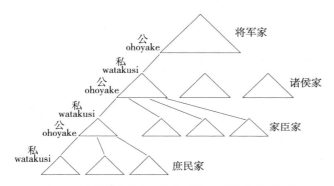

**图 4b　近世的公私（渡边浩氏的近世公私模型图）**

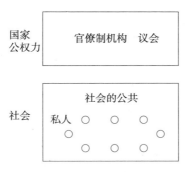

**图 5　近代国家制度中的公私**

## 结语：对近现代公私论的展望

日本国家制度的传统是一种特殊的"公＝私"的重叠结构，它形成于 8 世纪中叶，一直持续到近世幕藩体制结束。可以说，"公＝私"的重叠结构的传统制约了公共哲学共同研究会的整体战略，本来，如何才能激活非国家社会性"公共"性、并由此限制国家性

"公"（公权力）扩张是我们研究会的讨论基调,如今却受到上述传统因素的制约。"公＝私"权力体存在于社会的各个中间团体,在纵向上彼此相连,且上级的权力体是强有力的,这种传统与图5所描绘的理想的近代国家制度形成鲜明对比,近代国家制度的"公共圈"是"私人"在社会水平上进行广泛的连带结合基础之上创造出来的。

笔者之所以在这里指出这一点并加以强调,并不是为了否定公共哲学共同研究会各位同仁的理想,意欲激活社会"公共"性的理想。倒不如说意图正好相反,正是为了更好地确立我们认为理想的社会"公共"性,才觉得有必要正确认识曾带来障碍、产生负面影响的历史传统。通过学术的认识,从根本上将"公私"观念的传统相对化,在此基础上,在日常生活的各方面自觉地推进意识和行动的改革。如果不这样做的话,要想激活社会性"公共"的课题,其成功性也就会变得渺茫。对于公共哲学领域的各种尝试来说,法史学领域也可以做些贡献,出于这种想法我呈上这篇拙作。

### 围绕论题一的讨论

**金泰昌**：首先,我想谈一下有关水林彪先生对共同研究会的印象问题,我们研究会的基本问题意识有三个：

第一,以往"公"的概念是国家官僚作为主体,从上至下作出规定,由国民来顺从。所以应该另辟蹊径,形成由国民个人成为主体的"公"是必要的。如何才能实现这个目标？

第二,"公"与"私"是同时成立的,所以保持两者的平衡很重要,这又如何得以实现？

第三,是否"公"＝"国家"？有没有超越国境的"公"呢？

在首届研究会上，渡边浩先生将"ohoyake（オホヤケ）"与"oho（ヲホ，大）・yake（ヤケ，家）"进行了对比论述。综合到日本当今的情况来看，与"ohoyake"相比，"公"（从古代起）更具有代表miyake（ミヤケ，皇族）的意义。不知从何时开始，miyake 的重要性已经消失，已被"ohoyake"一元化。所以在日本，并非国家＝公，而是 miyake（皇族）＝公，后来，在"公"之中又混杂了"国家"的概念。

"ohoyake"本来是保管、保存、使用共同财产之意，因此，我认为没有必要将"ohoyake"这一词语与天皇一族、皇族等联系在一起，这本应是一个更加具有灵活性的词汇。

将"ohoyake"与天皇直接联系并一元化之后，令人感到 miyake（皇族）至今所残留下来的意义变得有些模糊了。所以想向您请教一下 miyake 的本来意思。

**水林彪**："miyake"是由敬语"御"（mi）和"yake"结合而成的，也就是"mi＋yake"。敬语的"御"比"大"表示更高一级的意思。《古事记》神话中，作为对神的尊称，有"大神"和"御神"两种，"御神"的规格更高。例如，《古事记》神话中的最高神是"高御产巢日神"，为"御……"的结构。其下一级的神里有"海大神"等被称为"大神"的神。而皇祖神为"天照大御神"。因此，我认为，"miyake"比"ohoyake"等级更高。

有关律令制国家和天皇制的关系，石母田正有一个非常有名的定理，即"并非天皇制包摄国家，而是国家包摄天皇制"。这是一种天皇机关说的论调，即"国家"用独特的方式组织了"王权"。就是说，不是用 miyake 来代表"国家"，而是将那些存在于社会中、并承担地域共同性的组织"ohoyake"扩大后，成为"国家"的。

**金泰昌**：miyake 的"mi"如果不写成"御"而作为"宫"（官）

（miya），写成"宫（官）家"会怎样呢？现在日本的"公"由"国家"与"官僚"所代表，当追溯这个"公"的根源时，我感觉与"ohoyake"一样，其原型的一部分是否可以上溯到 miyake（宫家）中。

**水林彪**：我认为 miyake 是"mi + yake"。

**金泰昌**：只能认为"ohoyake"＝"公"吗？

**水林彪**：但是，确实"公"这个汉字日语训读发音是"ohoyake"，而不是"mi·yake"或"miya·ke"。查阅 11 世纪的词典《类聚名义抄》，可以知道"公"与"私"的训读音有"kimi（キミ）"、"ohoyake（オホヤケ）"、"tukaumaturu（ツカウマツル）"、"arahasu（アラハス）"、"koto（コト）"、"tomo（トモ）"等，并没有"miyake（ミヤケ）"的读法。

**金泰昌**：是吗？

**沟口雄三**：《日本书纪》中的和文读法的残简是由大野晋先生等整理的。根据这些残简，作为"官"字的和文读法，有"miyake"、"ohoyake"、"tukasa"三种。

**水林彪**：是"官"字吧？

**沟口雄三**：是的，它们被很好地分别使用。"ohoyake"被较多地使用在地方性的事务上，"miyake"则被使用在天皇家族的直辖地及财产等方面，例如"miyake"的船坏了，不能使用想要扔掉，又决定在"ohoyake"将船再使用一次，如此分别使用。这一部分我也没有进行过整理，我想这些整理由从事日本史的人来做更为合适。

**水林彪**："家"这个字，读成"ke"或"ka"，从发音上来讲是从中国传来的吗？

**沟口雄三**：吉田孝先生认为"ke"是"场所"。但是作为日语的古语，把"yake"作为一个词考虑比较适当。"yake"表示有建筑物（ya）的地方（ke·ka）之意，顺着这个思路讲，"miyake"就是"mi·

yake"。

**水林彪**：金泰昌先生的问题出乎我的意料之外，是否也有"miya·ke"这样的读法，应该加以考虑，但是还是应该读作"mi·yake"比较合适吧？

**沟口雄三**：提起"公"字时，只在"官家"意义上理解的话，范围过于狭窄，也就是说，官家没有表示共有性、共同体性质的内容。

**金泰昌**：但是，观察当今现状，与广义的"ohoyake"相比，更能感受到的是狭义的"miyake"。

**沟口雄三**：是啊。我认为这样考虑更容易理解，即"miyake"先进入了"ohoyake"之中，不久"miyake"便占据了"ohoyake"这一词语的上层。实际上，在平安时代，有关天皇的事情用"ohoyake"表示而不用"miyake"表示。天皇脸色不好时，要说"ohoyake 气色不好"。

**金泰昌**：我认为，上包含下、融入下的这种单方面向下发展的"公"，其形成体现出矢量性的收敛特征，这是日本"公"原型的一个方面。同时，"自上而来的公"不可能形成"上"、"下"两个方面相互作用的"公"，这一点也体现在当今日本的"公"与"ohoyake"中。遵循自上而来的公，虽然是一种美德，但我认为，在日本，那种通过"横向的联系"向上渗透影响的力学模式难以发挥很好的作用，也与此有关。

总之，重视更大的存在、重视更上一层——我感觉这似乎是日本"公"的原型——因此，"私"的存在形态根本没有引起重视——用现在的话来说，即"个人隐私"的部分没有形成独立的问题领域。"私"被吸收于、被回收于"公"之中了。因此，即使认为"公"与"私"作为关系概念是同时成立的，却也看不到"私"的存在。这种现象与中国及比日本受中国影响更深的韩国相比，更能显示出日本的特征。也就是说,在中国、韩国有这样的一种倾向,明确规定"私"在道德上、伦理上是不应存在的。但是,在日本似乎有这样一种认识现实、对应现实的行动基准,即依靠力量——势力、暴力、权力等——及状况、条件,向更上一级采取聚拢、妥协、适应的行动。我个人的意见,无论是中国、韩国的公私观还是日本的公私观(如果上述假设是可能的),都有各自的问题点和可能性。我希望把它作为今后的研究课题。

小林正弥:第一,我想谈一下古代日本文化的碰撞问题,我们应该思考,日本对外来文化的吸收中,如何反映了日本原始的在地领土制社会与中国古代社会的悬殊状况? 对于中国秦汉帝国以后的"社会的公"与"国家的公"这种二元性的观念,日本将其变化后进行了吸收,其结果形成了日本律令国家的公私观念。不知这样理解水林先生的话是否合适?

第二,水林先生讲"古层的隆起"时,是强调图 2 Ⅰ 的"ohoy-ake"-"oyake"关系中的"oyake"表现了"私"? 还是想强调"多层的结构"的形成呢? 我想请教一下先生所讲的"日本式的"或是"古层式的"隆起是什么意思?

水林彪:第一点如您所说,日本在各个层面吸收了中国式的公私观念。正因为想使用"公"和"私"这样的词语,来重新解释自己的世界,于是出现了很多问题。第二点,为了说明"yake"的多重结构被复活、强化的过程,我采用了丸山真男先生的"古层式的隆起"学说。归根到底,外来文化无法根本上重塑原来社会的已有系统本身。虽然我们可以把曾经存在过的事物(图 2 Ⅰ)重新解释成为图 2 Ⅱ 的结构,但却无法去实现这一切,从而现实变成了如图 2 Ⅲ 的形态,其中,吸收了中国文化之前的、原结构自然留下了清晰的印记。我想说的大致就是以上的意思。

**小林正弥**：也就是说，您是将"yake"的部分看成日本的古层部分。是否可以说，与原始的到处都存在的首长制不同，"yake"的部分强调了日本的"ie"部分的特点？

**水林彪**：不，我并不认为，yake 是与所有原始社会都存在的首长制相区别的日本式的"ie"。我认为，倒不如说在 yake 的秩序中存在着与其他原始社会共通的内容。作为神话学的成果，构成《古事记》、《日本书纪》的各部分神话，与许多原始社会的神话有着共同的内容，最近古代史研究者也想采用文化人类学的研究方法进行研究。这表明，我们反对那些认为从原始社会开始，日本社会就与其他社会存在不同的主张。如果丸山先生的古层论主张的是，日本社会自原始以来就形成了特殊的特殊结构，我的古层论就不相同。根据《日本书纪》的记述可以知道，大化改新时期，私人的统治（yake 的多重结构）已经有很广泛的发展。随着律令制的导入，由于班田制的实施，虽然暂时有后退的时候，但垦田永年私财法的实施，使私人的统治再次抬头。我借用丸山先生的语言将这些现象归纳为古层式的隆起。

**东岛诚**："私"这一汉字从中国传入，由此产生了"watakusi"这样的训读。既然是创造出的词汇，当然是处于领导的知识阶层吸收的结果了。因此，作为"ohoyake"的反义词，虽然"watakusi"被分节化了，但不意味着要否定位于底边的"ohoyake"（大的 yake）－"oyake"（小的 yake）等概念。这一点是我首先想要确认的。

在此基础上，我想请教的是，图 2I 中水林先生所示的"ohoyake"和"oyake"，是否可以说，与其说是金字塔似的上一下结构，倒不如说是大包含小的结构。

**水林彪**：大包含小……？

**东岛诚**：形成初期就是相对的大包含小的关系，在有关"公"

之事物的绝对优势地位之下,很多的"小"便被包含在"大"之中。所以与其说是"多层"的关系,莫如说是"内包"的关系更为合适吧?

**水林彪**:是的。大王本称作"ohokimi(オホキミ)","kimi"和"ohokimi"本属大与小的区别,但在建立律令国家制度时却将其变为质的不同。这就是从图2之Ⅰ到Ⅱ的展开。我认为造成大王向天皇转化的记纪神话,特别是古事记神话的体系,建立了大包含小的关系,并从本质上切断了双方的关系。

**东岛诚**:还想问的一点,就是有关"君主"和"国家"的区别。从中国吸收律令的时候,建立了所谓的君主=国家的形式。借用唐律疏议的表达方式来说,因为不能直呼天皇的尊号,出现了用"国家"一词来替换的现象,因此产生了"国家人格化"的"君主"问题。水林先生今天为我们展示了几种结构的转换过程,尽管如此,我认为,这一结构实际上贯穿至中世时期的将军权力。我想请教的是,您是如何理解"公"的问题与"君主与国家的关联"的关系呢?

**水林彪**:我认为有必要从各个角度来讨论这个问题。也就是说,中国和日本由于国家制度的差异带来了国家制度概念的差异,在这里,我想简单就汉语与大和语言的差异,来回答您的问题。

律令制国家成立的8世纪初,从技术角度讲,日本已经达到了能够用音假名来表记日语的阶段,《古事记》的歌谣全部是以这种标记方式撰录的。因此,从纯技术角度讲,《古事记》、《日本书纪》、律令中的训读文完全可以用音假名来表达。但是,《日本书纪》和律令全部用表意汉字以及正式的汉文书写而成。《古事记》虽不是正式的汉文,却采取了以表意文字为主体的表记方法。《古事记》的歌谣全部以音假名为表记,不知为何其他部分却采取了表意汉字的方式。我猜想，音假名的表记方式难以准确表述尚处于崭新形态的律令国家及其政治思想吧。

举一个具体的例子。《古事记》的开头有一句"天地初发之时……"，现在训读为"ametuti hajimete okorisi toki（アメツチハジメテオコリシトキ）……"，如果是这样的话，则应全部用音假名书写而成，像"阿米都知波自米弓淤许理斯登伎……"。太安万吕是用表意汉字书写的。"阿米都知"有可能被认为是"雨土"之意，因为大和语中的"ame"若用汉字表记，则有"天"和"雨"之意（也许尚没有区别"天"和"雨"的意识），"tuti"中表示大地的"地"与表示土块的"土"在未分化状态下被合在一起。但是为了论证"高天原"、"天神"后裔的"天皇"的正统性而写就的《古事记》，开头处的"ametuti"，必须明示作为天的"ame"和作为地的"tuti"。因此，没有写成"阿米都知"，而写成了"天地"。用一句话来说，为了建设律令制国家，必须使用只有用中文才能表达的概念。

但是，把"天地"读成"ametuti"，从那一瞬起，中文的"天地"就出现了不断被引申为大和语言"ametuti"的可能性。在"ametuti"的情况下，实际上，将"天"引申为"雨"，"地"引申为"土"的情况很少，倒不如说将"天"（ame）和"雨"（tuti）分开使用的意识被广泛接受，从而，"天"和"雨"从最初时就被认为是完全不同的事物。虽然也有些词汇走向了与大和语言相分离的发展方向，更多的例子则是通过训读，中文的概念被引向了大和语言。

"国家"这个词语不就是其中的一例吗？例如在《日本书纪》中，就多次出现了"国家"的用例。日本古典文学大系版（岩波书店）的《日本书纪》以各卷现存最古的写本作参考，采用全文以训读注音的基本方针，保存了从平安时代至镰仓、室町时代的训读发音。按照前后文脉，"国家"先后有 kuni（クニ）、kuniie（クニイ

27

エ）、amenosita（アメノシタ）、ohoyake（オオヤケ）、mikado（ミカド）这五种训读法。如果联系到东岛先生的问题，"国家"在平安期以后训读为"mikado"，其中就包含了非人格性的国家这一组织同君主这一人格的关系问题，这也是我们最为关心的问题。对于"国家"训读为"mikado"，我想，如果《日本书纪》的作者原本就打算采用这种训读的话，就应表记为"帝"。这里没有记作"帝"而记为"国家"，还是应该认为"国家"这一词语与"mikado"的君主个人是不同的观念。事实上，在《日本书纪》里，作为表示君主的训读，"帝"有如 sikado（ミカド）、sumerasikoto（スメラミコト）、kimi（キミ）等多种用例。但《日本书纪》的作者之所以不写为"帝"而写为"国家"，是因为作者想表示的不是君主个人，而是国家、朝廷等非人格性的机构。但是，在训读的过程中，由于大和语言缺乏恰当的表示非人格性机构的概念，还由于长时间内非人格性机构的国家难以得到确立，不久就被分译为 kuni、kuniie、amenosita、ohoyake、mikado 等。关于《日本书纪》中的"国家"，石母田正曾有过如下论述：①从中难以找出由君主个人、皇室等分离出来的"作为公权力的国家"的观念（《古代法小史》）；②但是，不仅限于当时人们的观念，作为客观的事实，《日本书纪》成书的 8 世纪初已形成了非人格性国家（《古代官僚制》）。我认为对于这个问题，有必要从刚才论述的方向进行重新思考。"公"与"ohoyake"的问题中也存在着同样的问题。

**黑住真**：如果那样，就给人一种感觉：日本的"公"，与其说体现了"伦理的正确性"、"义理"或某种"公开性"，不如说实质上是某种"势力"、"某种被拥有的东西"或"势力范围"。东岛先生用"人格化"这一词语表达这种观点。

与此相关，"永年私财法"的"私"就表示"这是我的东西"之意了。从某种意义上讲,由于恣意的、不可控制的"私"的形成,在历史进程中,不久便以某些形式(虽不是直接的)形成了自封的"官方"。因此,"公"与"私"并不只是"公"压迫"私"的关系,还有一种超越"公"的"义理"的力量(势力),呈现出与"私"的恣意性成为对应关系的形式,可以说,这与(当今日本的)"公"的问题也是相关联的。

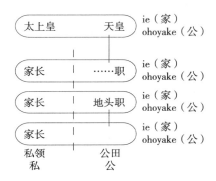

**水林彪**:在"永年私财法"成立后的历史发展中,我不认为"私"是令人不安的、恣意的、不好的存在,反而可以看成是从古代到中世的历史发展中,值得肯定的民间活力的形成。到了"班田收授法"、"三世一身法"时期,开垦的土地不久就变成了公田,因此扼杀了人们努力工作的热情,结果就产生了荒地。以保障私有为契机,中世的在地领主制得以成立。但是到了近世,这种领主权利下的私人领域被瓦解,形成了被包摄于"公"的强大体系内的局面。

**黑住真**:是否可以说,"私"被逐渐转化为"公"、"ohoyake"呢?

**水林彪**:我想这是一个不断转化的过程,"私"若不与"公"相连,是无法发展的。通常,作为"公"的事物——例如,以地头职、郡司职等与官职有关的事物为核心,其外侧便是私田领域的扩张(参照上页图)。没有与"公"完全断绝的"私","私"为了得到认可(公认),需要与某种职位即"公"相连接的权威。从这个意义上讲,不断孕育着"私"的"公"化的"公私二重结构"将一直延续。每一个个人与家庭都带有"公"和"私"两个侧面,因此我认为,不能说"公"作为特别的势力在某处存在,它是一种拥有公私二重结构的多层次的结构系统。

**今田高俊**:在古代,"ohoyake"是表示建筑用地、建筑物等设施的概念。"ohoyake(オホヤケ)"和"woyake(ヲヤケ)"是表示"大事物"和"小事物"的实体概念,而不是关系概念。到了律令制国家时期,"公"被规范定义了,作为"公"的派生概念,"私"也出现了。"那庄稼地是公家的地,但是这块儿地是我开垦的,所以是永远属于我的地",这个实例容易理解,就如同经济学中公共财产与私人财产的关系。

但与此不同的是,那种以权力概念和意志决定的形式存在的"公"当中,在统治者与庶民的"私"的关系,是否存在让"私"走向服从"公"的事例? 律令制国家是官僚国家制度。因此,在所有制方面,8世纪时有没有过根据"ohoyake"的意志决定,国家没收私有财产的私田的事例?

**水林彪**:当时,庶民同国家意志的决定过程及制度并不发生关系,所以从这个意义上讲,庶民从属于贵族独占的国家机构的意志,在报告中我也说明了,在8世纪初,国家即被认定为"公"。国家确保的"公田",如果作为口分田分给庶民,也就被认为是"私田"。如果耕作口分田的庶民死去了,口分田就会被"归公"(还给国家)。从国家方面来表达即为"收公"。我在报告中也提到,到了8世纪中叶,由于"垦田永年私财法"的颁布,人们开始逐渐意识到，依靠自己力量开垦的农田是"私田"，与此相对，由国家分给的、但不久随着拥有土地的庶民的死去，而被"收公"的口分田开始被认为是"公田"。但是，这里的"公"与我们今天使用的"公共"这一表达非国家性社会的共同性一词是不同的。

今田高俊："ohoyake"（公）这一词语出现时，庶民还不理解何为"公共"。生活在现代的我们，依靠当时的记录，来解释"这就是公共性的根源"。我认为，本来，一般人并没有"公私"的观念，只有承担"公"的官僚机关的主体才会有"ohoyake"和"私"的概念。

水林彪：我想东岛先生等人的报告可能会提到这一点，我们如果试着在日本历史中发掘"公共"、"public"一词所表现的内容，也许会发现那些并不适合"ohoyake"、"公"等词，可能会发现其他系统中的语言，并会进一步探寻它们如何在那个社会中存在。不管怎么说，这是一个不可或缺的工作。东岛先生迄今为止重要的工作都与此有关。尽管如此，我们是在使用"公"、"私"这些词语进行讨论，所以我认为这两个研究方向虽然相关，却是相对独立的工作。我想这也可以说同渡边浩先生提出的问题有关，研究最终转向（日语的"公私"）（public）的考察，这同今田先生的问题也有关联了。

黑住真：我认为今田先生在问"公"这一概念本身是否有追求"正义"、"公正"过程（手续）的机能，而水林先生对此的解答为"（公）自身中并不存在"。"公"这一概念本身，用今田先生的话来说，表现出强烈的实体概念特点。我认为只是在"公"的组织中，包含着元级关系概念。

水林彪：在贵族层中当然存在"过程（手续）"。例如天皇在发布宣命时会经历怎样的手续，颁布其他法令时会有什么手续，当然存在正式和非正式的手续。那么是否应该将其与"公"、"私"的词

31

语联系起来进行讨论呢？事实并不一定如此。

**今田高俊**：如果在律令时代，权力作用和意志决定是作为关系概念发挥作用，当时的贵族为了管理农田的稻米收获，除制定相关的各种规定之外，还有什么其他的带有公家意志的决定呢？他们做了什么呢？

**水林彪**：比如建造都城时，要动员劳动力，为此必须要制作户籍，掌握各个家庭的情况，这是对庶民的统治。

在当时律令系统中最重要的行政事项是"祭祀"，专门设有神祇令这一条目。所谓"令"即为行政法规，神祇令则规定有关祭祀的行政事项。

律令开头的一系列法令，是有关国家官僚机构的组织形式的条目，如官位令、职员令等。紧接着便是针对国家应采取何种行政的内容，即为神祇令，就是如何进行国家祭祀活动的内容。祭祀这一词语是指下对上进行供奉的意思，用丸山真男先生的话来说是"maturigoto（マツリゴト）"。政治的根本就在于此。祭祀，简而言之就是用视觉来表现位于中央的、曾经是大王的天皇与诸贵族层之间应该保持什么样的关系，因此如何组织祭祀成为最重要的内容出现在律令条目中。神祇令之后便是有关如何管理僧人的内容。

查阅令的条目，可知当时人们是按照怎样的顺序，去考虑行政事项的重要性以及行政事项的具体内容。当然，庄稼地、征夫役也是重要的，但一年之中，几乎每一个月都要进行祭祀，祭祀在某种意义上可以说是日本律令国家最主要的行政事项。

**黑住真**：在"祭祀"中构筑了权力的同时，也产生了某种分配体制吗？也就是所谓的间接标榜公正性的东西……

**水林彪**：是的，大量的产品被集中在国家，通过祭祀，又有大量的产品被返回到社会。天皇采取了向诸神供奉币帛的形式，神官们将天皇的币帛带回到各自的神社，作为天皇的贡品供奉给诸神。我认为律令制国家本来是以祭祀为中心构成的国家，为了进行祭祀应该具备正确的手续及正确的内容，在这个方面来看，同今天我们主张"公"一样，古人也是这样追求过来的。

小路田泰直：您认为，图2的Ⅰ至Ⅲ的移动构筑了日本今日的基础，而这种移动是最下层百姓"成为公民"的过程。处于更为下层的人升至公民所处的位置，同样取得了公民身份，那是否可以说，原来的公民丧失了维持社会秩序的能力？也就是说，是否可以看做是"贵族层的解体"现象？反过来，是否可以说，是国家的"ohoyake"对社会的渗透力在不断地减退？这是我要问的第一点。

另一点，我听说制定律令的国家，除了中国只有日本，其他国家并没有尽全力去制定法律。那么，日本大概并不是因为毗邻于巨大文明国才去吸收他国的文明，而是主观上想制造中国式的制度而主动吸收的。那么，"N是C"的理解方式是否会有些许微妙的变化？

水林彪：正如您所指出的那样，我认为从图2Ⅱ到Ⅲ的移动是一个重点。说到是否其背后有贵族层的解体，显现出"ohoyake"的渗透力减退的现象，我认为倒不如说这种移动是用独特的方法将"ohoyake"的世界与"公"相连接的同时并复活，并比以前更加被强化的过程。

33

我也不太理解只有日本才制定律令这一现象的依据。在古代，组织某个社会的时候，是否制定法典当然是一个选择项。制定《大宝律令》时，举行仪式公开宣称："这下我国也是像中国一样具备文物的先进国家了。"也就是说，制定与唐律令同样的律令，完备国家、帝国的体制，我想作为与此相应的正当性的意识形态，同时也想创作出自己的神话。

近代日本面临着要制定以民法典为首的欧洲式法典的重大课题,但这并不一定表明日本社会存在着社会内在的制定法典的必然性。若不完备好的法典,就不能修改不平等条约,这是当时人们关心的主要事情。我想这是由当时的国际关系所决定的,最终想制造出小路田先生所说的"那种东西"。

三岛宪一:我想问一下关于方法的问题。我同意您开头对渡边浩先生的某种类型论的批判。其实真正的问题是,西洋概念自身究竟具有多少正当性? 我想问题在于过分强调其不同。我认为,任何语言都可翻译成其他语言,所以暂且(翻译成本国语言)在能够使用时去使用。这一点,我抱着善意的意图聆听了您的报告。实际上,"公共"这一词语当然有古欧洲语言"正义"之意,到了近代这种意义也确实曾被使用过,因此渡边先生所说我认为有些不合适。

您从日语的"公"和"私"的语源出发,阐述了在很久以前其语言的含义与制度。我想请教的是,这对思考刚才我的问题有多大的启发意义呢? 在图2从Ⅱ至Ⅲ的变化过程中,在某种程度上产生了"公"同"私"的区别。比如大家都知道,国立大学的人比私立大学的人带一些优越感,是不是受到上述因素的影响? 当然是根本没有的。在西方,"公共"的德语为"offentlichkeit",是从"君主或诸侯的权力"渐渐变为"一般民众的正义"之意。很明显,意义发生了变化。因此日本同样也能发生变化。

于是有关于远古时期的现象,所谓历史的、解释学的关联是否真的那么重要呢? 如果说重要,在什么地方有意义呢? 比如分析明治以后的日本官僚实体时,就像弗洛伊德的"无意识"一样,真的是否可以说,是历史性的集体记忆决定了古层? 还是应该把

"近代形成的制度"当做直接问题呢？想请教一下这方面的问题。

**水林彪：**著名近世史学家山口启二先生在编撰某部书时，写下了关于"公"与"私"的一段逸事。有个留学生想复印某个文献资料，在东京大学史料编纂所寻找复印机。他问山口先生"那个复印机是公家的还是个人的"？任职于史料编纂所的山口先生想："这是工作时使用的，你不能用。"所以便回答说："这是公家的。"于是留学生说："是吗？"便突然开始复印起来。山口先生就阻止他说："我不是说不可以用吗？"而那位留学生却认为，若是公共复印机，就像公共电话一样，大家都可使用。由此可见，日语的"公"、"私"与英语的"public"、"private"并不是完全的对应关系，大概同样的例子还有很多吧。

我看到这篇文章时，正好在北海道大学集中授课，也有过同样的经历。在北海道大学，校园里的"公用"告示栏与其他告示栏是严格区分开的。公用告示栏张贴的是学生部等大学的官方告示；而其他告示栏则有许多社团活动的介绍。这里的"公"不是"公共"，而是大学当局之意。也就是说，我们使用这种分辨方法来认识社会，这是千真万确的。这种认识并不是近代形成的，大概是历史积淀的产物。究竟能上溯到何时呢？8世纪的事物并不是直接存在于今天，若在刚才所说的"N是C，C是N"的无限重叠中去探寻因果关系，我想就会碰到这类问题。

**金凤珍：**刚才今田先生提出，从图2的Ⅰ到Ⅲ的变化，即建成律令制国家之后还要做些什么。我认为还有一个重大的工作，即征伐与开拓，也就是扩大天皇一族的权力和统治领域。我不清楚水林先生图示中的大王是否直接成为天皇，但我认为把图示的部分看成是支配服从的结构使用"公"、"私"的概念而扩大的过程，也许更加合适。

另一个问题是,古代日本引进了中国的律令制度,是否朝鲜半岛的文化也受到了公私观念的影响呢? 7—8 世纪朝鲜半岛发生了重大变化,即诞生了统一的新罗。将其中的公私概念和政治变化纳入研究视野是否可能呢? 是否有将其纳入研究视野的学者呢? 我认为,日本古代史同古代朝鲜有着很深的关系,但在日本古代史研究中,"朝鲜"根本就没有出现,这是个很值得探讨的问题。

**水林彪**:有关律令制的确立是否就是天皇的权力扩大这一问题,我认为与其说是权力的量的扩大,倒不如说是将之前的体系,用本质上不同的观点来看待,从这个方向上来进行律令制国家的建设,才是日本的出发点。也就是说,在中国文化的影响下,在公与私的范畴内,将"公"置于"国家"一方,这才是问题的要点。

我不清楚当时朝鲜半岛的公私概念究竟如何。由于渡来人来到日本,交流应该更加频繁了,因此这个问题必须予以考虑。但以我现在的能力还难以回答这个问题,所以想把这个作为今后的研究课题。

**黑住真**:水林先生指出了如下几点:国家机关与(市场)社会同时发挥机能的二元制国家制度,在中国是很早阶段,在欧洲则是近代建立起来。日本一直是个一元制国家,且从古代至近世一直延续着这种状态。这种国家制度的形态同公私具有紧密关联。也就是说,在中国,似乎国家、社会各自都形成了公共性,而在日本,公(私)没有形成社会的公共性(非国家性质的公共性),而显现出被国家所吸收的一种形态。亦即,在日本形成了多层结构(这种组织关系用东岛诚先生的话来说是大小的包摄关系),在"ohoy-ake"(公)的国家关系中,周围附着私的领域,在日本,虽然近代社会形成了,但国家=公的问题并未简单消失,在其背后还包含着近世以前的一些问题。

首先这个二元的、或者是一元的多层（包摄）问题，如水林先生所说，所谓国家与社会，正因为两者保持了对抗性，才保证了市民和市场自主的公共性。这一点我是理解的。但是，不能说切断了与国家的联系，商业秩序就能够公共地运行下去。另外，问题是不能说国家和社会就是二元性的，也可以说具有三元性特点。也就是说，在集团、组织中，在对内或者对外关系中，公与私的活力能否作为公正的事物得到担保，公共性的探求、私性的确保活动能否充分展开等问题是很重要的。无论是权力、人的分配，还是物品、金钱流通的分配，在人事手续、市场规则方面能否展开具有公平性、透明性的活动？——日本的这种公私活动在形成过程中，被包摄、被吸收在组织结构里，各种主体与集团也被"包摄"在全体里面。

　　由于这种"包摄型"与垄断的绝对性及专制不同，所以其中常常会有一些"民主"的东西，这一点非常重要。无论是利益还是义务，整体（公）的一切都由部分（私或处于下位的公）来分担。因此，在分配不当的时候，就会产生"公事"、"公论"的机制。各成员对于同周边的利害是否平衡很敏感，所以上层有必要考虑"公平"的问题。但是，进行大的再调整一般是处于非常时期，平时并非如此。总之，各成员难以超越自己所属的领域，活动受到限制，因此视野和能量很容易被束缚在内部。与此相反，如果不从大大小小的有机整体出发，而是从个体强烈的主权概念出发，虽然在与对抗方的纠葛中会产生压制现象，同时也会产生与包摄关系不同的对他关系和对等性，公共性便得以从中形成。这就是我的抽象化、类型化的表达。

　　另外，在讨论中也涉及，与刚才所谈论的收束问题有关，如何理解公共性是个重要的问题。正如"公"这个词所表现的那样，诸位先生也都指出,日本所理解的公共性事物经常与各种实体性的势力和个人结合在一起,而法则、正义的性格很弱。有人说,在中世时期,以审判为代表,理的思考被强化,而且从古代到近代都有公论、公议、众议的思想,这些都是不容忽视的重要事实,但即使是有这样的手续和协商,那么在作为法则施行开来这一点上是怎样的呢? 日本思想传统中涉及探求公共时,会比较重视对于他人、居上位者以及神的恭顺和敬畏,这是重要的事实。但反过来说,公共性奉戴于居上位者,换言之因为居上位者不断窃取公共性(已然成为某种实体),故而在把公共性作为法则提示出来以及各人主体化等方面仍有欠缺。这些问题当然与刚才的包摄问题联系在一起。

而这些问题背后相伴的是什么呢? 其一,恐怕得粗略地概括,即日本作为岛国,内部国土孤立,因此与异质的他人交往生活的经验很少,同时在农耕、政治军事等方面还有诸如共同劳动多等的地政及生活条件的问题。另外,从思想史方面来讲,意味深远的是水林先生谈到的祭祀问题。水林先生在发言中讲到,以公家为代表的国家组织作为中心,私人领域将其包围,通过调动私人领域,同时在二者相互依存的过程中,形成了以祭祀为基础的分配组织。换言之,上面提到的包摄性、实体性等问题与日本宗教中诸神的组织化·统一也不无关联。简单地说,日本的公私问题背后存在着"包容的诸神"。

如果从历史的角度来思考日本的公私问题,确实曾发生过引起很大震荡的诸如"公对私的侵犯"、"私对公的篡夺"等问题。但是在我的印象中,却很少有彻底的、具有决定性的此类事件(虽然学术上无法论证)。这不也正与上述的诸神及包摄性问题具有关联吗?

要超越这样的问题,哪些是必需的呢?从自己和社会组织结构来说,一方面需要从内部展开,进一步强调与他者的对抗性和对话性,不能简单地将其委托于"paternalism"或"materialism",这是必要的。语言的透明化、公开性等问题也极其重要,必须保持这种开放的持续性的紧张。另外,涉及"神"的问题,也就是说并非与自己或集体连接,而是存在具有超越性的他人的神。换言之,个人在内心拥有一种能够对外反省、吟味的系统也是很重要的。持有神心,很不好意思似乎是在说教,但从思想史上来说,我确实是有这样的印象。

金泰昌:刚才聆听了各位先生的高见,以及黑住先生最后所做的评论,最后我想谈谈作为今后的研究课题,值得我们思考的一些问题。

首先是将"公"与"公开性"等同,或者作为基本相同的意义来理解的问题。我有这样的疑问:即无论是在中国、韩国或在日本,"公"是否与"公共性"从根本上有所不同呢?后者主要含有"为了众人"、"周知众人"、"敦促众人参加"以及将"为了众人的事情""交由众人讨论、决定、接受继而遵从"之意。在中国,国家机构与(市场)社会的二元制度在很久之前便已确立,国家、社会各自都具有公共性。与此相反,在日本,社会公共性一直未能自立形成,"公"被收缩至国家之中,这是理解(认识、解释)的基本问题,与所谓的包摄问题也有关联。我认为,应将公共性理解为追问国家(日本的"公"与此基本相近)与人(个人)在不否定和牺牲"私"(为了自己的事情)的情况下,通过多种中间领域传播的相互关系的应有状态。因此,无论采取何种形式,若是"公"将"私"包摄其中,只能说是"公"的作用,而不能说这就是公共性。

其次是所谓的"公对私的侵犯"及"私对公的篡夺",也是由于怀有公私两极相互对立的想法,以及缺乏"公私媒介,活私开公"的公共性概念以打通公私、发展多元性的中间媒介领域而产生的闭塞状态的现实性现象。如果有必要将"公"与"公共性"解释为同一含义的话,那么需要进行相应的概念整理。在此我看到了一种可能性,即"公"这个汉字的本来意义。"私"的本意是将谷物(食物)储藏起来使之成为自己独有的东西。与此相对,"公"是指在将其分开的同时公平分配。因此,若将其含义从思想上和实践上有效利用,便可将其再解释为我们现在所理解的公共性。

最后是如何对"私"进行定位的问题。一个人要想生存下去,必定有一些任何情况下都不能让步的底线,这一点应该得到众人的相互理解与尊重。"为了众人"便可随时随地排除、否定、牺牲个人利益的想法、思想、观念有时会带来很可怕的后果,历史已给我们留下了深刻的教训。互相珍惜、爱护绝对不能让步的宝贵的自我底线,在这种共识的基础上,大家应该共同珍惜爱护,这一事实不是基于事前、既定或是上级的指示、命令、管理,而是个人的自主、自发、互补地共同生成,这时就需要"私"的自立、独立和自尊。因此,"公"与"私"若想保持平衡,就需要通过相互媒介打通、开放"公"与"私"的两极对立的闭塞状态的"公共性",它作为另一个基轴存在。在此基础上,才可能对公与私本身进行具体的定义。

# 论 题 二
# 日本式的公私观念与近代化

小路田泰直

加藤典洋先生曾经指出:"私利私欲为恶这种认识,本来其起点并不能归结为欧洲近代的政治思想,若在这里假想一下其起点的面貌,在欧洲近代思想中,公共性必须建立在私利私欲的基础之上。"①又说:"在我看来,带来近代的第一原因即是私利私欲的出现。其时,古代性的公共性已经失去了其基盘,开始没落,由此,近代的起点课题便是如何能够在私利私欲的基础上建立(新的)公共性,这便是驱使近代初期的政治思想家更加深入地研究下去的深刻动力。"②总之,加藤先生试图在近代公共性的基础上再次重新发现人所存在的"私性"。

近代社会并非是成功抑制自我"私性"的无私公民的集合,而是不能轻易抑制自我"私利私欲"的自私市民的集合。在漫长的人类史上,公然承认人的"私利私欲"的社会当属例外。尽管如此,用以约束社会的公的秩序,却在人们的共识基础上,通过"公共"的秩序这一形式建立起来,这确实是一个谜。现在,以加藤先

41

---

① 加藤典洋:《战后的思考》,讲谈社 1999 年版,第 246 页。
② 同上书,第 265 页。

生为代表的很多人开始认识到这个谜的所在。

那么，为何说这是一个谜呢？因为对人的"私性"的发现，一般会带来完全相反的结果。比如，18世纪初的儒学家荻生徂徕（1666—1728）在发现了"各人所构成的风俗"的教化之难，及"民为愚者，难以对付"之后，作了如下论述："古圣人之道，虽说以教民孝悌为先，然若认为令儒者讲解道理于民众，民众则会自发孝悌，此乃大错也。如前所言，若欲其城村和睦，民风善良，则需奉行①对其进行训练，此谓教化孝悌也。"徂徕对"各人所构成的风俗"的发现，表现了其对人自律性从根本上不予信任，因此他将"教民孝悌"认为是"若欲民风善良，则需奉行对其进行训练"，发展成为行政国家（介入国家）论。

正因为荻生徂徕持有这样的行政国家论，为使行政网遍布社会全体，他还提倡武士本土论，主张将大都市江户分割为数个行政区。另外，作为"奉行""训练"民众的规范，他还将"古圣人之道"（先王制作之道）理想化，急于确立礼乐制度。甚至，为了向人们强制推行礼乐制度，而提倡"暴力"，谋求行政的合理化。可以说，17世纪英国的思想家霍布斯（1588—1679）也持有同样的主张。

对人的"私性"的发现，一般会导致对人自律性的绝望，反过来说又会产生对确立巨大行政国家的渴望。尽管如此，在承认人的"私性"的近代社会，"公"最终被"公共"化，这确实是个谜。

那么为何在近代，以人的"私性"为基础，"公"被"公共"化了呢？作为日本史研究者之一，我就此阐述一下个人观点，以作为本

---

① 奉行：武士之官职名。江户时代有勘定奉行、寺社奉行、町奉行等。——译者注

论题的主题。

## 1. "公"被"公共"化的理由

首先我们来看一下加藤先生的见解。他说:

> 卢梭认为,若考虑独立的自然状态,认为因为理性故而各自为了自己的利益共同致力于公共福祉的观点是错误的。因为个人的特殊利益不仅无法与一般性的福祉调和,而且是相互排斥的。若是这样,则应摒弃由理性控制私利私欲的观点,反之,利用由私利私欲带来的个人特殊利益的冲突,通过其经验,在此基础上建立起新的理性、公共性。除此考虑,别无他途。①

加藤先生指出,从人的"私利"与"私利"的冲突之中,"公共"自然而然地形成。诚然,即使是在江户时代末期的日本,农民受商品经济影响极深,形成了超越各个村庄利益的"国益"。② 它对近代日本公共性的形成起到了巨大作用,这是事实无疑。但是即便如此,认为这种"国益"的观念直接进化为覆盖国家全体的"公共"观念,这种观点是值得怀疑的。"私利"与"私利"的冲突,果真能如此简单地产生出"公共"吗? "私利"与"私利"的妥协,难道不是仅仅能产生出更大的"私利"吗? 正因卢梭持这种观点,因此才

43

---

① 《战后的思考》,第 302 页。
② 谷山正道:《近世近代移行期的"国益"与民众运动》,载《历史》1997 年第 158 期。

会在后面的论述中讲到,在"公共"的形成中,"立法者"与"市民宗教"对人内部的作用是不可或缺的。加藤先生认为这是卢梭的堕落而加以驳斥,但仅以"除此考虑,别无他途"来论证并不充分。是否"私利"与"私利"的冲突之中,果真能产生出"公共",我对此持有怀疑。

我是这样考虑的:如果将对人的"私性"的绝望作为原动力,以此来促进国家的行政国家化,那么反过来说,不正是这种行政国家化促进了"公"向"公共"的转化吗? 在此,首先需要指出的是,国家的行政国家化即意味着国家的官僚化。这种官僚化难免会伴随若干对国家的公性造成根本性伤害的矛盾。

矛盾之一是,随之而来的国家的承担者由"圣人"转变为"俗人"="私人"。国家原本是由摒弃个人"私性"才获得公务员资格的人来承担的,是一个被神圣化的团体。——因此,政权往往伴随着教权——而国家是由其能力可以被质疑但其道德不能被质疑的官僚来承担的。"公"由"私人"来承担,这显然是一个矛盾。

而且,国家在道德上与一般人并无二致,一旦由充满"私利私欲"的人来承担,便导致了卢梭用"行政官越多,政府就相应越弱"的悖理来攻击国家,理由如下:

在行政官的人格中,我们可以从本质上区别出下述三种不同的意志。第一,个人的固有意志,它要求的仅仅是自己的特殊利益。第二,行政官的共同意志,一般仅与统治者的利益相关联。也可以称为团体意志,对于政府是一般性的,但对于把政府作为其中一部分的国家而言仍是特殊的。第三,人民的意志,或者主权者的意志。它无论对于作为整体的国家而言,还是对于作为整体一部分的政府而言,都是一般性的。

对于完全的立法而言,个别的或者个人的意志必须都要忽略。同时,政府固有的团体意志则必须是从属性的。其结果常常是,一般意识或者主权者的意志占据优势,且必须成为规范所有其他意志的唯一。

相反,若遵从自然秩序,使这些意志集中在自我身上,它们会更加活跃。这种情况下,一般意志最为薄弱,团体意志排到第二位,个别意志成为所有之中的第一位。因此,政府成员首先是自己,其次是行政官,再次才成为市民。这一顺序与社会秩序要求的恰好相反。

假定政府的全体集中在一人手中,此时,个别意志与团体意志完全结合,因此,团体意志便具有了可能的最高强度。①

其结果是国家因为官僚们"集中到自我身上,会更加活跃"的意志的作用,从内部逐渐被瓦解。这也是我们每日目睹的矛盾。

另一个要因助长了第二个矛盾即国家的解体。正如荻生徂徕所言:"人各随其性之所近,养以成德,德立而成材,然后为官。"又言:"德者得也。谓各人道有所得。或以之为性而得,或以之为学而得。皆以性殊。性人人特殊,故德亦人人殊也。"②官僚制的形成,需要许多分工细致、掌握专业知识的人,这些都带来国家的多元化,从而进一步助长了国家的解体。这也是官僚制中固有的矛盾。

在国家的行政国家化之中,像上述矛盾——还不仅仅是上述矛盾——伴随其结构而生。近代国家在官僚制的外部(当然是上

45

---

① 卢梭:《社会契约论》,岩波文库,第90—91页。
② 荻生徂徕:《辩名》,见《日本思想大系36》,第48—49页。

位)必须构想象征绝对公性的主权者和立法的理由正在于此。获生徂徕等人强调明显区别于官僚之"德"的君主之"仁",其原因也正在此。

然而想想便知,构想主权者是极为困难的事业。无论将何种圣人君主置于主权者地位,只要他是个有血有肉的人,期待他具有绝对的公性,几乎是不可能的事情。那么为了构想绝对公性的主权者,究竟该如何做呢? 只有将主权者非人格化(抽象化),将现实的君主代理化。近代日本的知识分子,为此准备了两个方法。

其一,是成为后期水户学创始人的藤田幽谷(1774—1826),他在水户藩藩政改革之际提出:"本藩原乃威公义公(德川光国)之御国,建国之法自然无恶,遗风余烈波及四方,其他法则亦为数不少。然今民政吏治不胜其弊,中叶以来,奸人俗吏轻改祖宗之政,良法美意皆面目全非。若此则多为时之弊,而非法之弊。只因失去其本来之法,今终成法之弊也。"①藤田幽谷采取的方法是,将拥有君主始祖的人视为主权者,将祖宗之法视为主权者之法。使用血统的规则,把主权者追溯到遥远的过去,并由此将其神圣化,同时,使用同样的血统规则,将现今的君主视为主权者的代理人,由此赋予其权威。

如果考虑到《大日本帝国宪法》是以下列言论作为背景制定的,那么便能理解在近代日本上述方法的重要性。

　　　兹制定皇室典范及宪法,惟此皆乃绍述皇祖皇宗贻于后裔之统治洪范,而朕躬逮其时,俱得举行,洵无不依藉皇祖皇

---

① 《劝农或问》,见《藤田幽谷关系史料》(一),续日本史籍协会丛书,第130—131 页。

宗及我皇考之威灵。……①

还有一点,藤田幽谷指出:"自古以来,欲成大事之君,必立功兴利,以眙子孙之业,而成当世之名。然后世儒者,徒谈道德仁义,忌言功利。富国强兵,黜为霸术。……孔子论政,亦称足兵,足食,取信于民,以此为先,即应视圣人亦汲汲求名利。"②如他所言,这一方法是取信于民并试图以此作为政治的规范——主权者之法。要排除侈惰(因奢侈、怠惰而生的没落)、兼并(大土地所有者进行土地的兼并)、力役(重课役)、横敛(重税)、烦扰(法之滥用)这五大弊病,从理论上来说,摒除其原因是先决条件。"首先……禁止侈惰之事毋庸置疑","欲施仁政应先由第五弊下手,依次逐渐排除第四第三第二第一之弊",究其原因,只因"不革烦扰之弊,则无法立吏治之本,欲治民却反生动乱,虽有仁政良策而无法施行"③。故而考虑到这一方法。不必说,此方法与幕末维新时期的公议政体论相衔接。

而谈到人民之"信",亦非含糊不清的理念上的"信",而是指极为具体的舆论之"信"。藤田认为,应遵循"革从俗政"④而横井小楠在谈到富国强兵论时,时以下列现状认识为前提的:

于是士民亦欲自俭免其穷,矫其骄奢之弊而下严令。毁华屋,剥美服,欲复质朴古风。不仅难以一气改变浸润已深之

---

① 《关于皇室典范及制定帝国宪法之御告文》,载伊藤博文:《宪法义解》,岩波文库,第191—192页,着重号为引者所加。
② 《丁巳封事》(1797),《日本思想大系53》,第27页,着重号为引者所加。
③ 《劝农或问》,第167页。
④ 《丁巳封事》,第28页。

时风，更在于奢侈已成风习，而不觉奢侈，却以节俭居之，便觉犹如困难苛酷之新法。虽于己有益之上旨仍不察，而欲安于于己有损之骄奢习惯。由奢入俭易，由奢入俭难，此乃人之常情，然亦无其他救恤之术，若比之虐待课政。①

即便从理论上来说，"士民亦欲自俭免其穷，矫其骄奢之弊而下严令。毁华屋，剥美服，欲复质朴古风"为"善"，但在"奢侈已成风习而不觉奢侈"的人们的"人情"之前，则转为恶，这是最真实的现状认识。

而最重要的是，对于藤田幽谷和横井小楠等近代初期的知识分子来说，上述两个方法，即向祖法寻求最高规范的方法（祖法主义）和向舆论寻求最高规范的方法（舆论主义）是完全一致的。这在藤田幽谷的下列论述中得到充分的体现：

> 修订威公义公之旧法，以此考虑当时制法之本意，与当今事态人情相符者则保留之，该斟酌者则斟酌之，一切政令遵从威、义二公之旧制，告谕贵贱大小，以示有法可循，则无不信从也。②

由此可见，寻求祖宗良法，同时也就是寻求历经风霜而获得人人之"信"的舆论之法。

于是，国家的行政国家化最终达到舆论的规范化（舆论政

---

① 《国事三论》(1860)，见《日本思想大系55》，第440页，着重号为引者所加。

② 《劝农或问》，第168页，着重号为引者所加。

治)。近代"公"的"公共"化,并非是"私利"与"私利"纠葛的结果,而是人们向与"私化"相反的另一极行进的结果,是国家的行政国家化的结果,这是我的一点思考。

## 2. 被强迫的自由

如上所言,如果"公"的"公共"化不是出于个人自觉,而是由于国家要求而引起的话,那么以下卢梭的观点便容易理解了:

> 实际上,每个个人作为人都有一个特殊意志,这与其作为市民所拥有的一般意志相反,或者与之相异。他的特殊利益,看似是与公共利益完全不同地与他对话的情况也存在。……因此,为了不使社会契约成为空虚的法规,这一契约,默默之中包含了以下的约定:无论任何人,其对于一般意志服从的拒绝,会通过整个团体强制其服从。这仅仅意味着(市民)是貌似自由地被强制着。①

近代人并非由于自身希望——或幡然醒悟——而成为主权者(公民)的。虽然自身仍然希望继续做"私利私欲"的民(市民),但因另一极的巨大行政国家的要求而被强制成为主权者。事实上,虽然想遵从个人的"特殊利益",但却会把因社会契约形成的"一般意志"错以为是自我的意志,正所谓"貌似自由地被强制着"。

但如果是这样,那么为了使近代的公共性名副其实地由人的

49

—————————

① 卢梭:《社会契约论》,岩波文库,第35页。

自发性来支配形成，"私利私欲"的民要成为"自由"的主权者，必然需要一定的媒介。究竟是什么呢？

第一，毋庸置疑，是由启蒙知识分子所带来的"启蒙"。佐藤信渊（1769—1850）讲道："盖立三台六府之制度，治理国家之时，人类万物皆得其所，仰则孝养其父母，俯则爱护其妻儿，以养生丧死无恨为要道。夫人类万物皆得其所，自在滋息繁衍，皆天地之神意也。故行三台六府之政事，乃奉行天地神意之法，所谓继天立极，即为此。今兹谈及其制度概要，首先，诸国诸郡之乡村，凡其高二万石有余之土地之上，必立小学。由教化台置上清官一员、中清官二员、下清官四员，以教育蒙童。神祇、太政二台也需出中清官一员、下清官二员辅佐其事。且于其近旁村庄，各立教育所，于其小学置三台属下保护下官各一人，教谕童子及众民，且举行其村之神事，奖善惩恶，以严三台政事。"①如其所言，作为政治改革的前提，"小学"的建设很有必要。在近代日本，这种必要性当然得到了认识。制定学制（1872）以后，学校得到迅速发展，明治初年，以教部省等为中心，开展了各种教化政策等，正是这种自觉的产物。

第二，板垣退助（1837—1919）认为："使愚者集智者之智，是为代议政体之效用。若其代议者，无论何事皆听从于众多选举者，而无自我之判断，则会陷入'智者听命于愚者'之弊端，以至酿成一般人民之不幸。"②为使"愚者"的选择成为"贤者"的选择，而重视"代议士"即"智者"的作用，如此制造出一大批政治上的中间层，或名门望族——甚至各种中间团体。如果说，万人都被"启蒙"几乎是件不可能的事情，那么可以采用另外一种办法，即利用

---

① 佐藤信渊：《垂统秘录》，见《日本思想大系45》，第510—511页。
② 《自由党党报》第1期。

代表制民主主义的妙处,将被选举者们"启蒙"的人们聚集起来。

第三,正如卢梭最后不得不指出:"一般意志常常是准确的,但引导它的判断常常并不是被启蒙的结果。一般意志中对象保持原有状态,有时会以一般意志应有的状态展现,指明其追求的正确道路,保护其不受个别意志的诱惑,其眼中常常展现出地点和时间。与眼前清楚、明晰的利益之魅力相差甚远,使人不得不与暂时看不见的灾难的危险比较计量。个人虽懂得幸福,却排斥它,公众向往幸福,却看不见它,双方都需要一个引导者。……正是由于这一点,必须出现立法者。"①正如卢梭所说,立法者的设定,是保护形成"一般意志"的"个人"不受"个别意志的诱惑",同时他们中的"对象保持原有状态,有时会以一般意志应有的状态展现"。然而这种"立法者",由于下面的理由,在"共和国"内部很不容易存在:

> 立法者从所有方面来说都是国家中的异常者。由于是天才,他必须与一般人不同,而其职务同样也需要他的异常。他既不是行政机关,也不是主权。这个制造共和国的职务无法包含在宪法中。这是与人类的国家没有丝毫共通处的特别的优越的工作。因为,如果说支配人的不得支配法的话,那么支配法的也不得支配人。如果不是这样,那么他的法便会成为他感情的仆人,许多情况下,都仅仅是使他的不正永远存续下去。他就绝无法避免由于他的特殊见解而对他作品神圣性的损害。②

51

---

① 卢梭:《社会契约论》,第61页,着重号为引者所加。
② 同上书,第63页,着重号为引者所加。

因为如果把"立法者"置于"共和国"的内部,那么由于他拥有支配人内心的能力,不久便会转化为独裁者,成为"共和国"的破坏者。那么应将他置于什么位置合适呢? 一个是另一层次的世界(彼岸),另一个是历史当中。如果是置于彼岸的情况,它"适用于一般国民。为了寻找关于社会的最高规则,需要优异的才智。……赋予人们法,大概需要神"①。或者"但是,宗教倡导身为独立的市民,热爱自己的义务,使市民信仰这样的宗教,对于国家来说,是十分重大的事件"②。正如卢梭所说,它与在世俗化的"共和国"中创造对于"市民宗教"的宽容相关联。

那么日本的"立法者"置于何处呢?"昔者,天祖,肇建鸿基,位即天位,德即天德,以经纶天业,无论巨细,无不存于天。"③如同会泽安在《新论》的开头部分所述,日本的立法者被置于历史之中。因此试图从在记纪神话(《古事记》、《日本书纪》)中探求"道"的国学甚为发达。

如上所述,第四个媒介,是对于可与世俗化的权力共生的"市民宗教"以及对于"历史"存在的确认、意识。


结 语

那么,使用上述几种媒介,日本的近代"公共"社会是否安然诞生了呢? 十分遗憾,并不能说诞生得安然无事。

最大的原因是由于后进国的条件所限,人们的"私利私欲"过

①　卢梭:《社会契约论》,第61—62页,着重号为引者所加。
②　同上书,第190页。
③　会泽安:《新论》,见《日本思想大系53》,第52页,着重号为引者所加。

剩,而本用以规范、限制他们的政治中间层及"市民宗教"却全都止步于半途而废的形成阶段。制定宪法前夕,井上毅(1843—1895)就曾指出:"然于后进之国……与消费力之肉体及仪式相关者,犹如引火烧油一般,一时过度增进。而依赖于生产力知识经验者,却如将冷水加温烧开一样,必须经过必要之顺序及时间。"①如其所言,幕末以来苦心建立的名门望族的地域秩序不断矮小化——仅停留于镇村自治的水平——而具有权威的"市民宗教"也终于未能建立起来。尽管如此,立宪制仍然诞生了。

那么,这种立宪制是立足于怎样的公共性的基础之上而诞生的呢?国会开设之前设立的两大政党——立宪自由党与立宪改进党——均以大同团结运动经验为母胎而诞生,这一事实隐含了很大的启示,也就是说,回避"主义主张"之争,舍小异而求大同,利用条约改正问题所造成的排外气氛,日本的政党由此诞生。最终日本的近代公共性——基于抽取利益的最大公约数与对"他者"的排除基础之上的公共性,打比方来说是一种疑似的公共性,成立于1890年前后。当然,其"拒绝服从一般意志者,会通过整个团体强制其服从,这种约定"绝不会隐藏于"默认之中"。最终只是一种由每一个人的"特殊意志"拼凑起来的公共性。

正因为如此,近代日本也认识到其公共性秩序的缺陷,甚至有时还会利用前述的祖法主义言论,听命于天皇的"英明决断"。

围绕论题二的讨论

**小林正弥**:我先谈一下报告中所引用的卢梭思想的问题。小

---

① 《经济论》(1886),见《井上毅传》(史料篇第三),第573页。

路田先生对加藤典洋先生的观点表示了疑问,对此我持赞成态度。但今天小路田先生所引用的部分,从思想史方面来说,属于继霍布斯、洛克、卢梭之后向黑格尔思想方向继承发展。毋庸置疑,近代日本的发展主要是在黑格尔思想形成之后,黑格尔常在与行政国家的关系上被人们所提及;卢梭则与黑格尔不同,经常在与水平性的"人民主权"的关系上被引用。具体问题我就不再深入展开,小路田先生所提到的卢梭思想中的一般意志的观念,由黑格尔继承发展,之后又被用于德国国家官僚制正统化之上。近代日本曾有一段历史时期利用了黑格尔的这种国家理论。无视上述历史,而直接把卢梭与报告中所说的作为行政国家化的要求之一的"公共性"相联结的话,多少有点简单化。在日本引用卢梭思想最多的是自由民权派,相反因为黑格尔的思想曾被恶用于国家主义,所以一提到作为行政国家化的要求之一的"公共"一词,首先应该引用的是黑格尔而非卢梭。我对于小路田先生的"在现阶段,考虑公共性时,卢梭思想的要素非常重要,但我们并不充分,这正是近代日本的问题所在"这一观点是非常赞成的,但我觉得,要从思想史来整理的话,也应该把作为黑格尔思想的展开及其思想中存在的问题,纳入到研究视野上来。

**山胁直司**:我的专业是欧洲哲学与社会思想史,所以我想就小路田先生所引用的评论家加藤典洋先生对思想史的理解发表一下自己的看法。

对于站在所谓近代自由主义的立场上论证公共性的人们来说,卢梭可谓是公敌。在私利私欲的延长线上,思考了与国家不同的公共性的是亚当·斯密,与卢梭的思想毫无关系可言。亚当·斯密为了宣扬自己所理解的公共性,写出了《道德感情论》一书,在此书中他以公平的观察者为中心思考了公共性的含义。

因此,我认为像加藤典洋先生这样,把在一般意志的名义否定私利私欲的卢梭思想——而非亚当·斯密,引入到"私利私欲与公共性"这一问题中,简直是一种歪门邪道。

在日本,田中卯吉(1855—1905)就曾受到亚当·斯密思想的影响,长谷川如是闲(1875—1969)也曾思考过英国派所提倡的公共性。小路田先生是如何评价这些人对公共性的理解的呢?还有,这些观点为何没有在日本扎下根来?我想就以上问题请教小路田先生。最后,我还想问一下小路田先生,您自己是如何理解亚当·斯密所提倡的公共性的呢?

**小路田泰直:**加藤典洋先生对怎样的思想作出了怎样的解释,这里暂且不谈,我认为加藤先生把人类的欲望置于"近代"的根基这一问题的处理方法是非常得当的。我的想法是把加藤先生语言中表现不足的部分,反过来作为辅助材料使用,以提出我自己的想法。至于加藤先生对卢梭的理解是否得当,卢梭在欧洲思想史中又该如何定位,这些我并不十分了解,因此在众位专家面前讨论这个问题是非常困难的。

只是我认为加藤先生也被吸引的一点是,与亚当·斯密相比,卢梭有一个苦恼,即认为人类无论如何都是难以被启蒙的。我想那种绝望感现在应该进行重新思考定位,于是我就较为随手地引用了卢梭的思想。

如果个体集中在一起能够产生预期的、调和的公共性的话,近代就没有任何矛盾了,但现实生活中各种矛盾随处可见。由此而言,我们必须暂且撇开"近代"来思考问题。但是用"近代"以外的文法能有所突破吗?比如说真的能放弃"民主主义"吗?或许我们还无法找到其他可以取而代之的政治模式。因此,我们依然必须在近代这一范围内来思考问题。

55

我今天还想说的一点就是,18—19 世纪之间,"绝望的人类"看起来逐渐向"非绝望的人类"转变,在这一过程中,已事先准备好了知识分子或者国家或者宗教者的强烈介入。我想说的是,如果没有法国大革命的杀戮,是不可能产生出近代的民主主义的,"近代"的原点就带有负面的影响。

关于山胁先生刚刚提到的田中卯吉和长谷川如是闲,我想指出:日本社会在强制性地创造出"近代化的个人"方面失败了,对于存在着大量充满私利私欲的个人这一状况,他们引入了一种观点,即通过一只"看不见的手"来维护一个社会应有的规则,但这种观点并未扎下根来,于是他们才感觉到苦恼。相反,作为一个最终避风港,"天皇"这一概念浮出水面,但我想在与之进行的思想战中,他们未能获胜。

与大家进行这样的讨论,我想最终并非是偏离"近代化的规则",而恰恰是深入其中思考问题。例如,没有人能离开国家而获得自由,于是,如何构筑国家机构实际上就成了一大问题,即人类怎样才能从国家获得自由。在谈了近代的消极一面后,要说起怎样使国家发展前进的话,还是要提到民主主义(实现)的问题,或者日本应该重新进行一次现代化的问题。

我认为这是非常有意义的。明治维新以来,欧化主义在日本成为一种大潮流。再次成为大的潮流,始于吉野作造(1878—1933)所提倡的民主主义,即以东京帝国大学法学部为中心形成自由主义传统的阶段。其最终完成者应为丸山真男。除此之外,我想南原繁、蜡山政道也应算在其中。与以非常不完全的形式所建立的自由主义相比,这种自由主义的潮流也可以说是经常追求完全体的日本社会的一种能量。

**田中秀夫**:我饶有兴趣地聆听了小路田先生的报告。18—19

世纪的日本近代的知识分子到底进行了怎样的艰苦奋斗,小路田先生创造性地运用了卢梭的思想展开论证。我想这一过程同时也与历史问题的讨论紧密地联系在一起。

我认为,日本缺乏对"国家恶"的认识。这不仅仅只限于获生徂徕而言,我们一贯都是乐观地要求"国家"进行富国强兵或拥有绝对主义的主权等。当然,这与当时的时代环境也是相关的。但在英国,人民却常常认识到"国家恶",我想即使是在霍布斯的理论中,也并非是完全不存在。

我最想知道的是,舆论的形成是否有原理可言。如果有,舆论是可以信赖的话,我们就开拓出了一个新的视野,即以舆论为基础来展望公共性。我想在 18 世纪的英国应该就有这种基础性的东西。

另外一点是,小路田先生运用了卢梭理论说明"市民宗教"的问题。我想您所说的"日本没有形成有权威的市民宗教"是有多层含义的吧!您认为所谓有权威的市民宗教到底是什么呢?撇开善恶问题,我想请您回答一下。

最后是"排除他者"的问题。也就是说,近代化的国家作为一个统一的单位被创造时,没有任何一个国家一口气就把所有的人都当做权利的承担者即市民。您在报告中强调了排除"他者"的问题,并提到了 1890 年左右日本的疑似公共性问题。如果您认为那是日本具有的特殊性的话,我则不敢苟同。以面向全人类开放的公共性为基础建造政治共同体,这才是根源性的问题。我认为是否从大多数人作为"他人"被排除、非常受制约的社会阶段发展变化为对"他人"渐渐宽容的社会阶段这一点是极其重要的。关于这一点,我想听听您的想法。

**小路田泰直**:对"国家恶"认识的欠缺问题确实是存在的。我

57

认为这与我们的感性认识相关,因为我们从来没有将权利和正义结合起来。

"舆论"到了江户时代后期的宽政时期,才可值得信赖,在此之前是未被"信赖"的。它成为可以信赖的东西之后,发生了怎样的变化呢? 具体来说就是开始建造"社仓"和"义仓",让每个人储备稻米,作为防止贫困和饥荒的对策。其中规模最大的在江户,近代的东京府、东京市所拥有的巨大财力就是由此产生的。除此之外,还让人们进行储蓄,并把储蓄金作为动力资金来开展各种各样的公共事业建设。还有我感觉,在日本,当构筑对他人的信赖时,对"家"制度进行了重新编制。所谓日本近代的"家社会",与其说它是从过去一直延续而来的,不如说在幕府末期"家"作为一个类似承受祖法观念的容器,即中间团体,开始成为人们的归属,并出现了以此为媒介创造个人的动向。例如就各大名(诸侯)家而言,《宽政重修诸家谱》的出现就是该动向的一部分。因此,"中间团体"是非常重要的。

在二宫宏之先生及研究欧洲史的学者眼中,这一中间团体本来是封建性的团体,残留到近代。我认为恰恰相反,只有到了近代才产生中间团体,但没有产生作为绝对独立"个体"的个人。通过这种做法,才得以保证对人类的信赖。

另一方面,民众若是希望自己的社会要求得到满足,不是一下全部涌到幕府直属辖地的地方官府去讨说法,而是选出代表,由一部分人到大阪幕府管辖部门进行"国诉"。自由民权运动也是以此为基础兴起的。我们可以认为这一基础从主体性上来说,是逐渐形成的。

对于您刚才所讲的"他者的排除",我非常能够理解。因为时间的关系,我不能说太多,但我认为这种排除,与排除旧秽多·非人,以及贵族阶层排除一般市民的排除方法,多少还是有些差别的。我认为,对旧秽多・非人的排除,亦即引发当今所谓的部落问题的排除、引发在日朝鲜人问题的排除都是日本社会的重要问题之一。并且我觉得,这与英国社会存在的所谓阶层化、理性化的人们对非理性化人们的排除也是多少有些区别的。

**花冈永子**:在当代日本,要树立公共性,究竟应该考虑一些什么问题? 关于这一点我想听听您的意见。通过分析,我们可以说,所谓近代,就是追求排外主义及最大公约数的利益。在当代建立公共性时,对于并非控制"国家恶",而是控制"人类的欲望"方面产生的公共性,您作如何评价呢? 此外,刚才已经谈到,从古代开始就存在着疑似公共性的天皇制,小路田先生本人对这种所谓日本古层的思维方式又是怎样理解的呢?

法国经过大革命后产生出了极大的公共性,但我个人并不喜欢革命。现在,德里达(Jacques Derrida)们进行所谓的解构作业,但最终还是要回归无法解构的"正义"、"责任"、"款待"、"许可"等真正的公共性,对于日本公共性的方向性,小路田先生作何思考?

**渡边康麿**:我的专业是教育学。对于我来说,怎样才能使当今的年轻人保持公共感,这是一个非常迫切的课题。当今,青少年犯罪频繁发生,但是,只将少年法修改得更加严厉,就真的能解决问题吗? 刚才报告中提到,明治时期大家都曾为此艰苦奋斗,对此我深受感动。

明治时期,对以"私利私欲"为前提的人们采取了如下的对策:第一,由启蒙家进行启蒙;第二,培养有名望的人(用当今人民熟悉的语言来说,就是领导人);第三,设定立法者。但是绝对不能让立法者成为独裁者。我想,这里所说的立法者,应是与第二次世界大战后相联系的，主权在民这一层面上的立法者。第四，是"与世俗化的权力可以共生的市民宗教的存在"。但我觉得，对策一到对策三，与对策四之间在方向性上还是有很大区别的。

如果我们彻底追求所谓的"民主宪法"——第二次世界大战后的日本国宪法的起源，我认为离开基督教便无从谈起。更深入一步追究的话，还应该是归结为历史上的一个人物——耶稣。很早以前，我就持有这种观点。小路田先生所说的"市民性宗教"，我想问一下具体是指怎样的宗教呢？

刚刚提到的吉野作造、南原繁、矢内原忠雄、丸山真男等人都受过基督教的洗礼。曾参加过制定《教育基本法》的田中耕太郎最初并非教会人士，但后来转变成了天主教徒。我一直认为，要使战后的民主主义主体化，除日本传统的潮流之外，还应再次在西洋化的东西中追根溯源，重新理解基督教的精神。而且，要把其当做我们每个人的自我教育问题来理解对待，我认为还有必要从这一层面上进行再一次启蒙。

**今田高俊**：我简单地谈一下我的印象，并提出一些问题。当我听到荻生徂徕"各人所构成的风俗"这一词语时，感到十分敬佩，总之他是将霍布斯式的秩序问题进行了日本式的固定化。霍布斯设定了绝对性的主权，日本的情况却不是这样，它是从祖法主义和舆论主义这一方向出发来考虑"公"，没有培养出政治性的中间阶层，也没有很好地形成西洋性的市民社会。

说起启蒙的界限，就要抽出最大公约数的利益及"排除他者"，那么若按照西洋化的方式行事的话，一切都会很顺利吗？当然不会。小路田先生说，"公共性"之所以产生，不是"私利"与"私利"纠纷的结果，而是行政国家化的结果，但我总觉得与您所提到的"公共性"的产生难以联系起来。

在日本的农村有"结"（插秧时的协作劳动）的制度等共同性作业。我认为这是一个中间集团性的、公共性概念。总之，之所以产生这样的制度，是因为若只依靠"私利"经营生活，就会产生不好的结果，因此不得不建立像"结"一样的中间性制度。

对"私利私欲"进行肯定的《蜜蜂的寓言》也好，亚当·史密斯的市场机制也好，都谈到了个人的不道德成为社会美德这个问题。但是，像本研究会的第 2 届"共有地的悲剧"中所说①，如果各自随心所欲地追求个人利益，最终自己将会受到惩罚，环境问题就是如此。也有人说，若人类以"私利私欲"为前提，最终自身将会受到惩罚，从这一逻辑出发，才能建立新的公共性。

我想请教的是，从这一观点出发，思考我们下一步该如何做时，您对当今日本的现状及未来，又是如何考虑的呢？

**水林彪**：我按照自己的思路，整理一下对小路田先生刚才所作报告的理解。

我的报告中谈到，8 世纪中叶以解放私欲的形式来构建日本社会。但是，仅仅是分化为"私"，并不能统一社会全体。于是就以自上至下贯穿的、多层次性的"公"的结构实现了合并。

刚才小路田先生说过，在创造近代日本时，私欲也得到了解放，而再次将其统一为一个整体的，却是天皇祖先和祖法的原理。这恐怕与欧洲的"private"及"public"的创立方法有很大不同。

8 世纪的日本与近代日本所发生的两个事态之间，有着非常密切的历史性关联。我从自己的立场出发，得出了上述结论。

今日听了先生的演讲，让我想起以前在本次研究会的报告中，渡边浩先生曾引用过希腊法、罗马法专家木庭显先生的《政治的

①　参阅本丛书第二卷《公与私的社会科学》。

成立》一书。或许在座的各位有的并没有读过这本书，下面我就念一下渡边浩先生所引用的那一部分。开头是这样写的：

> 我们最初开始从事政治活动，是在公元前8世纪后叶的希腊，关于这一点，至少迄今为止并无异议。……常识性地考虑一下，当人们受到暴力或特定集团的威胁而行动时；当人们根据某些特定人的权威而行动时；当人们仅仅是由于惰性及习惯而行动时；当人们被特定的利益和财力所吸引而行动时，人们只是遵循着被预先决定的规则来行动，其中并不存在着政治。……我们可以说，只有当人们议论纷纷，评价其优劣，并据此行动、自发行动的情况下，才会产生政治。

所谓police就是这样一种含义。"police"一词，在拉丁语中有，也就是"公共性"之意，要创造"公共性"的古典式议论，大概就是如此。

这一政治概念，深深地扎根于当今欧洲社会的深处。我在读一本比较日本与德国的街道建造方面的书时，深深地体会到了这点。据说，德国人在说到"那是拘泥于私欲、个人利害关系的议论，是没有考虑到公共性的议论，所以它是绝对不行的"时，使用"那个议论不是政治的，所以不行"这样一种表达方式。所谓"政治性的"的含义与"公共性的"的含义是相同的，这也正是亚里士多德所提倡的世界。有朋友说："在欧洲，police精神至今仍发挥着巨大作用。"我想，这应该是真的吧。但在日本，当说到"那是政治性的议论"时，与欧洲所使用的"政治性"含义正好相反。这才是问题的根本所在。

最后是我的提问。希腊、罗马人在切断因习、感情、私人等利害关系后,才解决何为正义的讨论。也就是说,在讨论所谓的 po-lice 问题时,要切断私欲。"这事关我们的利害关系"的话并不具备正当性。这样的东西在欧洲的传统中确实存在着。这一传统与刚才所讨论的以私欲为前提创造公共性的亚当·史密斯的理论,又有着怎样的关联呢?

我现在不得不从事着与大学的行政密切相关的工作。大学应该怎样扮演 police 角色是问题所在,学者们往往在这样的局面下暴露出自己的私利。我想,刚才所提到的创造公共性的原理,应该在大学中得以恢复。以此经验为基础,一面以"私"为前提,一面又去创造"公共"。这种行为看起来非常像是一个乐观主义者。对此,您又有什么看法呢?

**金泰昌**:我们把讨论的重点从西洋移回日本。在以天皇为中心的"国家"的框架下,"公"面向下方,逐渐包含了各种各样的阶层;与此相反的是,不要求与"国家"紧密相连,同时也防止个人七零八散,自下而上促使"公"的成立,我想这才是日本的近代化过程。

日本的近代化对韩国产生了相当大的影响。在我看来,这主要是"国家"成为其中心的存在。重新建立的"公"只有在法院、学校、军队、社会四个框架下才得以强化,违背它的人要受到处罚、被排除,在强化"国家的公"的同时,使其更加一元化。

比如说,我们在学校直接或间接地被教授"公"是怎样的一种东西。对此提出异议的人、加以批判的人、不服从的人都会被法院认定为罪犯,被投进监狱或受到处罚。对于从国外来的东西,认为是极其危险的,因此应该用军事少量(警察)来进行排除。在世人眼里是异类的人,就不让他加入到集体中。我认为,日本近代化的前半期正是这样一边运用着排除的原理,一边将国家建立的"公"

63

进行扩大、强化的过程。

有人说现在已经进入"后现代",我想把它叫作近代化的后半期更加合适。也就是说,按照上述方式构建的体系,已经陷入了机能不全的境地,整个机器不能充分运转。作为将国家建立的"公"面向公民向下层扩张的承担者,学校、法院、军队、社会全都陷入了机能不全的境地。那么该怎样解决呢?现在的情况只能是由每个独立的个人来充当这一任务的承担者,我认为实际上也已经开始向这一方向发展。并且,对于将国家建立的"公"一味地向国民浸透的这一体系,持不友善态度的人,已在世界范围内扩展开来。

我认为,每个人所依靠的东西,最终还是要归结到"欲望"上,至于是否能定性为"私欲私利",我们暂且不提。甚至有人说,如果欲望无限大,成为大欲的话,便是开拓了一条与"公"相连的道路。

至于荻生徂徕是怎么说的,我们先暂且不管,我认为当我们展望近代后期即今后的时代时,只有一种方法,即只有通过每个人的自主努力,才能建立起"公"。而采取其他的方法,都是不可行的。我们必须调整方向,思考究竟是从什么时候开始,人类的"私利私欲"才得到肯定。

虽然刚才有人指出加藤典洋先生提起问题时,在理论上出现了缺陷,但我对他的问题意识本身,还是能够产生共鸣的。即使是不断强调抹杀、否定"私利私欲"的公共性,在过去一段时期里非常有必要,但是否还有必要强调它在现在以至将来都很有必要呢?

在西方进行社会全体动员时,利用的是法院、军队、警察及医院,在日本则不利用医院,动员的是社会舆论的力量。不过最近日本也出现了利用医院的情况。在以前的东亚,中国、韩国和日本,利用的是圣人、天、理等形而上学的东西,可谓是向社会浸透人造的公共性。然而现在我们认识到,现实情况是,仅仅依靠这些东西是不行的。

一方面有来自被私有化的国家的污染,另一方面也有来自市场万能主义、向金钱集中的个人私有化发展的强有力倾向。受到这两方面的夹击,我们应该如何保持真正意义上的公共性呢? 其结果只有一个,即依靠"个人"的觉醒,在不否定"欲望"的前提下,以"欲望"为基础,来建立公共性。

迄今为止,"公"与"私"作为实体各不相干,人们主要思考如何处理其关系,正是因为这一对立性的思考方式才出现了问题。因此,今后无论碰到什么样的困难,持有"私利私欲"的人们首先都要进行无限的对话,互相理解,不要一个人单独决定什么,而要深入地进行交涉、妥协、交易,以期达成一致。在这一过程中产生的才是真正的"公",而不是什么预先就决定好的东西。

迄今为止,"公"一直被认为是预先决定好的东西。因此,所有的理论都构筑在只有否定"私利私欲"才能成立的前提之下。如今,我们要将这种思维方式扭转180度,即在双方冲突纠纷的过程中,把无论如何也不能作出让步,一直维护的底线看做"私",把无论是怎样小的小事,双方都能互相谦让,并一起维护的东西看做"公",我想如果真能这样的话,就能在更加现实性的活动中,来探求"公"的意义了。

我作为大学里的负责人,曾因处理大学的各种问题而历经辛苦。正如水林先生所说,怎样才能使大学这个"公共空间"更好地发挥作用呢? 在很多情况下,充满着过多的"私利私欲"的露骨争斗。此时我感觉,在与众人讨论之前,只是一味地把自己的主张强加给对方,不听取对方的意见,这种非对话性的、个人独白的增加正是问题所在。

65

如果能进行真正意义上的对话的话,即使最初有争吵、有争端,最终仅仅依靠"我个人的主张"还是不可行的。对方也是有自己的主张的。"我与你在某处进行妥协的话,即使双方不能互相满足,也还是可以接受的。"就是从这种现实性的观点出发来看待问题。

**铃木正幸**:今天小路田先生所作的报告中,并未出现"自由"一词,而日本的情况是,自明治时代开始,"对国家的自由"变得非常强烈,但却没有什么原理使"来自国家的自由"变得正当化起来。例如,像永井荷风(1879—1959)那样,只有通过写"私小说",追求价值的低下,才能从"对国家的自由"之中得以逃脱。这是为什么呢?

那么在近世日本,被支配者一方是否也没有"来自国家的自由"呢?其实,我并不这么认为。但是自从黑船来到日本,日本开始受到外部压力威胁之后,人们开始认为"国家独立乃保全日本社会的至上命题"。民权运动也毫不例外,它是在将"公共"之事集中于"国家",不断扩大国家领域的方向下展开的。也就是说,即使在民权运动之中,也发生了权力篡夺社会性公共及市民性公共的自律性这一现象。

另外一个就是把"天皇"当做非人格(机关)来对待。如果不这样做,事情就会进展得不顺利。但天皇也是人,具有人格,只有将其看做皇祖皇宗的影子,对天皇进行非人格化,这就是所谓的"天皇机关说"的根本所在。

宣告日本民主化运动开始的第一次护宪运动,就是从"官"即"政府的天皇"向"国民的天皇"进行转变的、夺回天皇的运动,它是以"天皇"具有"公共"的性格为前提而成立的。在此,天皇并非皇祖皇宗的表象,而成为国民公共的表象。

第一次世界大战后，摄政太子（后来的昭和天皇）出访欧洲。这主要是因为第一次世界大战以后，世界范围内产生了君主制危机，作为其相应对策，要求国家对天皇及皇室私人性更加宽容，因此才出现了"我们的摄政太子殿下"访欧这一结果。应该说，这是一个很大的变化。也就是说，我们可以从中看到，它正越来越接近西方的作为人格象征的君主制。刚才水林先生提到，石母田正先生曾经说过，可以从"律令制国家对天皇的内涵"中解放出来，我想是一脉相承的。要言之都是从"君主人格"的"国家"中解放出来。但也由此对"主权者＝非人格君主"的理论造成了危机。

《日本国宪法》规定，天皇乃国民的象征，同时也有可能通过将主权者设定为国民，而将天皇设定为人格化的存在。也可以说，第一次护宪运动与第一次世界大战后天皇、皇室的"私化"倾向相结合，从而产生了《日本国宪法》的理论。从这个意义上来说，《日本国宪法》包含着一定程度的内在性。也就是说，明治维新时设定的东西并不能决定近代日本的大体走向，而是随着近代化的发展，产生了各种各样的变化，有了新的展开。我觉得如果不是这样的话，第一次世界大战之后出现的"战后"是不可能由内在产生的。

刚才提到伊藤博文的"市民宗教"，作为枢密院议长，伊藤对欧洲的基督教非常关心。他曾说："正因为欧洲有基督教，才能够结合在一起，而日本虽有神道、佛教，这些都不行。必须有一个可以替代的东西。"最终，他选择"皇室"作为这个"可以替代的东西"。

日俄战争后，伊藤当上了韩国统监，致力于以基督教进行道德教化。实际上，明治维新后不久，伊藤在跟随岩仓具视使节团一行出访欧美时，曾学习过基督教。我们必须注意到，这种潮流在近代日本社会中也是存在的。于是,明治时期制定国家宪法时,非常明显的一个想法就是要寻找"基督教的替代物"。而当选择天皇乃至皇室这些具有具体化人格作为替代物时,才出现大问题。

小路田先生说,帝国宪法是在祖法与舆论画等号的前提下得以成立的,对此我也有同感。但当明治15年出现要设定皇室财产的问题时,帝国宪法原方案的制定者井上毅批判道:"政府乃天皇的政府,因此官即等于天皇。若非如此,官岂不成了国民公共之意?"我认为,这种观点反映了当时民权运动的发展,明显是将"国民公共"与"天皇"(或者是官)对立起来,以此为基础制定了宪法。因此,对于这一问题,我还有些疑问。

**小路田泰直**:各位提了很多问题,由于时间关系只能简单作答,当然这不成理由,其实大部分问题我都快要忘记了(笑)。我的专业是历史,我在考虑自己的工作应该如此之前,先必须考虑为何应该如此,因此我想关于实践问题的回答,并不能直接从中浮现出来。我先说明一下,我就是从这一立足点出发,来观察历史的。

大家的问题很多,对此我的答复如下。

我想和各位讨论的是,所谓近代的公共性,绝不是在一种很美好的情况下诞生的,而是以极具强制性的同质化为媒介,才诞生出来的。荻生徂徕指出"各人所构成的风俗"的教化之难,松平定信(1758—1829)也曾感性地说过:"政治的根本是人的相互信赖。"我想,这大概是两人对同一事情深思的结果,只是松平定信在用别的语言表达而已。他们之间,应有一个"公共"的脉络联系在一起。

如果要问究竟是自上而下还是自下而上,我认为还是"自上而下"。如果忽略自上而下这一契机,市民社会是不可能诞生的,我们应该正视这一问题,在此基础上,重新领会把"个别"与"全体"的关系作为"个人的集体"来理解的近代的价值。

我想以此为基础，以绝不美化近代的历史遗产为前提，个人认为还是不应该就这么轻而易举地放弃近代。相反，我们应该把由此诞生的各种各样的范畴、价值转化为我们自发的问题。我想，除此之外，我们再也没有其他好的办法，来解决我们周围的全体社会的各种问题。

在我脑海中，时常浮现出所谓的"后现代"的日本现状。20 世纪三四十年代，日本曾提出要"超越近代"，最近又经常提到"后现代"一词。"后现代"一词之所以会出现，实际上是对无法完全进入近代的一种自我辩解。我们一定要看清楚，在"后现代"这一说法的背后，隐藏着上述要素。

就像刚才水林彪先生所说，所谓"政治"，乃是一种为追寻普遍正义而相互讨论、主体相互交错的关系。而我在我报告的最后所说的最大公约数的日本公共性，与此正好相反。它是一种"毫无讨论的结构"，绝对不允许进行讨论，它只是抽出大家都"认可的东西"，因此必须绝对防止出现意见对立，由此建立这样一种"公共性"。因此，肯定会有一些异常的情况发生，这时就用"排除"的方法加以解决。

我认为日本有着不同于欧洲帝国主义的强大侵略性，其原因即在于此。外部的压力越来越弱，到最后一下子扩张开来。就算自己并不想这样做，还是会扩张开来，我们国家就内涵着这种扭曲结构。这正是没能完全到达"近代"的"日本近代化"的弊病所在。

也许有人要说，如此说来，全盘欧化岂不更好？但我却不敢苟同。包含着上述"近代日本"的世界体系本身就是一个普遍性的近代。反过来说，如果没有这些，也就没有欧洲。如果不考虑怎样跨越"作为总体的近代"，就难以做到"超越近代"。

这是为什么呢？倘若人类是自然地聚集在一起，自然地建立"公共性"，那么事情就很简单，然而实际上，他们是在极为勉强地建立起所谓的"公共性"。不仅仅是日本，欧洲也是如此。为了掩盖这一勉强性，他们采取了各种各样的措施。共产主义与自由主义相互对决的意识形态框架就是其中之一，就这样为了避免矛盾浮出表面，他们进行了种种的掩盖。引入世界体系这一复杂的问题，也是其中的一环。因此，这并不是说，要每个国家遵循特定的规范行事。我们每个国家所走的路，都是由于历史发展的必然，我们应该立足于这种观点，不能对其内在的矛盾熟视无睹，置之不理。我觉得，这就是问题的所在。

因此，我认为，我们应该继续努力，促使"近代"进一步内在化。其中重要的一点，就是刚才水林先生所说的"政治"，也就是发现问题，将依靠自己意志来考虑问题的人们聚集在一起。当然问题本身总是在发生着变化，例如环境问题就是新出现的一大问题。我想要是碰到了新问题，就应该考虑"近代"是不是以与之前不同的形态出现了，所以从某种意义上来说我是一个近代主义者。

最后是关于铃木先生所提的问题，老实说我认为这本应是由铃木先生本人作答的问题。关于天皇制，我有一点自己的想法，我认为我们应该中止那种认为天皇制是极其无聊的东西，而对其进行否定的做法。天皇制是经过长时期积淀而形成的国家体制。现实中人们非常支持它，应该有其相应的理由。例如，19世纪初期，京都的市民向幕府提出异议时，每天总是聚集在御所（皇宫）周围。总之，他们是想通过搬出天皇，来实现自己的政治主张。天皇制成立于上述基础之上。

从某种意义上来说，人民主权与天皇主权是约等于的关系，以此为前提，我们应该去考虑，到底是什么原因才会出现天皇制或只有天皇制呢？将某一个人当做特殊的君主,来构成主权,与刚才所谓的排除"政治"结构,可谓一个东西的两个侧面,因此,必须要解决这两个方面的问题。

　　铃木先生指出,"天皇＝人民"的关系并不太正确,我想说的是正因为他们太近所以才会互相排除。井上毅曾经非常苦恼,他的想法与《大日本帝国宪法》的实体有着很大的不同。例如,在他看来,是绝对不可以设定皇室财产的,也不可以设定所谓的天皇大权,因为天皇总揽一切权力。若是将"大权"作为特殊的东西来加以设定,那么下一步就可以问,天皇的其他事务是否可以委托给议会？如果深入探讨井上毅的观点,就会发现他认为天皇只能是"什么也不做的君主"。井上毅思考得这么深刻,但现实上还是不得不选择妥协,采取超然主义的姿态。我认为,对于在这夹缝中产生的言论的动摇,我们也应该予以充分的考虑。

# 论 题 三

## "公"就是 Public 吗？

东 岛 诚

在本章，我的论题将抛开前两章的内容。在前两章中，水林彪先生探讨了有关前近代、小路田泰直先生探讨了有关近代化的主题内容，我的阐述将不遵循从前近代到近代、继而现代这样的时间轴，为下一章斋藤纯一先生的现代化叙述作一过渡。我想脱开中心主题做一发言。

话虽如此，并不是说我的题目就是"超历史性的"。如果是"超历史性的"话题，我们也没有必要特意拿出一卷来谈论"日本的公与私"。

但也不是说，我想与以往的历史学家一样，要构建一个对以往历史的重新认识。我对为构建这种历史认识之工具，即历史学所谓的"理论"而导入相关诸学科的工作不感兴趣。在我看来，历史学本身就是工具，就是"理论"——通过导入"作为工具的历史学"，究竟能为我们重新认识"公共性"与"公私问题"带来何种新的观点？这才是我的论文主题，也是我多年从事的研究内容。

73

历史学领域也是围绕着范畴的政治性进行争论的场所。我参加的意义是为了证明自己拥有言论的争斗权利，而不只是为了解明一个"事实"。

上述这句话是上野千鹤子说的,曾引起许多历史学家的误读。实际上,她的发言道出了知识分子的苦痛经历,如"德国历史学家的争论"等。而如今的历史学家好像早已忘记了那种痛苦。不能说只有误用了后现代主义的"自由主义史观"这一派是浅薄的。不是这样。如果按照上野的理论来说,我的发言具有从理论走向争论的动态优势。我本来就不是专家,如果我的论文能够对"公"的政治概念的各种争论有一些贡献,将是我的荣幸。

## 1. 日本式的"公私"与 Public 的"公私"

### (1) For The Public [ sic ]

"For The Public",我们经常在街头上看到为招募自卫官而张贴的广告当中有这样一句赞美的文词。The Public,用法语来说就是 le public,一般来说表示"公众"的集合表象。如此说来,不能不说"For The Public"是一个奇妙的令人深思的词句。"为了国民"、"为了天皇"还好理解,"为了公众",该是一个什么样的军队呢?

最近,这个谜团终于解开了。"新历史教科书编写会"出版的初中历史教科书(扶桑社)中写道:"版籍奉还使全国的土地和人民归属了天皇(公おおやけ)。"(申请本第 194 页、销售本第 192页)原来如此,如按照他们所说,"おおやけ就是 public"。总之,他们想说的就是,自卫队是为了天皇的军队。

具有讽刺意味的是,自卫队广告词中所标榜的所谓"为了公共的服务"的真实面目,被右派教科书暴露无遗。不过,事情还不这么简单。对于那些反对右派教科书的人们来说,肯定不会同意

"天皇＝公おおやけ"这个等式。实际上，怀有市民社会理念的人们，一直在天皇与国家之外寻求日本的"公"。但我认为，那些批判混淆了议论。其实，让我来说，就是"天皇＝公 ooyake"。从历史上看，这样的例子不胜枚举，否定这个等式，不等于这个式子就不存在。所以，我更感兴趣的是，与其说争论"天皇＝公 ooyake"这个等式是否成立，莫如打破"公 ooyake 就是 public？"这个等式的成立。一句话，在"公 ooyake"这个词中，想找出西方近代的"public"是一种错误的想法。

这样一说，马上就会产生以下的问题。有人会批判说，关于"公私"的日欧比较已有很多研究，首先，将二词对立的讨论本身便是过时的言论，更甚之，还可能被当做为编造"自我—他人像"的国家主义者言论受到批判。但是，我要强调的是，在进行时髦讨论以前，希望大家首先考虑一下，现在，日本所说的"公私"概念是作为翻译语的"公私"？还是翻译以后的"公私"？恕我赘言，我们现在所探讨的"公私"，应该是百分之百作为 public/private 的"公私"。所以，"公私的日欧比较"，如果不特别通晓汉文与欧文、古典与现代两个领域，绕来绕去，最终也只能是落得自己明白而已。过去，在我们这个研究会的讨论中，渡边浩曾强调过日中欧有关"公"的概念的差异，而且，在前半部分的水林彪的发言讨论中，也有人提出了不同的意见。我对讨论的细节部分也有一些不同的意见，但我特别理解水林提出的所谓"无效"的真实意图。正因为平时我接触过明治以前的文本，我才敢说，在西欧知识输入日本时，不应该将一些不经心捏造的"日本的东西"视为"可以翻译"的东西。

### （2）一些有关"公私"、"公共"的误解

如上所述，围绕"公"的问题错综复杂。拙论"公共性问题的

辐辏结构"(拙著《公共圈的历史创造》第四章)也是为了探讨这个问题而写就的。但也没有必要担心,正因为错综复杂,才证明语言是有生命的、活的东西。只要我们努力,便可以改变这种状况。如果说,因为忍受不了问题的错综复杂,便将其整顿规划,那是相当危险的。其实,我们能够弄清问题如何错综复杂,在没有弄清以前,我们也找不到逃走的道路。那么,围绕"公"的问题,会发现什么?为了使迄今为止有关"公"的探讨不解自明,我们有必要从基础开始进行肢解式的探索。

我想从以下五点展开论述。

①翻译语的"公共",原词并不只限于 public。

明治初年被频频论及的"租税公共"论,是当时常为大家所引用的、木庭繁的翻译,他翻译蒙泰派权利宣言(1793 年 6 月)第 20 条"公共"的原词是 general,并不是 public。不仅仅如此,在西周的《社会党论》中,socialist 甚至被译成"公共党"。认为"公共"= public,不过是现代人的幻想。所以,按照西方的逻辑来说,对于那些奉行天皇 = "公"的"自由主义史观"学派的人们,应该称他们为社会主义者。这样说,绝不是误译(笑)。

②作为历史概念的"公私"不是 public/private,基本上是 impartial/partial。

作为历史概念的"公私",它当然应该是随着时代的变迁而发生变化。那么,贯穿整个时代能够使用的词是哪一个呢?我认为不得不举出 impartial/partial 这一对词。水林彪的发言曾指出,所谓"公私"是"ooyake-woyake"的大含小的关系,这是日本式的"ooyake"概念的基本意思。"ohoyake"是指大家,"woyake"是指小家,这就如同套娃娃一样重叠着,而"私"就相当于套娃娃的 partial区域。

到了中世,出现了"公界"(kugai)、"公平"(kuhyou、kubyou)等词汇,在史料当中,两个词被认为是同一概念而画上等号。例如,从镰仓幕府的法典《御成败式目》第 39 条与后来中世后期所作的注释(荣意注,1537 年)来看,在式目当中写着"以上,成功之时,可邀所望之人,即为公平",对此的解释是"公平为空界(公界)之意也,平为均之意也,不为私之意也,依所望为公平"。在这里,"公平"="公界"。在《御成败式目抄》(岩崎本)中也写道:"此为公平也,公界也",将两词并而列之。纲野善彦《无缘·公界·乐》一书使大家对公界一词耳熟能详,以现代人的感觉来说,公界仿佛是 public sphere 的直译,实际上并非如此,公界乃不偏颇,即 impartial 的意思。

请读者尝试一下,如果将迄今为止译为 public/private 的地方换为 impartial/partial,就会发现作为日本历史"公私"概念的对应词,有着相当高的准确率。

＊这样一来,肯定会有人提出异议说,只有亚当·斯密的《道德感情论》中的 impartial spectator(公平的观察者)才是公共性问题的核心。但是,应该注意的是,不是说 impartial spectator 与今天所使用的 public philosophy 不相同,就意味着可以与亚当·斯密所说的 impartial 与 publick(public)画等号。作为历史概念的 impartial 的含义,应该是另外一个不等同于 public 的词汇。

③在儒家典籍文本中,"公私"概念是作为强调规范性、与 just/unjust 相对应的词使用的。

可以称之为现代古典的丸山真男的《忠诚与叛逆》,在引用赖山阳的《日本政记》时,也存在有意思的误读。丸山说:"尊氏所行为大私,虽有大字,却终究为私,赤松氏继承了这种大私,反叛了足利氏。"而实际上,赖山阳的原文是这样说的:

如义持、义教者,行小私也;如尊氏者,行大私也。足利氏
之大私,成于赤松氏,故祸先发于赤松,天也。

按照丸山所说,"虽有大字,私终究为私",所以,"大私"与"小
私"的关系便形成了"公—大私—小私"的顺序。就是说,如前项
②所述,大与小像套娃娃一样形成包含的关系。但是,赖山阳所说
的确不是那样的大小,"大私"、"小私"表示的是 injustice 程度的
词汇,足利尊氏为大恶人,被赤松反叛的足利义教是小恶人。与丸
山氏的论述相反,"大私"处于离"公"最远的位置。

＊＊实际上,丸山误读的关键在于对"成于赤松氏也"的"成
于"的理解上,他将"成于"误解为"继承"。可以说,这也正是丸山
"古层"论范畴之一的"naru"原型。

总之,在儒家名分论色彩浓厚的典籍文本中,公/私(impar-
tial/partial)强调的是规范性,在对"公"ooyake 的绝对强调下,甚
至带有 just/unjust 的色彩。

在这里,再明确补充一点,认为"公 ooyake"=justice 其实是当
权者所捏造的。从历史来看,被称之为"公 ooyake"的权力本身,
其本来并非是正当的,"公 ooyake"是为使权力正当化而产生的语
言。所以,认为"天皇＝公 ooyake",却没有能力自圆其说的"新历
史教科书"等,丝毫没有表现出后现代的色彩。

④"公议"、"公论"、"公选"等词汇中世时已经存在,近代将
其视为特异的概念来理解是错误的。

日本中世禅林时代,"公方"、"权门"被相对化,而超越国境的
"丛林之法"被理想化,从而,"公议"、"公论"受到重视。禅宗寺
院的住持通过"公论"这种对话,被合理地"公选"出来,与明治时
代"万机决于公论"的"公论"相比,中世的"公论"是更具有 public

意味的概念。

"公议"也是如此,按照教科书的解释,所谓"公议",过去指将军本人,而幕末的"公议政体论"及明治初年的"公议所"好似体现了新式"公议",实则并非如此。因为在中世禅林时代,已产生"公议"的概念。

需要注意的是,"议"的概念及将"议"称为"理"的概念,皆是为使权力正当化而捏造出来的。言字旁的"公议"体现在将共同体人格化后的君主身上,为人字旁的"公仪"的构成奠定了基础。

这种结构,从同是中世语的"时议"当中可以略知一二。现在我们写作"时宜",而这个词在古代写为"时世的议论"。中世史学家佐藤进一对"时宜"的解释是,这个词实际上表示了"当时为政者的意思",反过来也可以说,君主的意向就成为"时世的议论",成为"时宜"的声音,成为正当化后的结构。就是说,权力的正当化通过"公议"与"时议"的伪装,冠冕堂皇被捏造出来。

所以,对这种"结构"的权力性视而不见,却抬出明治=近代的这种常识性的论述来谈论所谓明治的"公论",是没有意义的事情。

⑤将 public 与 official 分别视为"公共"与"公 ooyake",是一相情愿,是一种救济愿望。

虽然很多人都说"公共"与"公 ooyake"不一样,但从历史上来看,并没有什么区别。如果非要找出区别来,就是在日语中"公共"可以作为"サ(sa)"变动词使用。"私 suru"的反义词不是"公 suru",而是"公共 suru"。学者们常常介意"公共"与"公"的不同,以 public 和 official 来区别使用,而实际上这也只不过是一种自以为是,二词的历史可谓很短。

我想说的是,作为 public 和 official 的对应词,在历史上有更加确切的词汇,那就是明治时期被广为使用的"江湖"与"台阁"二词。例如,德富苏峰曾评价中江兆民有"江湖之风",评价井上毅有"台阁之风"。在当时,中江兆民与福地樱痴也相互使用这种表现,而中江兆民确为 public 之人,井上毅与福地樱痴也确为 official 之人。

我想,大家应该已经听明白了,如果给予"江湖"以足够的重视,在探索现代日本 public 的可能性上,就没有必要紧抓旧时已有的"公 ooyake"之概念。我们可以同意"公 ooyake = 国家"、"公 ooyake = 天皇",但是这里的"公 ooyake"与 public 只是似是而非的概念。

## 2. 作为 Lesepublikum(公众)的"江湖诸贤"

### (1)publish 与 veroffentlichen

所谓"江湖"到底意味着什么? 已成为死语的"江湖"听起来有一种古老而遥远的感觉,还些时髦和矫揉造作的感觉。我想在这里向会场(还有读者)的各位提个问题,我向公众各位提出问题并出版付梓时,可以说成"问于江湖"。这句话用英语来说,是 publish,用德语来说,是 veroffentlichen。"江湖诸贤"就是指阅读出版物的人们,即读书公众(Lesepublikum)。

所以,在考虑"公共圈"的语言范围时,"江湖"一词可以成为线索。而且,"江湖"一词后来发生结构上的变动,成为死语,这一点,与西欧世界的《公共领域的结构转型》恰恰产生了吻合。

### (2)"江湖"报业的产生

从幕末到明治时期创刊的报纸,冠以"江湖"之名的有 4 家。

这些报纸冠以"江湖"之名的时间没有多长,便陷入能否存亡的危机当中,可以想象当时间江湖的困难。让我不能释怀并深感有意思的是,那些扯起"江湖"大旗的人们大多是一些具有反骨精神、百折不挠的人们。他们在最初的"江湖"世界受挫,还会在另外一个"江湖"世界重新站起来。例如,现在《每日新闻》的前身是《东京日日新闻》,它是由旧《江湖新闻》的几位干将主办起来的。它的版面构成,与同时期的其他报纸显示出了不同的一面。

大家请看这里,这是一张纸,如果我们把它看做是当时的报纸的话,报纸的上半部分有"布告"、"通知",下半部分就是"新闻",列表如下。

表 1

|  | 一般报纸的版面 | 《东京日日新闻》的版面 |
|---|---|---|
| Offentliche Gewait | 布告(官令)、公闻 | 官书广报(公闻) |
| Burgerliche Gesellschaft | 新闻 | 江湖丛谈 |

布告·官令读作"ohure",公文则读作"otassi"。这意味着报纸的上半部分是公共权力的领域,下半部分是市民社会的领域。就是说,"国家与社会的分离"状态恰好地体现在报纸的版面结构上。《东京日日新闻》把其他报纸称之为"新闻"的部分冠名为"江湖丛谈"。它在"江湖"的广大范围内,为人们提供一个进行表达的场所。可以说,《东京日日新闻》不愧为明治时期崭露头角的《市民公共圈》的一个代表。

"江湖丛谈"与新闻媒体有着密切的关系。例如,后来被称之为"江湖浪人"、有"江湖之风"的中江兆民自己也说过,他向"江湖君子"阐述自己的主张,是他于 1881 年作为《东洋自由新闻》的主笔为报纸写社论期间。后来，1890 年，禅宗永平寺出资创办了《江湖新闻》（主编为三宅雪岭），时间不长便破产。后来由立宪自由党收买后，改编为《立宪自由新闻》、《民权新闻》，在这个过程当中，中江兆民也起了很重要的作用。然而，中江兆民后来已经不用"江湖君子"这个词了，对于兆民来说，"江湖君子"如果没有了《东洋自由新闻》的言论活动，也就不复存在了。

### （3）从文艺杂志与文学结社看"江湖"世界

"江湖"这个词的使用可以上溯到文艺杂志与文学结社的历史中。从江户时代开始，在汉诗与诙谐的诗人世界当中就有了"江湖"的世界。汉诗革新运动的旗手市河宽斋曾以"结社于江湖，诗偏逸也"的宗旨结社联盟。中国宋代时期，特别是 13 世纪南宋后期，是江湖派小诗人辈出的时代。受其影响，松坡宗憩编辑了《江湖风月》汉诗集。《江湖风月》自镰仓末期始便受到日本读者的喜欢，所以近世后期出现了如市河宽斋的"江湖诗社"的汉诗结社运动。进入明治时期，不只是作（compose）汉诗，还出现了评论（criticize）汉诗的杂志。图 6 是刊载诗社广告的《江湖词华》刊物，诗社广告打出了"各府县诸名家批评"的旗号。

这本杂志的起源地不是东京而是秋田，其文艺批评，力求做到超越地域，追求更大的空间。"广集江湖之诗，望文雅诸君不断投稿。"杂志对不曾谋面的广大读者敞开了大门。

明治时期的文学结社运动，特别引人注目的是《东亚说林》，也就是日清（甲午之战）战争后改名创刊的《江湖文学》。这个刊物的组织发起人为田冈岭云、藤田丰八、小柳司气太等亲华派知识分子，在离帝国大学不远的本乡春木町文学书房内，成立了江湖诗社并出版了发刊词。参加者皆为能代表当时文坛的人，泉镜花、上

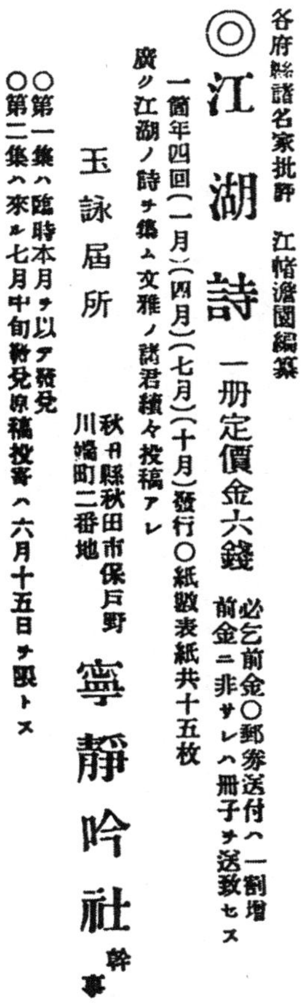

各府縣諸名家批評　江帾澄園編纂

◎江湖詩　一冊定價金六錢

一箇年四回（一月）（四月）（七月）（十月）發行〇紙數表紙共十五枚

廣ク江湖ノ詩ヲ集メ文雅ノ諸君續々投稿アレ

必ヅ前金〇郵券送付ハ一割増
前金ニ非サレハ冊子ヲ送致セズ

玉詠届所

秋田縣秋田市保戸野
川端町二番地

寧靜吟社　幹事

〇〇　第一集ハ臨時本月ヲ以テ發兌
〇〇　第二集ハ來ル七月中旬發兌原稿投寄ハ六月十五日ヲ限トス

**图6　《江湖词华》诗社广告**　　　　　83

田敏、大町桂月、黑板胜美、高浜虚子、内藤湖南、正冈子规、三宅雪岭等也是这个刊物的投稿者，连夏目漱石都曾应邀撰稿。

### （4）从政治杂志与政治结社看"江湖世界"

"江湖"世界的发展并不只限于文艺的公共圈内，1898年结成的"江湖俱乐部"是值得注意的政治结社活动。引文也许有些长，下面是刊载在"江湖俱乐部"机关报《江湖》上有关俱乐部纲领的部分内容：

> 江湖社无世上所谓元勋，无名士，无政治家，亦无绅士、绅商。江湖社可谓无名汉之集合也。甚至，乃以与方今所谓名士、流行儿为伍作为耻辱之组合也。若问其种类，则有学者、有商人、有医师、有记者、有法律家、有宗教家、有工业家等，皆无一不以新进有为为资本，以经国济民之大业为己任者。而政治之主张或实业之意见并非同一，仅看破现今之政党各派及政治家不足之处一致，知欲整顿社会腐败、士气消沉，须豪杰之士，振作起来，刷新政治，于新旧过渡时期时代，以天下之经纶为己任则为公、舍我其谁之处一致，知晓以九州、东北、关东等地方观念商议国政，则与时代精神背道而驰，而于江湖广求朋友之处一致而已。即看似斑驳乌合之众，实为纯粹之革新主义者同盟也。
>
> 江湖社同人性质如斯，然若问何故发行《江湖》，则为区区国内时事激扬而兴乃《江湖》之不齿，贪眼前功名之蝘蜓尤为《江湖》之耻。《江湖》固以藩阀政府为非也，然现在之议会亦非也，现在之各政党、各政派亦非也，现在之政治家、议员亦非也，非但如此，现在之选举人亦非也，即《江湖》视一切为非，有起而奋斗之气概。换言之，不自根本革新现今社会则不休，是乃《江湖》之志也。

虽然他们自称"无名汉之集合"，实际上并非如此，除了因与森欧外展开辩论而扬名的文艺评论家石桥忍月之外，还有小川平吉、花井卓藏等颇有个性的同仁,所以并不是没有名气的人们。他们之中"有学者、有商人、有医师、有记者、有法律家、有宗教家、有工业家","无一不是以新进有为为资本,以经国济民之大业为己任者",他们完全是可以称之为 Burger 的存在。

请大家注意一点,他们在结社的时候,声明道:"政治之主张或实业之意见并非同一","而于江湖广求朋友之处一致",最后发出宣言:"即《江湖》视一切为非,有起而奋斗之气概。换言之,不自根本革新现今社会则不休,是乃《江湖》之志也。"可以说"江湖"是作为政治批判的"公共圈"形象出现的。有关"江湖俱乐部"活动的研究情况,1970 年,宫地正人与酒田正敏出于对都市政治集团问题的关心有过一些研究,这本身就意味着 20 世纪 70 年代具有的特殊意义。文章指出,"江湖俱乐部"致力于足尾矿毒等社会问题的解决,通过与内村鉴三、幸德秋水、界利彦等《万朝报》同仁们的交流,共同奋斗,开展了"理想团"的运动。"江湖俱乐部"也确实混进了如小川平吉式的右翼分子,但归根结底它是一个引人注目的政治集团。

### (5)"江湖"世界的局限

最后,我想说一下"江湖"世界的局限。首先是"江湖忧国"思想的兴起,"江湖"身在朝外,却忧思中央国政。这种思想的系谱最早见于后期水户学派的会泽安,后来为明治国家主义者三宅雪岭所继承。如上所述,江湖俱乐部曾吸引了小川平吉,这种在政治上标榜革新主义的观点,往往与右翼主义的精神结构相近,这是值得注意的一面。

第二个局限是"近代读者"是否包括女性的问题,"江湖君子"的"君子"一词好像不包括女性。哈贝马斯在为《公共领域的结构转型》1990 年版所写的序文中说道,虽然读书公众(Lesepublikum)中包括了女性,但政治公共圈却将女性排除在外。反过来再看"江湖"世界的话,不得不承认,虽然实际上拥有女性读者,但"江湖君子"的表象确实将女性排除在外。最后还是要加上一句,就是"江湖"世界当中,也有提倡"女子解放论"的论客,他是田冈云岭。

### 3. 作为 Nomads(自由人)的"江湖散人"

**(1)四处游走:反朋党的思考**

在上一节中,我们考察了"江湖"一词的语言空间,我们可以得出这样的结论,即可以将"江湖"称做"公共圈"。迄今为止,我们一直将"公"与"公共"视为是 public 与 offentich 的对应词,今天我将其换为"江湖"一词。本节将从另一个角度进一步考察将其转换"江湖"的可行性。

说起 Nomads 的"江湖散人",有些 20 世纪 80 年代的感觉,有的读者可能还会产生一丝怀旧情绪。阿尔贝特·梅卢西(Alberto Melucci)的 *Nomads of the Present*(《生活在现代的游牧民》)最近在日本获得好评,但实际上这本书是 80 年代的产物。

将作为 Nomads 的"江湖散人"作为本节的标题,是因为生活在"江湖"世界中的人们,实际上也确实曾被这样称呼过。前面我介绍过,中江兆民被称为"有江湖之风"的人。实际上,当时自由民权家的代名词就是"江湖放浪人"。不仅中江兆民被这样称呼过,其他人如岛本仲道等也被这样称呼过。

"江湖放浪人"源于中国汉籍的"江湖散人"一词。在日本书籍中,自中世后期也开始出现"江湖散人"的使用例子。记录 16 世纪末期战国时代语言状况的《日葡词典》对"江湖散人"的说明如下：

史料①

Sanjin. サンジン（散人）例，Gokono sanjin.（江湖散人）没有固定的居所和住处，四处游走的民众或人们。

Goco. ガゥコ（江湖）Ye mizzu vmi.（江湖）与词的原意相比，这个词多用于比喻。例，Gokono sanjin.（江湖散人）可无视其存在、不足道的人，不值得一提的人。‖ Gokono yoriai, l, tcuqiai.（江湖之乌合，又，附和）各种人们的会合。‖ 有时贬义指一般民众的集合，町（Machi）的集会。

没有固定居所的放浪人，即为 Nomads。他们是一群不受村落社会的束缚、自由自在超越共同体的存在。也正因为如此，才被共同体蔑视、被称之为"可无视其存在、不值得一提的人"。当然这是辞典上的解释，而实际上他们处于何种存在状态当中，具体的事情可以从史料上了解。

史料②

自庵之江湖申乐（杂耍）、舞蹈，妻室衣装，私宅修建费用等，一切停止。（《历代古案》5 所收，元龟 3 年 8 月 11 日　武田家朱印状）

这是 1572 年的史料，是战国大名（诸侯）武田氏发布的禁止"私人"奢侈的条令。所谓"自庵之江湖申乐、舞蹈"，乍一看有些难懂，实际上是将自庵、妻子、私宅三者均归入"私"的范畴内，强调"不许将跑江湖的杂耍、舞蹈艺人请到自庵"的意思。而"江湖

87

杂耍、舞蹈艺人"可以说就是漂泊的艺人、江湖散人的实例。他们存在于个人空间之外围,或存在于共同体的外部,游走于共同体之间。这正是对 Nomods 写实。

下面的史料可以让我们窥知"江湖散人"的中世之风:

> 史料③
> 近丛林一变,大智范围,弛而不张,各伸开间脚于别房,同在编户民之都邑。大方江湖之气,索然而亡。云众寮僧堂,其犹如鲁告朔之饩羊,一旦有事,则虽云小利害,各树朋党。(心华元棣《业镜台》)

这是 14 世纪南北朝时代有关五山禅僧的史料,"近丛林一变"是指当时以五山为中心的禅僧世界发生变化,僧人缺乏紧张感,松松散散的样子如同在家的俗人,禅院的规矩松缓下来,"大方江湖之气,索然而亡",就是说,没有了江湖的精神。"告朔之饩羊"典出《论语》,指形骸化之意。"江湖精神"的衰退,造成了相互之间的朋党之争。"江湖之气"是反朋党的理念,也是对抗共同体统一性的思考。走出狭隘共同体的人们,就是"江湖散人"。

**(2)人不捕鱼:反权力的思考**

"江湖散人"的行动是超越共同体的,然而处于室町幕府将军权力中枢的五山禅僧是难以做到这一点的。正因为如此,"江湖之气"在处理与将军权力的关系上,便采取了一种曲折的表现方式。下面引用的是著名的五山禅僧义堂周信于 1386 年写就的有关拒绝继续住在南禅寺、辞去住持的事实始末的资料:

史料④

十七日,官使武田、下条果至,余切恃使者,恳陈再住不可之由。官使去后,遣中季于鹿苑,切伸辞意,并以二偈呈大丞相(将军足利义满)曰:"老来住院小池鱼,放向江湖乐有余,(后略)。"由是,府君之督遂止。(《空华日用功夫略集》至德3年7月17日条)

此前7月10日,室町幕府刚刚发布命令,决定南禅寺位居"五山之上"。对此,义堂周信向将军足利义满提出辞意,上呈"二偈"(两首汉诗)以表达自己的心情。其中"老来住院小池鱼,放向江湖乐有余"的意思是说自己已经老了,不想住在南禅寺做住持,不做小池中的鱼,要是能"放流"在江湖那该是多么快乐的事情。从小池逃向大海,那便是"江湖之乐"。

这种"江湖之乐"在禅宗世界中常常被图像化。著名的雪舟等杨也在《破墨山水图》图中描绘了《江湖之景》。实际上,在山水画中,"江湖"是极为流行的绘画题材,画面一般是渔村、渔夫和鱼成为主题。"江湖之景"对于禅僧来说,成为乌托邦式的世界。例如,东沼周严的《流水集》3 的扇面上所描绘的"江湖之景",就被后人评为:"江湖可乐哉,乐江湖者古也,今也。"

义堂周信不愿做小池之鱼,追求"江湖之乐",也源于此。他是想从将军权力的中枢机构中逃离出去。而把将军权力与五山禅僧的微妙关系,化为图像的则是大巧如拙的"瓢鲇图"(图7),一般的历史教科书中都印有这幅画。大岳周崇在序中这样写道:

史料⑤

大相公(将军足利义持)命僧如拙画新样于座右小屏之

89

间,并命江湖群衲各着一语,以言其志。

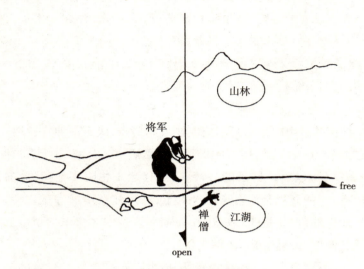

山林

将军

free

禅僧　江湖

open

**图7　《瓢鲇图》的构图**

根据京都退藏院的藏图制作。原图请参阅东岛诚《公共圈的历史创造》,第304页。

《瓢鲇图》的创作情况是这样的,将军足利义持命相国寺的画僧如拙为新建的房间作画,并命"江湖群衲"即各位神僧作诗。而如拙应将军之命,交出的画是"人欲捉鱼而不得图"。从史料④中,我们知道,在这里,人代表着将军,鱼代表着禅僧。这幅画表达了自将军权力的手中逃出,追求自由自在精神的"江湖之乐"。

### (3)"江湖之义焉在?"

下面必须谈一下禅宗寺院的《作为丛林之法的公论》问题,这样一来,"江湖"与"公 ooyake"的语言关系也就不言自明了。

在第一节中,我简单说过,在中世禅院中存在一种称之为"公论"的具有对话合理性的制度。这种制度称之为十方住持制,禅院通过这种制度来公选住持。从十方推举人选,称为"公举",由大家评论此人是否合适称为"公论",进行选择则称为"公选"。

说点题外的话,现在大学的人事制度,一般是"公募"(公开招聘)大学教员,有意思的是即便是私立大学,也不说自己"私募"教员(笑)。但说是"公募",实际上通常都是由一些关系决定的。禅宗寺院也通过这种门路建立一些师徒关系,相对十方刹来说,这些有师徒关系的寺院称之为度弟院(徒弟院)。

那么,十方住持制的理念是什么?请看史料⑥:

史料⑥

诸山条条法式

一、住持职之事,或异朝之名师,或山林有名之道人,或朝臣以其他理由请来,不在此限,七十五岁后的老西堂亦同前。纵然其能力堪当重任,若奉权门之举荐,便不可成为公文。丛林之大弊皆出此,故严格限之。若有理运并出者,则抓阄定之。(圆觉寺文书,永德元年12月12日室町幕府管领斯波义将奉书)

这是1381年的史料,史料的开头说"或异朝之名师",意味着允许超越国境的外国人就任。即无论什么出身,75岁以上的老人也可以。在这里,朝臣之意向也不过是选择之一,其权威被相对化。但是,无论有什么样的才能,如果一旦拿着权门的推荐信前来,那是绝对不可的,甚至说"丛林之大弊皆出此"。在"丛林"这个禅宗世界中,对于权门思想,采取的是抑制的手段。

但这样的"丛林之法",在现实的日本社会是难以扎根的。著名的五山僧中严圆月去元朝留学,带着无限的感激之情回到日本,但日本现实社会的一切使他感到绝望。圆月记载了如下的观察：

史料⑦

嗟夫，公举久废，宗门寂寥，妄庸竞驰，以住持为奇货，善良忌而永沉。（《东海一沤集》卷之后集，《住无梦东福之江湖疏并序》）

这里记述了他的绝望。但义堂周信对于相同的事态，还抱有一些希望。

史料⑧

遍搜抱道正直之士，以公其举也。果然，则公举，行于天下，而善类并进，妄庸窜伏，必也。是以遂则亦喜也。（《空华集》14，《上中严和尚书》）

但是，义堂周信抱有的希望，正说明了对现状的绝望状态，下面的史料则表现了这一点：

史料⑨

十八日，问注所，奉府命，请藏珍首座于善福寺，珍再三拒之。余劝其应命，因谓曰："凡今时，不行江湖之公举，举之者唯同族耳，江湖之义焉在？"珍遂应之。（《空华日用工夫略集》应安2年5月18日条）

这是1369年的史料，记载了玉岗藏珍接受邀请就任相模善福寺住持的经过。这一天，朝廷下达命令，任命藏珍禅僧为善福寺住持。藏珍再三婉拒，义堂周信劝他："还是应承下来吧。"周信劝道："凡今时，不行江湖之公举"，现在不实行"江湖"之"公举"了。"举者，举之者唯同族耳"，所谓同族，是指度弟院（徒弟院）之类。就是说，已不实行"江湖"之公举了，推举也只是推举同族而已。最后说，"江湖之义焉在？"劝说的结果，藏珍答应了。

藏珍最初没有顺从权力的意向，拒绝了府命。其原因，可能是他想守住"人捉不到鱼"原则，即使没有那么高的觉悟，也要作出那种姿态。实际上，即便想马上应诺，由于有悖于"江湖精神"，所以，希望能在第三者的劝说下，作出不得不接受的样子。当时已有这类的"程序"。

所以，在这里我们至少可以说，即便"江湖"是不可能实现的理想，那也是真正的"公"，是符合"公"之理念的。的确，义堂周信没有中严圆月那样的淳朴感性。然而，对于存在于中国、而日本社会缺乏的"江湖"精神，他还是作出了冷静的观察。

### （4）放浪＝见闻，或对"内部世界"的发现

以上，我们考察了中世后期，从南北朝到战国时代，所谓 nomads 的"江湖散人"的世界，以及作为其支撑的"江湖精神"。在本节的最后，笔者将对明治时期的 nomads——即"江湖放浪人"的世界，进行再一次的考察。

如前所述，明治时期的"江湖放浪人"是民权家的代名词。那么，这种称呼的出现，是不是就意味着日本社会不曾存在的"江湖精神"就此产生？我认为这还有待商榷。所谓放浪江湖，应该是在见闻江湖的基础上，发现"外部世界"。关于这一点，拜伦的放浪诗《恰尔德·哈洛尔德游记》在日本被译为《江湖漂泛录》，令人回味。实际上，"外部世界"的发现与"内部世界"的觉醒是连在一

**图 8　新《江湖》第 1 期（1908）目录**

起的。我想起了幕末维新时的两则见闻记，两则见闻记在内容上各有分工。《江湖见闻记》刊载有关政治的内容，《江湖见闻杂记》则刊载有关社会及外交的内容。之所以将有关外交关系的新闻划归到社会领域，而不是政治领域的分类方法，是因为它与《东京日日新闻》的版面划分，即"东京—岛国—海外"有着相同的空间认识。从另外一个角度来说，"江湖放浪"不仅没有脱离政治中心，还起到了强化中心的作用。

　　下面的事件如实地反映了这一点。1907 年大隈重信从政界隐退，就任早稻田大学校长，将精力投入了"文化发现"的事业当中。大隈隐退后，动员当时的知识界人士编写《开国五十年史》，并组织了大日本文明协会，恰似纪念自己的转行一样，还于 1908

年创办了《江湖》杂志。图 8 是创刊号的目录。创刊号以大隈以下的宪政本党各派为轴心,将各界著名人士网络在一起,让大家同时亮相,可以想象当时读者都会大吃一惊。退出中央政界后的隐遁、在野带来了"江湖"世界的出现。政界的隐退带来了"文化"的发现,事件本身非常有意义且带有政治色彩。这样,明治时代的"江湖放浪"思想发展为后来的"江湖忧国"思想也是必然的。明治"江湖放浪"与其说发现了"外部世界",莫如说是发现了"内部世界"。"江湖放浪"思想的批判精神已然不存在了。


## 结 语

公就是 public 吗?——在本论题中,当我们思考有关"public"的问题时,我建议首先应该放弃"公"等同于"公共"的看法。

但是,希望各位注意的是,我并不是说要抛弃昨日使用的"公",从今日开始使用"江湖"一词,我丝毫没有这个意思。我今天发言的宗旨,不过是想给一个概念、一个范畴以准确真实的定位而已。

7 年前,我开始对"公共性"这个具有多意性的日常用语产生兴趣,并开始试图解明其中的辐辏关系(拙著第四章)。我发现,流入"公共性"这个日常用语中的几支水脉不一定总是恰到好处地合流为一个河流,而是随时发生着变化。因此,我才对明治时期那种以汉籍知识来翻译西欧思想的生硬翻译产生兴趣。

在制定明治宪法时,对于"公共"这个翻译词的使用,井上毅认为"这个词经不住推敲"。中江兆民在翻译《民约论》时使用了这个词,但是在《民约译解》当中,却删掉了这个词。应该说,围绕着这个译词产生的一个又一个的疑虑,是很值得思考的问题。待生硬感觉的棱角被磨平、概念已失去意义、并渐渐被埋没在日常生活中后，最后我们将看不到"异他的东西"。我希望，为了保证异型思想场地的存在、非均质圈（heterosphere）思考的产生，也不应该将"江湖"庸俗化。

### 参 考 文 献

上野千鹤子：《国家主义与 gender》，青木社 1998 年版。

丸山真男：《忠诚与叛逆——转型期日本精神史的状况》，筑摩书房 1992 年版，论文初次发表于 1960 年。

宫地正人：《日俄战后政治史研究——帝国主义形成期的都市与农村》，东京大学出版会 1973 年版。

酒田正敏：《近代日本对外硬运动的研究》，东京大学出版会 1978 年版。

佐藤进一：《时宜（一）》，《语言的文化史·中世 1》，平凡社 1988 年版。

东岛诚：《公共圈的历史创造——江湖思想》，东京大学出版会 2000 年版。

东岛诚：《中世自治与社会主义论的转变》，载《历史评论》596 号，1999 年。

东岛诚：《交通的自由、思想的运输》，载《东京大学日本史学研究室纪要》5 号，2001 年。

东岛诚：《激进的音型》，载《环境情报科学》30 卷 3 号，2001 年。

### 围绕论题三的讨论

**黑住真**：所谓"江湖"就像禅画中所表现的那样，是一种自然的景象。这个词的含义到底意味着什么呢？

东岛诚:《瓢鲇图》描绘了人与鱼的关系,"江湖"就是鱼能够自由畅游的地方,是山水画中的"水"。

黑住真:回到"公共性"的问题中,是一种什么样的意思?

东岛诚:是称之为"江湖"的自由言论空间,就是大海。

黑住真:语言本身有这个含义吗?

东岛诚:从词源方面来看,"江湖"一词源于长江的"江",洞庭湖的"湖"。唐代禅僧为了参禅修行,多往来于此,所以有了这个词。重要的是"往来"一词,使"江湖"派生出三个含义,一是诗人,再一个是富豪,还有一个是政治家。以春秋时代追随越王勾践的范蠡这个著名人物为例,三宅雪岭曾说:"范蠡往返于江湖之上,是为了致富。对于范蠡来说,江湖成为贸易的媒介,可以说他在利用水运,广义来说是海外贸易。水隔开了国家,又使国家相互接近,成为互通有无最为方便的途径。"也就是说,江湖世界属于咏叹自然的诗人,同时也属于相互"往来"、积累财富的富豪。明治时代,当政治成为主体时,这些人又使"江湖"成为政治的世界。其实,或许我们可以说,这正是市民公共圈(burgerliche Offentlich-keit)的发展史。我想,黑住先生的提问,包含着丸山真男从"自然"到"作为"的模式关系。但把三宅雪岭主张的"江湖"世界三类型展开来看的话,就会清晰地看出"江湖"与近代性的关系。谢谢您给我的启发。

金泰昌:就是说,您认为"公"与"私"的含义,与其说接近"public"与"private",倒不如说更接近"impartial"与"partial"。

东岛诚:从历史上的使用范例来看,是这个意思。禅宗的"公"是极为例外的表现。无论如何,能够说明这不是"public"已经很充分了。

金泰昌:东岛先生想说的是,与其说"公"是"public",倒不如说"江湖"是"public",对吗?

**东岛诚**:对! 但我并不是说将现在使用的"公",从明天开始就改为"江湖"。

**金泰昌**:"公"也罢,"ooyake"也罢,是过去常用的词,而且至今仍在使用。而"江湖"这个词虽然使用过一个时期,后来不被使用,现在日常生活中已经不使用这个词了。

**东岛诚**:是啊。

**金泰昌**:例如,在韩国,说起"江湖",首先给人的感觉便是"江湖"与"竹林"的对比。韩国"江湖"的意思比较接近日语的"世间"这个词。"世间"流行许多疾病,那不仅是生理性的疾病,还有很多不好的东西。从这样的"江湖"超脱出来,到"竹林"当中寻求安息。这时候,"竹林"相当于现在的学界与文化人的圈子。为了让自己的学问更加有长进,寻求一个能够吟出诗来的地方并在那里安定下来,这便是"竹林"的含义。韩国对"江湖"的这种理解与中国的古典有关联,不知日本怎么样?

第二点,近代日本以"江湖"来命名报纸,使"江湖"与政治、社会活动产生了关联。东岛先生论文的宗旨是否想说,例如,哈贝马斯所说的公共圈在日本历史当中,也曾以"江湖"的形式实际存在过吗?

第三点,东岛先生的资料最后写着:"江湖"=真正的"公"、真正的"公"的理念。听了您的说明,我明白了一些。例如,有人认为"世间"是日本的公共空间,"公界"也是如此。当然,东岛先生认为"江湖"更加贴近"public",并举出了"反朋党游民"的证据。那么,您的"江湖散人"就意味着那些不愿被不好的共同体所禁锢、自由自在地遨游在另外一个公共空间中的自由人了。

进而言之,现在以美国为中心,学界所议论的中心议题之一便是,作为承担新公共事业的人类应该努力成为承担社会的主体,并应该超越以往对共同体的理解,自由自在地发挥自己的意志与责任,以新的姿态参加新的公共事业,通过共同意志的决定来建设新的公共空间。您的"江湖散人"也具备这个意思吗?

东岛诚:首先,回答您认为"江湖"的意思在韩国接近日语的"世间"的问题。研究德国史的阿部谨也先生近年对"世间论"多有研究,关于"世间",更是出了好几本专著。他在《生活在日本社会中》(朝日新闻社)这本书中写道:"世间"相当于哈贝马斯的"Offentlichkeit",并断言说"我认为只有这个"。但我不这样认为,因为"世间"是一个超历史存在的词,而"Offentlichkeit"却不是。"江湖"这个词已成为死语,而"世间"这个词没有成为死语,这恰恰证明了"江湖"这个词曾承担过特定时代的精神重任。在明治时期,与"江湖"形成对比的不是"竹林",而是"台阁"。

关于您的第二个问题,关系到我作为研究者的立场问题,所以我想从这个观点来回答。说日本过去也有过近似于"Offentlichkeit"的现象,做这样的研究也许有些读者会喜欢。但这样一来,研究者便容易陷入这样一个陷阱,陷入为"自画像"谋求正当化的陷阱,所以我认为应当回避。我所关心的是,为什么明治时期出现的"Offentlichkeit"后来又消失了? 我所举的中世禅僧所说的"江湖之义焉在?"的例子,也正是因为这一点。我不是想发表"西欧有而日本没有"这样一个平板的议论。我在做硕士论文时就写过结社论(拙著第一章),当时的研究重点在于,公之精神即便与权力纠缠在一起,其组织本身由于内部的矛盾无论发生何种变化,它还会以另外一种形式发芽。可以说,公之精神的挫折与更新便是我的研究题目。这个研究题目在我写博士论文时成为江湖论(拙著第六章)。明治时期的"江湖"世界中,大多是些有反骨的人士。

99

在某一个世界中受挫,便在另外一个"江湖"世界爬起,愈战愈勇。所以,我所关心的是,不是讨论"Offentlichkeit"这个实体是否曾经存在过,而是要高声呐喊实现"Offentlichkeit"。

实际上来说,这也是对有关哈贝马斯的"Offentlichkeit"变质的批判分析,研究社会学的花田达朗先生在《媒体与公共圈的政治学》(东京大学出版会 1990 年版)著作中,引用了我的博士论文,也是对我"可能性的"问题研究的肯定。要说我从哈贝马斯那里学到的应该是一种精神,我对把哈贝马斯的理论照抄硬搬到日本不感兴趣。

关于第三点,您说得对。再补充一句就是,"江湖散人"不仅是超越狭隘的共同体,也有超越国境的可能。其佐证便是在对禅宗寺院的住持进行公选的时候,曾经有过"异朝名僧"的设定。刚才在引用三宅雪岭的三类型说时,也提起他认为,称为"江湖"的"水"曾经一度成为海外交通媒介。从这个意义上来说,《日葡词典》将"Machi 集会"定义为"江湖",让我大吃一惊。"江湖散人"不单指都市市民,从某种意义上来说,是指世界主义者。

**金泰昌**:思考"超越国境的公共性"时,一般有两个契机。

一个是当人们被强大的求心力束缚在"国家"这个大的共同体之中时,如果不具备从中脱离出来的一面(公共性),也就不能脱离国境。

再一个,在国内考虑新的公共性时,必须要考虑,如何从容易走向私有化的不好的共同体当中果敢脱身,一边探索新的公共性,一边进行创造性的工作。不好的共同体由于一些思想观念及其他原因容易走向私有化,还容易以一种理论来封闭全部的思想。

不过,我觉得在日本难以进行这样的讨论,因为日本有一种以"天皇制"为前提的广义的"皇民共同体"的思想,所以讨论难以脱出这个范围。这种思想在"超越国境的公共性"问题的思考中，已成为一个瓶颈。

东京大学的高桥哲哉先生认为，德里达所说的"解构"，意味着对他人无限开放，与我们所说的新公共性颇相似。那么，从哪里脱出，向他人开放？不好的共同体有这样一个特点，它们常常把那些不符合自己理论、思想、价值的人们和集团排除在外。所以，必须要有从那里脱出的途径。

东岛先生推出了"江湖"这个词。而"江湖"与"世间"、"公界"这些概念不同，它本身就具有"游民"的意思。您是否认为这个词更加贴近新意义上的公共性？

我与阿部谨也先生直接探讨过"世间"这个词，阿部先生自己也认为"世间"这个词有封闭的片面性，也有排他的片面性。但在日本历史上寻求与"公共空间"意义相近的词，还是"世间"最为合适。当然，他同时还说，如何克服"世间"一词的封锁性将是一个新的研究课题。他说："将世间完全等同于公共空间还是有些勉强。"

但是，如果把"江湖"一词定义为日本语言文脉中等同于"公共空间"概念，会觉得这个词还有一个与其他词全然不同的含义，你想强调的是它的"反朋党自由人"的含义。

**东岛诚**：谢谢您对我的理解。阿部先生将受歧视的部落问题纳入自己的《世间论》研究当中，他的结论是理所当然的。在这里，我希望大家再一次回想一下《日葡词典》的解释，"江湖散人"在前近代社会当中绝没有自由，所以，在战国时代被"世间"的人们蔑称为"江湖散人"，这样一来，就有必要明确它与中世"无缘"的衰退有什么异同。

纲野善彦先生认为，应该在原始时代寻求"自由"的起源，"自

101

由"随着社会的发展渐渐衰退。就是说,认为过去"有过"这样的想法本身会束缚自己,我们应该承认世界是同种的、均质的。所以我才特意研究说过去"没有过的"问题。

**今田高俊**:您说的这个问题,我今天还是第一次听,也不知理解了多少。您从 19 世纪明治时代的《江湖新闻》开始展开话题,除报纸以外,还提到文学结社、政治俱乐部等,这些与哈贝马斯所说的欧洲的情况相似,欧洲也是通过咖啡馆讨论、沙龙、读书俱乐部等兴起了公论的公共性。根据史料,远在 14 世纪以前就已经有"江湖"一词了。我不知当时是否频繁使用这一词,"江湖"的含义是指诗人、富豪、政治家,也是指反共同体的游民、边境人等江湖散人。就是说,当时所谓"江湖"并不意味着言语的公论。关于这一点不太明白,想请您再说一下。

**东岛诚**:首先,我想重申一下,"富豪"、"政治家"是近代以后出现的,中世并没有这样的用例。三宅雪岭运用中国的古典将"江湖"分为三种类型,把在公论活动中负担经济基础的角色定位为"富豪",其实这个概念在中世与近代有着很大差别。

**今田高俊**:就是说,在 14 世纪称之为"江湖散人",它曾是一种反共同体的游民的存在。对吗?

给我的感觉,您是说在日本过去也有过如哈贝马斯所说的市民公共性的概念,日本有关市民公共性的源头可以上溯到 14 世纪吗?

东岛先生的研究,即研究"过去没有的"表现方式我觉得有些难懂,应该是过去虽然有过但没有被发现过的东西,东岛先生从"江湖"的视点将其挖掘出来吧?过去虽然没有研究过,但日本的"公共性"却以"江湖"的形式早已经存在,是您将其挖掘出来的,我的理解对吗?

东岛诚：让我们再一次回顾意一下义堂周信的史料，"江湖之义焉存？"翻译成现代语就是"有江湖之义吗？不，没有"。说没有的不是我，而是中世纪的人。我所研究的只是语言问题，而不是社会的实态。

不过，即使是基于社会实态的研究，也不是说"江湖散人"在日本中世纪社会中是一种轻松的存在。他们被大家所鄙视，成为被禁止的对象。所以，用丸山真男的风格来说，便是通过事物的反面来说正面。

今田先生的问题正产生于此，通过"不自由"来探讨"自由"，不是风马牛不相及的事情吗？所以，在我强调与纲野先生的观点的不同之处时，今田先生的疑问也不是没有道理的。但是，我还是想强调我的不同，我坚决拒绝对起源与原型的思考。这与阿伦特晚年时，批判德国传统哲学将希腊形象化的立场有关系。

今田高俊：我想问的是，14世纪日本产生了"江湖散人"，如您史料所说的那样，日本的公论、公共性的源头就在这里吗？

东岛诚：《日葡词典》中出现"江湖散人"这一词条是16世纪，是战国时代的用例，而史料④与⑨是14世纪的史料，那个时候还没有如"江湖散人"、"江湖杂耍"、"江湖舞乐"等人格化的表现。关于这一点，希望能够得到明确理解。不过，非要我来回答，我可以直截了当地说"就在这里"。

今田高俊：这也是我颇感兴趣的地方，索性就追问下去。"直截了当地说就在这里"的理由是什么？还有创办《江湖新闻》的19世纪明治时代的"江湖世界"与哈贝马斯所说的欧洲咖啡馆讨论及沙龙相似，这个"江湖世界"是起源于14世纪，而进入近代以后发生变化的"江湖"吗？您如何认为？

东岛诚：答案也许重复了，这同样不是现实态而是可能态的问题。我是以这样的观点来使用 14 世纪战国时代的史料而已。对于与近代相关的等质社会的最初形成，应该上溯到战国时代，这也是内藤湖南以来的学说，也不能不说这就是源头。不过，将这种学说回收到近代科学的规模当中，会使我们对讨论的有效性产生怀疑。实际上甚至可以说，正是这种可能态的问题研究才使得我们能够与哈贝马斯的问题进行比较研究。

哈贝马斯并不是在作 Offentlichkeit 的概念史研究，我的研究同样如此。我尊重历史学家的事实研究，但我反对历史学家将有些事实封锁在通史当中。论文主题本身的特点带来了这种探讨方式也是无奈的事情。

**今田高俊**：您认为 14 世纪时，"江湖"这个词就频繁使用，并出现了日本独特的使用方式，继而产生了后来明治时代的《江湖新闻》，又与最近的西洋市民社会公共性以某种方式相关。您认为"江湖"虽然在形式上发生变化，但一直沿用至今，是吗？

**东岛诚**：这也正是我认为最重要的地方，最想坚守的地方（笑）。刚才，我一直想从提问的靶心中抽身，也是因为一旦回答"是"，大家就会简单地认为"噢，是这样内容的探讨"，我们的探讨也就此结束。所以，我不能简单回答"是"，这也是一种战略性的躲避。

"日本有过"，"14 世纪有过"，我不怎么介意。但有一个我们常常碰到的问题，就是"中国有而日本没有"的问题。主编《江湖文学》的藤田丰八郎及小柳司气太等也是亲中国的知识分子，所以，难以说"江湖"是日本固有的东西。

我不想提什么传统概念、保守阶层等，但我认为古代的历史概念"ohoyake"与从中国传入的概念"公"——指住持公选制的江湖世界，本是水火不相容的两个界面，却被 public 勉强拧在一起，我抓住了这个问题。这是好不容易勉强成立的,从这个意义上来说,也许可以说"有过",而实际上,从反面来说,只能说"没有"。

**今田高俊**:我好像明白了,日本原来有的是来自"ohoyake"的"公"之概念,"江湖"则是从中国传来的。后来,从西洋传入了日本近代市民社会的公共性,您是这样认为的,对吗?

**东岛诚**:我是想否定以往那些通过"公"之概念来挖掘日本public源头的研究,通过"江湖"的研究马上会看到其破绽。不击退这些沾沾自喜的结论,就难以迎战自由主义史观学派的挑战。但是,今天我介绍的《瓢鲇图》至少也比小林善范的漫画有意思。那里反映出日本社会对现实所持的消极态度,但我们可以感觉到历史世界的深邃,这绝不是什么自虐史观,我想说的就是这个。

**小林正弥**:过去有过"江湖"是否为死语的探讨,但我本人使用过这个词。我曾经以《为了将来一代的新公共哲学》为题写过一篇英语论文,但遭到某一外国编辑退稿,我非常不满,便发表在自己大学的"纪要"上。那时,我记得我在表明自己的态度后,加了句"请江湖各位批评"①。我意识到"江湖"一词是文言文的古语,所以,本打算写作"广问天下之公"(ohoyake),但还是认为"江湖"是更加合适的表现方法,便采用了这个词。

回想起那时我的想法,并没有认为自己的论文质量低,所以曾怀疑"那个编辑抱有偏见,没有鉴赏力"(其实,论文在《纪要》上发表后,受到海外优秀学者的高度评价)。总之,编辑虽然有编辑的权力,但我一直想反抗那种权力的不正当性,并告诉大家。从这里得到启发,我发表以下几点感想。

105

---

① "Synthetic Neo-Republicanism: New public philosophy for Future Generations",《千叶大学法学论集》第13卷第1号,1998年7月,第247页。

首先,今天听了东岛先生的发言,感到有些不明白的是,在一开始时,东岛先生便认为"公"、"私"与其说接近"public"、"private",莫如说接近"just"、"unjust",认为"公 = public"是一种幻想。

西欧的"public"一词有两层含义,头一层含义就像"make it public"所表示的那样,与"Offentlichkeit"词源相同,有公开性、公然性的意思,另一层含义有与共同体全体相关的意思。哈贝马斯主要将重点放在第一层含义进行了研究,同样东岛先生也只是注意到头一层含义的意思,所以不能不说有些勉强的地方。

如果关注一下另一层含义的意思,正如"公共善"这一词所表示的那样,它有一种伦理上的意思,就是说"public"有"impartial"与"just"的含义。所以如果注意一下另一层的含义,就会感觉到将"公"译为"public"也有一定的合理性。反过来说,认为这个翻译是一种幻想的结论,是因为受哈贝马斯等思想界流行的影响,将"public"仅限定在头一层意义考虑的结果。

再考虑一下"江湖"这个概念的含义,就会发现除了含有对世俗权力的反抗关系以外,还有一种向权力者以外的广大世界诉求的语气。当然,这个"广大世界"包括用"public"表示、还可以用共同体全体来表示的世界。与此相关,我认为与阿部先生提出的"世间"一词有非常重要的关系。提起"世间"就会想起世俗世界中存在的"权力",同时会意识到另外一个"江湖"世界的存在。

考察一下这个意思的由来,应该说因为"江湖"出自"湖",所以有一种非世俗世界的、自然世界的感觉。从中国传入的禅宗主张离开世俗的世界出家,便形成了这种印象。禅宗使用"公"一词,而这个"公"中包含有中国的、伦理的意思,从这个意义上来说,自然世界与超越的、神秘的"公"的相接,好像与东岛先生所说的追求"无私"的禅与"江湖"世界相接重叠在一起。

这样一来,便可以知道"江湖"的概念不只停留于哈贝马斯的"public",即"Offentlichkeit"意义上,同时,可以说"public"还有另外一个"与共同体全体相关"的意思。就是说,"江湖"包含有东洋的自然与超越的意思,还有另外一个层面,即包含着西洋的"public"的意思。所以,既然已经关注并着手研究"江湖"这个概念,就应该不拘泥于哈贝马斯的观点,把超越西洋的公之观念的部分也挖掘出来,将会更加有意义。这是我的感想。

**金泰昌**:刚才小林先生谈了"江湖"一词所包含的意义,我个人认为,"江湖"的意思更加接近"一般大众的生活","若江湖之风不合己志与己意,可于竹林中超然生活",这句话表明了学者的穷达两种选择。

那么,为什么表现"自然"的大湖山川含有"一般大众世界"的意思呢?我只是一个想象,在过去农业社会中,人们在建造聚集生活的场所时认为没有水就不能生活,所以一般将场所建在河边湖畔。"江湖"一方面让人联想到自然风景,另一方面还应该是农民等庶民聚集在一起能够进行生活的河边湖畔。

所以,实际上"江湖"的意思一直作为庶民的生活空间使用至今。与此相比,"竹林"仿佛让人联想到自然风景,实际上,它是指学者贤人进修学问、探讨学问的地方。

有所谓名为"江湖"的刊物出版了,出版物无论是杂志、报纸,还是画集,容易让人联想到出版物所特有的"公共"性。但是,是否考虑一下"江湖"这个词所具有的意思与"公共"有些不同?将其放在一起是否有些晦涩?是不是?

无论冠以何种名称,它都是杂志报纸。例如,也可以将其冠以"竹林"的名称,如果"竹林"能够发挥杂志与报纸的作用,便可以说它有了公共性,否则便失去了公共性。同样,我们不能因为刊物的名字叫"江湖",就以此为理由认为它就是"公共"。所以,我们抛开明治时代的出版物,回顾一下 14 世纪时"江湖"所具有的含义如何?说起 14 世纪的"江湖",脑海中就会浮现出"江湖散人"所具有的反朋党的游民特色。离开陈旧不好的共同体,获得自由的人们在自由的基础上对于私密化的共同体发出"不"的喊声,从而成为公共建设的主力。东岛先生认为有这样的可能性,我有些不理解。结论并不清楚。

**东岛诚:**我这样说不知道您是否能够理解?"江湖"确有自然之意。但是,自然并不是作为上天所赋予的空间围绕着人们的,而是人们将其作为对立物、对其虚构的一个东西。所以,我认为无论是江湖也罢,自然也罢,我反对将其视为实体的空间。我始终是将"江湖"的语言功能方式作为自己的研究课题,我觉得如果各位能够意识到这一点,刚才的各种问题会迎刃而解。杂志报纸本身不是公共,也不能说它总是起到公共的功能作用,所以,能够将公共功能方式表象出来的相关概念"江湖"自然浮出水面,这才是重要的。而且,作为相关概念的"江湖"即游民的交通思想,从 14 世纪的"不在"的语言中也可以体会到。这是功能相似性(analogy),而不是进化论的相同性(homology)。

再有一点,就是刚才小林先生提出的宝贵意见,认为应该跳出哈贝马斯观点的束缚来理解"江湖"概念的可能性,我作以下的解释。

关于欧洲公共性的二重性问题,我在《中世自治与社会主义论的转变》论文中,运用阿伦特的理论,指出这个问题是"密切相关却完全不同的两个现象"(拙著第四章"公共性的辐辏结构"也有论述)。所以,不能说我忽略了这一点。那么,为什么我非要运用哈贝马斯的理论？这个问题实际上与"公共圈的讨论究竟为什么非要运用哈贝马斯的理论？"是一个问题。"Offentlichkeit"不用说是德语，那么，有关《公共圈》的讨论发自德语圈也是最重要的事情。因为，"Offentlichkeit"这个名词成立的时间正是 18 世纪，正是这个时候，语言发展史与市民社会成立史融合为一体。而这是只发生在德国的事情。"Offentlich"这个形容词也是 16 世纪出现的新名词，17 世纪时还带有"国家"的色彩，到了 18 世纪，才有了"面向万人"的意思。所以，在探讨市民公共圈的时候，运用哈贝马斯的理论进行分析应该说还是颇有根据的。

吉田公平：僧人愿意以"江湖"为主题写汉诗、做山水画，这是我的感觉，这种山水画表现了知识分子远离权力世界的生活。"反朋党"不也是表现了一种远离权力世界自由世界吗？我们也可以尝试设定一个语言空间，但是我在阅读中国的古典时，对于"江湖"这个词并没有什么特别的感觉，常常是一阅而过。

再说一句，在中国特别是像士大夫阶层的知识分子，是不允许远离政治的。在我的印象当中，当这些人好不容易从政治世界中脱身出来，拥有个人的私人空间时，才称作为"散人（一般为山人）"。

西冈文彦：给我的感觉，东岛先生的回答也非常具有"nomade"的色彩，对于您这种态度的思想有效性我是持赞同意见的。但是，您的这种态度中有您不得不正视的问题。

对于您与纲野先生的若干比较，我感到有些危险的是，您的观点过于强调独特性。我认为东岛先生是那种追求独特美丽的表现方式的人。我是搞美术的，对于您的这种追求我非常欣赏，但是，当我们将有关"公共"问题的观点借鉴于我们的世界所面临的现实状况时，现实是否允许我们进行这样强调独特性的探讨。

109

例如,运用年迈高僧的"不在之存在论"的修辞学进行论述非常吸引人,但是,作为具有明晰理性的年轻学者,去探讨那样的问题,直率来说我觉得是一种损失,有些可惜。

人们常常会误解,例如,禅画并不是反映"特权的无政府主义思想"的,而是在保障权力游戏当中成立的一种美学,它绝不可能成为无政府主义思想或反权力的模范。当然,它的隐喻手法还是发挥了作用。

正如金先生刚才所说,"江湖"作为模式,从历史上来说,还是有些不完全的地方,这些暂且不说,我们不能像那些顽固的历史学者那样,因此而批判东岛先生。但是,他还是指出了"江湖"作为隐喻手段,作为突破束缚的思想尝试发挥了有效的作用,⋯⋯应将这种作用运用于"理性"思考当中。

说起"游民",我一直忘不了一个画面。在非洲沙漠中间竖着铁丝网,那就是"国境"。铁丝网上有门,居民们自由来往于其间。当日本的电视台前往采访,停在铁丝网前时,当地居民说:"你们怎么不过来啊?"日本人反复解释:"这里是国境线,我们过不去。"但来往于其间的游民全然不能理解,只是说:"太难的事情我们也不懂,在这里与你们分手实在太遗憾。"说完,游民便离开了那里。看到他们纯净无邪的笑容,我感动得要掉泪。

但是,实际上,是我们北半球的经济繁荣带来了他们的穷困,带来了沙漠化的扩大。看电视时的情绪反应,与作为当事者的我们在现实中具体行为功能时,表现的是两种完全不同的态度。

再强调一点,禅宗的画并没有反映特权无政府主义思想,允许他们做这种游戏的正是天皇制度,禅、能乐、游艺、艺术等能够"反权力"本身,是因为它们在构成天皇制文化结构时,被赋予了双重、多重的意义。所以,即使作为隐喻手段,对于"江湖"来说,我们也应该进行慎重的研究。

**东岛诚**:对于您论述禅文化属于天皇制度补充结构这一点,我的印象很深刻。实际上,我认为,不仅仅是补充,可以说天皇制度本身便是中世后期的产物。只不过,我与您所说的角度不同(请参照拙著第四章"隔壁的诞生"),如果直接说禅＝天皇制,感觉上简单易懂,但只诉求直感的同一性是非常危险的。将"中世纪的文化"的图像以超历史的方式将其形象化,其中,天皇制度自然会包含在里面。

不过,感谢西冈先生能够将中世时期有关"江湖"的论述理解为隐喻手段,我非常佩服。我认为涉及"记忆"以前的历史学,基本上没有超出隐喻上的意义。再重复一遍,不是说我的研究将中世时期的实际情况搞清楚了。我的论文《中世时代的禅林与未完的模型》(拙著第七章)无论其论述何等有趣,对于我来说,也不过是《明治时代江湖的出现》(拙著第六章)的补充论文而已。

关于历史学家为什么要研究前近代的历史这样一个根源性的问题,我刚才一句一句地仔细聆听了西冈先生的发言,现在直率地说出自己的观点。不仅是今天的发言,我所有的论文,对现代社会进行了隐喻的批判,但能否说是"解决他人温饱"的学问,当然不应该将"因为它是历史学"作为理由。过去,对于以现代危机作为线索,对中世时代的历史进行重新解释的倒错的研究动向,我也提出过批判(《中世自治与社会主义论的转变》)。因为,我认为正是那些历史学家的无思想才导致了自由主义史观的横行。今天,给我一个对自己的研究重新审视的机会,感到非常高兴。

最后我想说,今天我的发言,是我的学位论文《公共圈历史的创造——通往江湖思想》(2000 年 11 月版)的一部分。我的论文分为三个部分,我刚才的发言是第三部分的概述,很遗憾不能在这

111

里叙述我全部的观点。今天没有涉及第一部与第二部的内容，那些内容对西冈先生的批判可以是一个回答，如能参照，则不胜荣幸。

# 论 题 四

# 现代日本的公共性话语

斋藤纯一

从 20 世纪 80 年代中期开始，"公共性"这个词，在日本便出现了与以往"国家公共性"意义所不同的使用方法。20 世纪 60 年代末期以后，与过去以公共事业为主的国家活动相比，出现了以批判破坏生活环境与自然环境为中心的公共民众活动。这些运动，表明了国家垄断"公共性"范畴的时代已经结束。但是，将"公共性"作为批判"国家公共性"的话语来使用，并为大家所广泛接受还是最近十几年的事情。十几年来，围绕"公共性"该由谁来、如何定义的问题，出现了各种话语的争论。

本文的宗旨在于，对于围绕着现代日本公共性的话语进行概述后，力求对各种话语所处的地位给予理解。本文首先在考察公共性与市民社会结合的有关话语后，再考察公共性与国民共同体结合的有关话语。在这个基础之上，将考察有关如何看待国家所应担负的公共性的各种观点。

113

## 1. 市民社会的公共性

把公共性概念从国家垄断中分离出来的动向之一，就是将其在"市民社会"（civil Zivilgesellschaft）进行定位。这里所说的市民社会，即黑格尔所说的"欲望体系"的市民社会（burgerliche Gesell-schaft），与那些由追求个人利益的经济人所构成的市场社会不同（如 M. 沃儿兹等所指出的那样，虽然新的市民社会定义没有强调排除经济要素，但是日本的市民社会论还是显示出这样一种特色，即倾向于哈贝马斯那种强调与市场社会区别的市民社会）。其中，包括多种多样由社团、地方自治团体等组成的社会组织，如NPO（非营利组织）、NGO（非政府组织）、志愿者团体，等等。加之，"新"社会运动，即维护弱势群体权利的运动如生态学运动、女权运动等，其主体也成为构成上述意义上的市民社会的重要角色。

这时的公共性，处在不仅与国家，还与经济社会保持相对区分的领域。这一点，与哈贝马斯曾在《公共领域的结构转型》一书中，对 18 世纪"市民的公共性"（die burgerliche Offentlichkeit）所作的描述有所区别。18 世纪的"市民公共性"是站在非国家立场对抗国家而形成的"民间"公共性，其主体是作为财产主的资产阶级。而有关公共探讨的主题也是围绕着物质上的利害关系——排除国家对市场的干涉——进行的。与"市民公共性"相比，"市民社会"的公共性，不仅停留在物质利益上的追求，对于与生/生活有关的价值追求——用哈贝马斯的话来说，即"生活形式的文法"——也成为焦点，而主体也不仅仅限于成年男性的财产主。这两个公共性的区别在于，"市民公共性"为一元性的、等值性的，"市民社会"的公共性却是多元性的、混合性的。而围绕话语的斗争，前者是在市民社会与国家之间展开，而后者，市民社会本身也成为斗争的空间。

市民社会与国家之间以及市民社会内部之间，不仅在利害关系方面，在价值观念方面，也存在激烈的斗争。这是我们在回顾近年来的公共性讨论时需要注意的要点。之所以这样说，是因为如何最大限度利用市民社会诸集团的活力，已经成为支配集团的重要课题。各种各样的社团、地方自治团体等，都在进行着多元的自治＝自我统治活动，而这一切，从社会保障领域来看，对国家来说是值得欢迎的事情。在迈向"具有活力的社会"（active society），统治非集权化（统治的市民社会化）趋势之下，市民社会诸集团虽然一方面显出了政治上的无力化，但另一方面也拥有着巨大的能量，这种现象并不少见。近年，市民社会主体与国家主体相互提携的重要性受到重视。实际上，在许多国际会议上，一些具有一定实力的 NGO 可以获得越来越多的正式发言权。但是，有时候，这种市民社会主体与国家主体的协调还带着明显的"笼络"痕迹（例如还有 GRINGO［Government Run/Initiated NGO］的说法）。

　　第二个动向是，近年的市民社会论将市民社会描述成一个仿佛非常和谐的空间。将定义公共性（公共价值）的权利从国家垄断的状态中收回是件可喜的事情，但市民社会本身不是一块没有斗争的净土。而且，这种斗争当然也不尽处于对等条件之下。话语的资源（discursive resources）——可以使用何种语汇、可以用何种方式表现等——还存在差别。而这种差别决定了主张的内容，当然包括斗争的方向。另外，不单单是市民社会内部的差别，从市民社会中产生的某一种类——被称为"败者"——人们被排除在外的事态也不断增加。这一点是值得我们注意的。被劳动市场排除在外的人们不仅仅在经济方面受到排斥，在社会及政治方面也容易受到排斥。特别是那些长期失业的人们，他们在社会上常常陷入孤独的状况，因而他们的政治力量也不得不随之丧失。"做一个好市民"（civil）——清洁、不依赖酒精等——的标准，也是将"不好"（uncivil）的人们关在门外的标准，市民社会也未能免除这

115

种排除机制的运行。

当然,单单指责"市民社会"的消极一面会走向片面,特别是对于有史以来就缺乏"公"(沟口雄三)——作为一个领域的"公"——的日本社会更加如此。用丸山真男的语言来说,"从服从权威到走向比较自由"并"开始出现形成自发集团与组织的倾向"的许多个人,即"以结社形成"的许多个人不断增加的状况,对于多元民主社会的建立是一种可喜的事情。实际上,认为市民社会诸集团从事的皆是与政治无关的活动,是不正确的描述。市民社会通过各种各样的途径,例如对积极使用"情报公开"的设施、要求政府阐明责任、或通过积极的政策提案等,出现了要求改善行政一元统治结构的动向。另外,市民社会主体所行使的政治功能还有以下两点。

第一,从最近各地居民投票状况中可以知道,在强调"公开性"的政治空间领域,市民社会主体对政府定义的"公共性"问题展开了积极的批判活动。特别引人注目的是,将重点放在居民投票运动的市民社会主体者,一边对抗着以国家利益或"居民利益"进行诱导的行为,一边重新思考"公共利益"到底是谁的利益等问题,他们的运动进入了批判的"学习过程"(哈贝马斯语)。

再有一点,市民社会运动中出现了新的动向。对那些迄今为止被贬为劣势的、未给予特别关心的价值观赋予了某种积极的因素,并给予了肯定。这种动向还带来了部分制度的变革,女权运动便是一个很好的例子。另外在民族、男女等方面也出现了批判民族歧视、批判歧视同性爱体制的"对抗公共圈"。这种对抗公共圈的出现,与其说体现了市民社会对"国家公共性"批判态度,倒不如说体现了市民社会要求对国家公共性的统治价值、对主导权的价值论述进行重新修正的要求。

## 2. 国民共同体的"公共性"

20 世纪 90 年代以来,有关公共性在市民社会中所处地位的讨论非常活跃。另一方面出现了一种蔑视持(中间)平稳立场公共性的另类公共性论,这是一种试图以国家主义为背景重新定义公共性——将公共性视同于国民共同体——的思潮。当然,这种公共性论与重视市民社会公共性的言论有所不同,而且,与积极推行重新定义国家公共性(公共价值)的言论也有所不同。这种公共论强调整体国民的自我认同,关心如何振兴"我们"的共同体。其基本特征如下。

第一点,这种公共性论认为,第二次世界大战后的日本社会"丧失了公共性"。认为战后的日本社会是一个只关心如何追求个人利益的个人主义=私生活主义蔓延的社会,是一个丧失了以公的尺度自律个人行动的社会,是一个缺少对"公共事业"持有热情的市民=公民不在的社会。这种公共性论所说的"市民"与市民公共性论所指的"市民"——非以国家立场进行各种各样活动的诸个人——相当不同。例如,佐伯启思对上述的市民=公民的框架进行了如下的描述:

> 对这种具有古代美德的市民,我想称他们为"市民的 =civic"。而对于近代市民,由私人权利出发,追求自由与民主主义,还有博爱、和平的市民,我想称他们为"市民"(civil)。……因为"civil"是指追求个人权利、个人利益的近代"市民",又可称他们为"私民"。而"civic"则是追求共同体中的公共事业和共同利益的发展,可以称他们为"公民"。/……

117

"市民意识"（civil mind）提倡近代的个人权利，它们常常与国家产生对立，正如"civil"这个语言所表示的那样，它意味着礼貌和格调。而"市民精神"（civic sprit）则是对公共事业与国家事业怀有义务的观念，重视勇气与名誉这种古老的美德。他们不把国家与私生活视为对立的两面。（佐伯，第154—156页）

第二点，如上述引用，这种公共性论将公共事业解释为国民国家的事业，在这一点上，它们与所谓的共同体主义思想有所区别。共同体主义基于"共同善"的观念，要求人们自动自觉地选择正确的行动方向，而拥有"共同善"之观念的共同体并非就是国家。对于共同体主义来说，从国民国家的立场积极评价"共同善"的话，会带来一种威胁共同体多元性的潜在危险。共同体主义承认国家是由相互不同的多元共同体构成的，但他们的"公共性"论认为国民共同体是唯一的本质的共同体，这种多元论并不适合于"公共性"论的定义。

这种公共性论把对国民共同体的忠诚作为衡量"市民＝公民的德行"（civic virtues）的标准，标准中还包含着对国民共同体的自豪和随时为之舍命的决心。

你能够为了保卫你所爱的人去死吗？……这是一个问题。……一旦超越"为了自己"的时候，"公＝国家"就出现了。而"为了所爱之人"就非常接近于"为了养育出所爱之人的国家"，虽说是"为了国家"，但不是"为了国家制度"。……（小林1998，351f.）

第三点,这种时候,"公共性"不得不被限制在国境之内,毋宁说这时的公共性是由国民共同体内外的关系所定义的。因此,认为损害"国民的自豪"——例如主张彻底反省日本殖民地主义的过去——的历史认识是错误的,打出拥护"国家利益"——不问拥护的是谁的利益,闭眼不看"国民"的差异均——来对抗全球主义。为了给国民共同体寻求再想象(re-imagination)的根据,用排他性、单意性的方式来规定"公共性"。

## 3. 共同体与公共性的区别

实际上,所谓公共性,并非如还原于国民共同体的立场者所描述的那样,是一种能够包摄我们的空间。公共性不是凌驾于我们之上,而是位于我们"之间"的东西。

康德曾经强调"公共性无法还原于共同体"。众所周知,康德在《启蒙是什么》(1784年)中曾区分"理性公共的使用"与"理性个人的使用"。所谓"理性个人的使用",是指人们应该理性地处理自己所属集团与组织的利益。这时,就职于公职的人们就应该为了"公共体的利益"去思考,去行动,而这些包含在"个人使用"范畴当中是颇令人感兴趣的。康德认为,为了自己所属的共同体——即使是国民共同体——利益的行动不具有"公共性"的特征。所谓"理性公共的使用"是指超越自己所属的共同体,为了他人——国际市民社会的全体成员"本来意义上的公众全体"——表明自己意见的行动。对于"公共性"概念,康德拥护的是欲超越或已超越共同体束缚的自由言论的实践。

加藤典洋在《日本的无思想》中,对康德的"理性公共的使用",进行了如下的论述。

119

现实中,那些有形的公共性,爱国心、志愿者、市民公共性都是不完整的公共性。……因为这些公共性与个人利益发生了联系。但是不完整的公共性并没有放弃公共性,就是说它不是一个使人产生放弃念头的认识,而是一个开始,一个使人产生实践念头的认识。人们认识到自己的公共性不过是与个人利益有关的存在,而这种自觉,会使不完整的公共性中所包含的公的性格发生作用。(加藤,第246页)

康德认为,被束缚在自己所属的共同体(组织、集团)的利益中的公共性,还属于个人范畴,只有在超越个人利益时产生公共性才是真正的公共性。而加藤将其解释为,人们一般生存于"个人"的"不完全"的公共性内部当中,所以应当从内部突破自己所属共同体的束缚。我们应该注意,加藤要求在超越共同体的同时,还要求创造共同体的活力。

公共性与共同体在超越自己所属的组织利益时也有很大的不同,共同体不否定其成员有同样的观点,毋宁说为了保证共同体的安定反而希望各成员拥有相同的价值观。与此相比,正如 H. 阿伦特所强调的那样,公共性要求人们思维的多元性。

正如不可能把两个物体同时放在同一块场所一样,不可能让某个人的立场与他人完全一致。正是因为每个人站在不同的立场进行思考,才认为每个人的看法、想法具有意义。这才是真正的公共生活(public life)的意义。(阿伦特,第85—86页)

阿伦特的公共性论完全彻底地赞同人们的复数性(plurality),

所以她的论述不能成为主张国民共同体"公共性"论的论据。根据阿伦特的理论,在只有一种观点横行的空间当中,已找不到公共的空间。国民共同体的"公共性"在非排除性(公开性)方面、在非等质性(复数性)方面还完全不具备公共性的条件。

### 4. 国家公共性与安全保障体制的重构

在上面的内容中,我们探讨了"市民社会的公共性"与"国民共同体的公共性"。那么,对于(社会)国家所应当承担的公共性,我们该如何作出结论。刚才我也说过,20世纪90年代开始,人们开始怀疑,那些以公共事业为中心的政治活动是否就是符合公共性=公益性活动。对于"国家公共性"的怀疑,使监视行政活动的目光变得越来越敏锐,并要求行政活动"不许徒劳无功"。但是,这种观点还有可能导致国家强制缩减应该实现的公共价值。新自由主义思潮出于对国家财政破产的担心和"资本逃避"的恐惧,主张缩减国家应当承担的公共性,并受到一些人的拥护。我认为其原因源自对"公共性"的怀疑。

"公共价值缩减"倾向表现最显著的是社会保障领域。1973年为日本的"福利元年",就在这一年日本遭遇了第一次石油危机。20世纪70年代后期,日本放弃了北欧、西欧式的福利国家理论,形成了动员家族和地方社会力量的"日本式福利社会"理论。80年代日本沿着"第二次临时行政调查会"所设定的活跃民间路线,实际上推行的是脱离福利国家化的政策。90年代,众所周知,日本的社会保障(social security)在养老金领域明显后退,日本的就业安定状态(job security)也大不如从前。所谓"就业削减"呈上涨状态,就业状态也从正规雇佣变为非正规雇佣(小时工、派遣劳

动)。集合型生活保障的大幅后退带来了人们(8 成以上)对未来
生活的不安(《朝日新闻》1999 年 4 月 25 日)。下面,就集合型安
全保障现正朝着何种方向进行重新结构,做一个简单的考察。

第一,生活的保障出现明显的阶层化、分断化。例如在养老金
保险与医疗保险方面,出现了区分基础部分与非基础部分的改革,
将公共保障限定为基础部分的方针政策确实产生了效果,制止了
从公共保险中退出(exit)——未缴纳、滞纳国民养老保险者约占
三分之一——的行为。但是,对于"基础"部分如何定义尚未明
确,在财政赤字的压力之下,"基础"部分渐渐被缩减,如果用"健
康的文化的"标准来衡量的话,一些次要的东西被缩减的可能性
极高。不得不位于"基础的"公共保障范围内的阶层与超出基础
部分、选取十分保障的阶层被明显区分开(对于后者来说,"公共
的"也是不完全的,所以应该选择"个人的")。

第二,生活的保障不是从公共的角度而是从个人的角度——
例如通过个人的养老金及医疗保险——来领取的意识广泛地渗透
于社会中。英国政治学者 N. 罗兹指出,这种意识告诉人们,如果
不去能动地生活,即不断开发自己的"人之资本",使自己具备"被
雇佣的能力"(employability),就不能保障完全的生活,能动性(ac-
tivity)与保障(security)结为一体。反过来说,做不到能动管理自
己或欲管理自己的人,就会被劳动市场、被社会排除在跑道之外。

第三,与社会保障的后退成反比,另外一种安全系统——作为
治安与社会秩序的防卫 public security——出现了。近代初期,国
家的主要统治功能是如何能做到确保物质安全。19 世纪以后,社
会保障要求国家——并行使对外安全保障(national security)——
的功能,这是 M. 福柯所说的生活—权力——通过增强个体生命谋
求增强集合体生命的权力——的发展。通过这种逆转潮流的方

式,在治安方面对国家提出了实现国家＝公共权力的存在理由的要求。冷战结构崩溃以后,外来敌人的表象失去了现实意义,与此同时,社会内部的微观威胁进一步受到强调,这也是招致变化的原因之一。特别是对包括长期定居的外国人在内的贫困阶层的"准犯罪性"表象强化,也成为招致变化的原因。

近年以来,安全体制的重新结构——"social security"的后退/"public security"的强化——给我们的生活带来了如下的变化。

第一,几乎所有阶层所有人们的生活都出现了不安定化的倾向。这一点,对于那些工作稳定的人们也不例外。正规雇佣的劳动市场也深深渗透着对解雇的不安,渗透着对未来生活的不安,毋宁说正是这种不安感才使人们对工作投入更多的热情。但是,为了生活,为了消除对未来的不安才投入热情并不是一件乐观的事情,因为我们的生活没有成为自由的生活。社会保障、雇佣保障等公共保障得到安定、充实以后,我们才能从对生活存在的不安当中得到解放。社会国家＝福利国家的这种格式虽然有不尽如人意的地方,但通过集合的生活保障体制,它能给每个人的生活带来自由。如果国家公共性缩减它应当承担的生活保障功能的话,我们的一生将消耗在对生存的担忧上。

第二,将所有人视为一个统合的"国民社会"一员的集合表象,从长时间跨度来看已经是不现实的。N. 艾利阿斯认为,当集团成员感到自己的一生保障基本与某集团不能分割,与集团成为一体的时候,这种集团可称之为"生存单位"(Uberlebeseinheiten)。对于某些人来说,当"生存单位"从国民国家变为靠国际资本提携支撑的企业时,认为这些人同样也是国民,为了社会保障让他们也支付保险金是错误的。社会保险虽然是一种将风险集合化、将补偿成本分化的机制,但是,对于未来风险来说,一旦风险的不规则化、不可预测性消失——例如,通过遗传因子的诊断可以预测每个人的生命风险——这种机制将难以维持。上述几点原因,使"全体国民"、"我们"的表象越来越难以成立。

确如刚才所说,希望重新振兴国民统合力量的思潮也颇活跃。对全球化的批判和抵抗也为民族主义的兴起提供了条件。但是强化国民自我认同的条件——例如国家全体的力量、国家利益——已经消失,如果没有特别的强制的人为鼓动,重新振兴国民共同体是比较困难的。虽然很多说法认为,如果没有"我们"这种集合的自我认同的再生,维持社会保障机制的正常运行将会很困难,但是,国民的自我认同对于社会保障机制的强化丝毫不会起到保证的作用(美国便是一个典型的例子,作为对外表象的"我们",对内并没有形成一个支撑社会弱者的公约)。

## 结　语

以上,我对于公共性的有关话语进行了概述,最后我想对今后有关公共性论的重点做简单的论述。

第一,我认为,如何定义与一生的保障休戚相关的公共价值是很重要的,我们应该给予相当的关注。如前所述,在很多人对未来的生活抱有不安的状况下,公共保障反而大幅缩减。"基础的"公共价值定义如果已背离了"最适合的"标准的话,那么所谓的"安全网"(safety net)就不能给人们带来十分的安全。这种倾向会使人对生活越来越感到不安,将人们的精力耗费在"自我保存"上。集合保障的缩减会使人的一生萎缩,会妨碍人们对多元化"美丽人生构想"的追求。

第二,正义/非正义的判断不是一成不变的,它根据论述体系产生变化。正如"性骚扰"、"家庭暴力"(DV)所展示的那样,迄今为止,这些一直视为个人的不幸之事,今天却被重新定义,成为公共事业。另一方面,一些一直属于公共事业的事情被个人化,成为个人的不幸,为个人所承受(例如,失业造成的孤独不幸人口的增加说明了这个问题)。我们不仅应该密切关注由"个人的"变为"公共的"变化,更应该密切关注由"公共的"放逐为"个人的"变化。

第三,公共性的重要功能就是可以使相互不同的人们互相沟通。它与共同体不同,人们接触到不同的价值观念、不同的生活方式,它是一个由相互触发可能产生价值观念变化的空间。随之,如果在内部形成了封锁、排他的"隔离(不管?)"政策,就会危及公共性的基础结构。在欧美大都市经常看到的"居住地的隔离现象",在日本不是没有。隔离(segmentation)是为了减少交流而人为设定的距离。对这种生活空间的隔离现象长期置之不理,就会失去沟通,因此,必须要维持沟通与交流。公共性不是自生的,而是要创造、要维持的,因此,需要积极的政治行为。

## 参 考 文 献

石川求:《公的理性》,载《哲学志》42 号,2000 年 3 月。

井上达夫:《通往他者的自由——公共性哲学的自由主义》,创文社
1999 年版。

入江幸男:《志愿者与公共性》,载《志愿者学研究》创刊号,2000 年。

加藤典洋:《日本的无思想》,平凡社新书 1999 年版。

金子胜:《安全网的政治经济学》,筑摩新书 1997 年版。

金子胜、井上达夫:《市场·公共性·自由主义》,载《思想》1999 年 5
月号。

125

小林善范:《战争论》,幻冬舍1998年版。

小林善范:《〈个人与公共〉论》,幻冬舍2000年版。

斋藤纯一:《公共性的多元立场——生的保障/表现》,载《现代思想》1999年5月号。

斋藤纯一:《公共性》,岩波书店2000年版。

斋藤纯一:《社会的分裂与安全保障的重新结构》,载《思想》2001年6月号。

佐伯启思:《市民是谁?》,PHP新书1997年版。

酒井隆史:《"安全保障"的上升》,载《现代思想》1999年11月号。

坂本义和:《相对化的时代》,岩波书店1998年版。

白川真澄:《脱国家的政治学——市民的公共性与自治联邦制的构想》,社会评论社1997年版。

神野直彦、金子胜编:《〈福利政府〉的提案——有关社会保障新体系的构想》,岩波书店1999年版。

间宫阳介:《同时代论——超越市场主义与国家主义》,岩波书店1999年版。

丸山真男:《提取个人的各种模式——以近代日本为样本》,收入《丸山真男集》第九卷,岩波书店1996年版。

寄本胜美编:《支撑公共的人民——市民主权的自治》,commoms 2001年版。

Hannah Arendt, *The Human Condition*, Chicago University Press, 1958. 志水速雄译:《人的条件》,筑摩学艺文库1994年版。

Mitchell Dean, *Governmentality*: *Power and Rule in Modern Society Sage*, 1999.

Jurgen Habermas, *Strukturwandel der Offentlichkeit*: *Untersuchungen zu einer Kategorieder burgerliche Geselllschaft*, Suhrkamp Verlag, 1990.

细谷贞雄、山田正行译:《公共性的结构转换》,未来社1994年版。

Immanuel Kant, "*Beantwortung der Frage: Was ist Aufklarung*" (1784)。
福田喜一郎译:《何为启蒙?》《康德全集 14》,岩波书店 2000 年版。

Tessa Morris Suzuki. "For and Against NGOs: The Politics of the Lived Woeld" in *New left Review* 2 (Mar-April 2000).

Nikolas Rose, *Powers of Freedom: Reframing Political Thought*, Cambridge University Press, 1999.


## 围绕论题四的讨论

**小林正弥**:有关"公共性"与"共同体"的关系问题,在我们研究会多次讨论过。今天斋藤先生的发言和我所主张的内容没有太大的差别,觉得有同感的地方比较多。下面说几点细小的差别。

首先在语言定义上有一点区别。我尊重在英美模式的共同体主义影响下使用"共同体"的观念,认为"公共性"与"共同体"并不是矛盾的。共同体中也有各种各样的共同体,将共同体一元化为国民国家共同体,这是近代以后的事情。我一直认为"多元化的共同体"很重要,所以,我一直将共同体分为广义与狭义两种来使用。斋藤先生认为"共同体"与"公共性"不同,这时先生所指的"共同体"相当于我所主张的狭义共同体(Gemeinschaft),而广义共同体(community = 共同体)中包含的许多因素,与公共性并不相克,反而在表现公共善的事业时,相互之间还有一种密不可分的关系。关于这种多元性,确如斋藤先生所说,事实上是一种语言的使用问题。

不过,我之所以认为共同体主义很重要,是因为我也与斋藤先生一样,认为有必要对"public virtues"(公德心)空洞化采取必要的对策。"从自由主义的观点来看,共同体主义的公共哲学非常

127

接近小林善范与佐伯启思的国民国家公共性观念,所以是危险的"这句话虽然很容易明白,其实并不这么简单。我反而认为"这么简单说了反是危险的",就是说,只是简单下结论,并不能反驳新保守主义或新国粹主义的主要观点。

例如,青少年的冲动性犯罪问题及教育问题、狂热事件等,许多社会问题其实还是道德、伦理的问题。对此,我们应当采取政策,我们没有必要将国家主义"国民道德"一元化,但是,在某种意义上我们必须把目光转向精神方面。小林善范等人以"个人化"语言对自由主义阵营进行攻击,我们要驳倒那种"个人主义带来道德退步带来犯罪"的观点。如果不这样,国民就无法消除对现在社会的不安。所以,自由主义阵营要构筑一个能够回答这个问题的理论体系。

所以,我认为,我们必须建立一个能够与国家一体化"共同体"对立的、超越"个人"生活方式的"新的公共性"概念。这个概念非常接近斋藤先生发言中的"active citizenship"(行动的市民精神)观点。将自由主义与共同体主义以某种方式综合——换言之,不是以往的限定政治参与的共和主义,而要建立一个新的共和主义机制。最近,一些市民社会论者常常说"卢梭的公共性是一元论的国民国家公共性,托克维尔(?)却不是",以此来否定卢梭,称赞托克维尔。对于历史上的卢梭,我们这样理解也没有什么不妥。但卢梭的理论从某种意义上来说,也可以运用于自发的公共团体或志愿者联盟中。所以,我认为,不能认为卢梭和托克维尔的理论是相互排斥的,而是应该综合考虑"卢梭—托克维尔"这样一个系统。

关于公共性的复数位相问题,我赞成将其分为可公约的公共性与不可公约的公共性。我认为还有第三种——虽然现实上难以一元化,但是作为我们追求的公共性——如公共善的公共性,即在价值观念上得到统一认识的公共性。从这个意义上来说,我赞同斋藤先生的观点,但认为有必要再加上一种位相。

**斋藤纯一**:关于公共道德的教育,日本一直以来都是特别强调的。用丸山真男的方式来说,已经是反复进行了。我们强调公德心或市民的德性涵养,这样的道德在共同体内部虽然有效果,但这种"attention economy"方式却带来了封闭的排他性状况。小林正弥提出"卢梭—托克维尔"型的模式,希望采用卢梭的思想,但是,对于那些"非共同体的人们"、"非国民的人们"、或不适合公共善的人们,该以什么样的方式来保护他们不被排除在外? 这是个不能回避的问题。我想听听你对这个问题的想法。

关于公共性的复数位相问题,我想再问一下——第一是社会位相,第二是政治位相——你想再加一个第三位相,即"公共善的价值统合"位相。我认为,第一位相的公共价值是公约可能的内容,但需要取得全社会的同意。第二位相属于不能公约的空间,我们不追求全体社会的统合。那么,你说的第三位相,是指共同体成员共有的"善之人生"的理想吗?

**小林正弥**:关于第一点,我认为回答为"卢梭式的托克维尔"就可以了。近代市民通常根据个人的兴趣爱好采取行动,为了让他们对公共事业抱有更多的关心和志向,为了强调道德理想,我认为,应该将卢梭自发结社的自发联盟理论思想以新的形式推广、复活。我之所以提及卢梭,就是为了这一点,而不是为了强调国民国家。与先生所担心的对国内少数民族及外国人的歧视没有关系。

关于第二点"公共善的价值统合"问题,从基本欲望方面考虑,这个领域的统合是可能的。用约翰·罗尔斯的初级阶段格式来说,例如环境问题,现在还没有进入公约可能的价值体系内。或者对于民族纠纷，也没有形成一个价值观念，一般的自由论者不认为这是可以公约的价值。但是我认为，为了更好地解决这些问题，应该建立一个统一的价值观。这并不是说一定要取得全体成员的同意，而是说，为了从政治上解决问题，有必要建立一个都能接受的理论体系。例如，关于环境税的构想、关于原子核的问题，是要通过政治手段来解决的。这些问题，虽然在现实上达成共识比较难，但是在理念上，我认为还是要设定一个"公共善"（在价值观上的共识）概念。

与此相关，刚才我也说过，我认为国内各种自发联盟组织的公共性也有问题。我认为应该尽量减少国家的强制色彩。减少了国家的强制色彩，自发结社的比重就会增强。由个人自发加入的共同体或联盟组织，其组织作出的决定，应该带有自发的色彩，这也体现了共同体结社宗旨的道德价值，体现了道德价值的公共善，这是非常正常的，NGO 也是这样。所以，应该说存在第三位相的公共性。

当然，随着"何种水平何种空间的公共性"内容的不同，公共性的位相之比重就有所不同。为了明确这一点，我使用"公共体主义"（复数形）这个词。一般将"republicanism"译为"共同体主义"，我加上一个"体"字，是为了明确说明在国家以外也存在很多公共体。

**金泰昌**：斋藤先生的发言为我们探讨理论与实践的公共性问题提供了一个契机。

在 18 世纪，康德对理性的公共使用与私密的公共使用进行了思考，他的思考可能有这样一个背景。我们可以想象有一个官僚兼文人，当他白天作为官厅的职员（官僚）履行自己的职责义务时，只能站在职员的立场考虑问题和说话。回到家里以后，在夜里,文人开始了写作活动。有些事情过去不允许这样做,经过一些事情后也允许这样做了,于是他感到了矛盾。所以,这个人有了两种理论体系,一种是作为工作的组织内部理论,还有一种超越工作立场的自由理论。后来文人脱离了工作组织得到自立。这个时期主要指18世纪,这个时期正是由国家、官厅公共性转向市民公共性的时期。

我们一般认为"国家"是公共性的承担者,在这样一个框架内考虑问题,则容易走向"个人"角度。作为哲学家,康德超越了内部世界的理论,在与外部世界的接触、对话的相互关系中,康德重新思考问题,表现了真正意义上的公共性。

迄今为止,日本的国家官僚作为公共性的承担者,充分体现了公共精神。作为一个优秀团体,他们为世界所关注、所赞扬。但是,最近在日本掀起了批判官僚的运动,认为官僚是一个谋私利谋私欲的集合体。我想起了康德的批判。很多舆论认为,"官僚不好","要改变东京大学法学系的教育",但问题不那么简单。无论招进了如何优秀的人才,如果不和外部世界发生关系,只将学生封闭在内部世界的理论当中,就会走向"私密化"。当然这个变化与学生天生所具备的"人格"是无关的。与外部世界没有"对话",没有"相互批判",也就不会有(追求真正公共性的)斗争。

对于"专家"与"官僚"的问题,日本最近好像意识到了这点。于是人们想,对国家对官僚不能抱有期望的话,是否可以期望企业成为"新公共性的"的承担者。

实际上,对于企业的这种期望已开始引起重视。我想引用欧克肖特过去曾说的话再作一遍说明。我认为公共性的承担者有两种,一是经营者的manager。但经营者有一个最大的危险,那就是,经营者往往会有一个目的,他们为了目的会采取最有效的方法手段。随之经营团体会成为依存目的结合体。在这样一个团体当中，难以探讨"这个目的是否具有公共性"的问题。所以，当这个目的（目标）具有他们认为的公共性时，便会有一种相当的效果。但"目的"本身不具备公共性时，就没有什么效果了。

再有一个便是主持人（coordinator）。主持人不以"目的"为前提，莫如说对"目的公共性"的充分议论本身便是目的。所以，对于主持人来说，最大的目的是讨论本身是否能够继续下去、如何继续下去。

就企业家来说，理想的状况是，当他们从经理人成为真正意义上的创业者（entrepreneur）时，会有超越的可能性。所谓创业者，在开拓崭新的事业时，经常会审视目标，改正方向。他们常常将实现目的这一目标交给经理人，说是他人也可以，说是集团也可以，将实现目的的事务交给他人（组织）去做。这样的创业者虽然现在还没有，但是只有出现这样的创业者，才有构筑理想的可能，才会出现具有高度公共性色彩的事业。

政治家、经营者、教授、官僚等将如何成为新公共性的承担者，创业家的做法会给我们启示的。我认为，从经营者、主持人到创业者的一个过程，才是一个具体的、具有实践性的、新的意义上的公共性承担者的成长过程，我也这样期待着。依存目的的组织和机关由于存在对目的的依存性，所以容易走向内部化。这样的集团在考虑问题时也容易犯优先内部理论的错误。所以说，这样的集团虽然最初的时候具备公共性，随着目的集团本身的私密化，很容易走向与公共性相反的方向。

再想说一个关于"国民国家"（nation state）公共性的问题，我想直率地说一下我住在日本的感觉。其他国家提出"国民"这个概念，大抵是为了国家建设需要统合民族集团（ethnic group）时提出的。给大多数的民族以"国民"的资格,而近代就是一个统合整体的过程。这样的"国民国家",从某种意义上来说,意味着停滞。

而日本的"国民"是指"大和民族"。一个国民、一个民族、一个种族、一个部族,全部都可以用"一"来统合。不具备进入"一"的条件的人,无论在日本这个生活空间里居住了多长时间,无论如何了解日本文化,日语说得多么好,变得与日本人一样,也不能算是"国民"。

以前,有一位参加研究会的学者说"日本是国民社会,不是市民社会",还讲了"国民"与"市民"的区别。当时我就觉得关于"国民"这个词,在日本与其他国家有不同的意思,也许日本人认为很自然。但是,实际上日本的"国民"概念当中并没有客观反映包含多民族、多文化复合体的事实。日本的"国民"执著于单一民族、文化共同体的虚构,残留着未能克服的伪善与矛盾的时代错误。

所以,在日本即使出现了大和民族共同体的公共性,那也不是面向在日本居住地大和民族以外在日外国人、并请他们也参与的公共性。日本好像难以实现这个目标,因为对于具有排他性、排除性的封闭共同体来说,它即使在内部范围内承认公共性,也是一种封闭的共同体,排除的理论就会横行,就容易产生问题。我与小林正弥先生非常熟悉,经常共同探讨一些问题,我经常对小林先生说,请您注意,日本的"国民共同体"称呼本身潜藏着一种危险性,它的危险性常有被忽略的可能。

斋藤先生的发言提纲中,在"国民的自我认同与社会连带关系"一节中,写着"'一个国民'(one nation)现象的终结?"这样一句话,也许斋藤先生并不单指日本,而是指全世界。不单单是日本,世界整体的发展趋向就是这样。在这样一种外围环境下,日本不可能继续维持"一个国民"的现状。在外部环境的影响下,日本有可能发生变化。日本不只是靠大和民族组成的国家,应该成为一个有更多民族、更多文化融合的国家,成为一个更加有活力的国家,这是我所期望的,也将是一个可喜的变化。

最后再说一句。在我们探讨超越国境的"公共性"时,我们的讨论涉及全人类、全地球的规模。最近,常常有人提到"风险",因为"风险"在加大。即使与国家及共同体无关,人类所面临的风险也是从小到大,逐渐增长的。

风险不只是环境问题。例如,世界整体进入市场化,从教育到福利,所有的领域当中,道德精神没有起主导作用,反而是金钱将一切商品化了。由此风险自然增大。这种风险不是"因为是日本人"才发生的风险,而是世界普遍的现象。这也正是一个契机,是一个从以往狭隘的恶的共同体意识当中脱离出来,去感觉一个真正意义上的"新公共性"的契机。

**小路田泰直**:我一直在想,我们有过"一个国民"这种现象吗?看一下日本史就会知道,"日本"自明治维新以来,作为"国家"要求自立,是在接受《万国公法》体系才得以成立的。不这样做就不被承认。就是说通过与邻国、帝国等体系的相互关系,我们才有了国家的概念。大家仿佛针对"一个国民"的现象进行讨论,现实是我们没有过这样的现象,所以我们做这样的讨论合适吗?

在斋藤先生的提纲中,还写着"封闭性,价值的单数性,表象的空间",能有这样的国家吗?对于"国民共同体"我感到很茫然。我头脑中联想到的是樋口阳一先生的《宪法与国家》(岩波书店)中的观点:"不断地追求人权,实际上就会成为法治国家。"这就意味着国家还处于矛盾的挣扎中:是让每个人都完全平等,还是承认集团的多样性?

斋藤先生引用了哈贝马斯的观点，那就应该说明"国民国家"和一般国家有什么关系。只是单纯抓住"共同体"语言本身的含义，无论如何论述也不可能十分透彻。是否应该从多个角度论述一下？我感觉，斋藤先生是否将这个问题过于单细胞化了？

**斋藤纯一**：我想先回答小路田先生的问题。我不知是否强调指出过，我完全拥护法治国家的意义。我所主张的公共价值、公约可能的价值中，包括那些应当靠国家强制手段实现的价值。我丝毫没有"networking 万岁"的意思。自发形成的联络网和联盟组织几乎依存于特定场合的人称关系，难以说它能够包含所有的人，也不能保障每个人能够拥有从共同体的拘束中脱离出来的自由。反过来说，国家之所以继续存在，是因为它能够给因 networking 的共同体化而沦落在外的人们提供生的保障。我对樋口阳一先生的有些观点持反对的态度，但对您刚才所阐述的地方没有异议。

我发言中所举的"共同体"与"公共性"的区别完全是理论上的，我不是想用"国民共同体"来裁断历史上的国民国家。只是从理论上来说，认为小林善范与佐伯启思的主张实际上根本用不着"公共性"的概念，"共同体"概念已绰绰有余。我对他们的批判是一种对误用"公共性"的批判。作为对于国民国家的历史实际状态的记述的概念，这种区别是否依然有效是另外一个问题。关于"一个国民"的现象，我认为，在 19 世纪的后 40 多年与 20 世纪的后 40 多年，这种现象的强化还是存在的，而且"一个国民"的观念在某种程度上真实地反映了时代。这不是为了概念社会变化而作的假设。

下面回答金先生提出的"风险"问题。我认为未来的风险，从过去到现在都是一种"偶然性"（contingency）。约翰·罗尔斯将其分为"自然偶然性"与"社会偶然性"，金先生的"风险"相当于

135

"社会偶然性"。"自然偶然性"是指如先天的残疾等情况,"社会偶然性"指如由于交通事故的死亡、遭受罪犯的迫害死亡等,还包括疾病、受伤等情况。

在这里我引用一下《正义论》:"作为公正的正义,人们相互分享命运的甘苦。在制定制度时,人们利用了自然与社会环境的偶然,因为这些偶然符合了大家共同的利益。正义的第二原理便是,对待命运的变化无常,它是应对的公正途径。"就是说,鲁尔兹的正义论批判了认为偶然性带来了不利的思想。"生"的偶然性不能归属为个人的责任,社会协助便是为了对应这种"偶然性"而产生的。

问题是"风险"这个概念在说明社会保险时虽然有效,对于过去并不适用。我们是在各种"偶然性"之下生存发展过来的,其中也包含了天生就为残疾的偶然性。对于如何对应那些不能追究个人责任的"偶然性",正义还有不可欠缺的位相。在乌尔里希·贝克(Ulrich Beck)的影响下,"风险"一词开始流行,但是只一个"风险"是不能充分解释与正义有关的公共性的。

# 拓　　展

主持人：今田高俊

## 历史的"公"与现代

**今田高俊**：以上四位先生就"日本的公私观念"作了发言。关于"公"的历史，我们有过很多探讨，现在请大家将其与现代公共性的有关问题结合起来进行讨论。

水林先生、小路田先生、东岛先生从各个角度对日本公共性的源头进行了探索，给我的印象是，日本的"公"与"公共性"概念偏向于"官僚（okimi）"的工作或行政管理类型的公共性。

水林先生认为"ohoyake"这个词古代就有。最初是指用地、建筑物的设施，作为其延长线，后来使用于管理"公田"、"私田"的律令制当中。用现代语言来解释，就是具有行政管理的因素。

小路田先生认为，与"私利私欲"相对立形成的行政国家观是日本的一个特征。并指出，日本的公共性不是靠启蒙家或有名望的人培育出来的，而是在取得最大公约数的利益后，在对"他人的排除"后于19世纪末形成的。

东岛先生则以"江湖世界"为题作了发言，他认为，明治时期的江湖世界在兴起公论方面，已具备市民公共性的特点，却没有为大家所重视。江湖世界的渊源可以上溯到14世纪，由于当时在社会上没有被表面化，所以作为日本公共性的"江湖世界"没有得到

137

拓　展

足够的重视。他的解释让人觉得日本的公共性具有行政管理的特征。

最后,对于斋藤先生的发言,我有些问题想请教一下。在我主持这个讨论以前,由于没有时间,没能来得及提问。那就是,福利国家由于财政的困难及其他原因渐渐衰退,英国的布莱尔政权也处于难以维持福利国家政策的状态,而采取了"第三条道路",推行积极的福利政策(positive welfare)。大致说来,就是将应该承受的风险积极接收下来,把能够回避的风险划分出来,在这个基础上积极地接受应该承受的风险,这便是"第三条道路"的宗旨。这种思考方式反映了积极主动的都市化时代的特征。这也是新自由主义反抗弱肉强食的市场万能主义、履行"自己责任"的一个做法。这一点与日本行政管理类型的公共性稍有不同。

回顾一下第二次世界大战后的日本,我们就可知道,20世纪60年代有关"公共性"的言论在日本开始兴起。当时,日本社会开始了对所谓"官僚"(okami)履行的行政管理类型的公共性说"不"的对抗运动,导入了欧美市民公共性的理论,展开了市民运动和阶级运动。70年代后期,公共性的问题渐离公众的视野。进入80年代,"公共性"的概念在日本人的意识中完全消失。以上是我个人的理解,我认为其理由如下:大众民主主义与福利国家的两个概念已深入人心,"个人"得以与"公"分离,社会进入讴歌"个人权益"的时代。从80年代中期到90年代初期,虽然时间不长,却是一个讴歌幸福的时代。

但是,正如斋藤先生所说,日本自90年代中期开始,突然开始重新思考有关"公共性"的问题,很多人又开始重新探讨市民社会论问题,我总觉得有些不对劲。

80年代新保守主义主张规制缓和论,国家的行政管理过于周密,财政支撑不住,所以出现了"政府越小越好"的说法。但是此后的议论却显得有些幼稚,美国新保守主义提出应该复活家族和古老的地区社会,日本的中曾根政权也作出类似的发言,但国民却没有响应。于是出现了新自由主义,"那种保守回归是不对的",新自由主义打出了市场万能主义和全球主义的旗号,这填补了因新保守主义对旧体制的怀旧出现的空白。但是,我感到不解的是,市场万能的竞争原理与全球主义把风险推给了世界,公共性将如何体现出来?

80年代中期以后,哈贝马斯抛弃了市民公共性的概念。过去,他在《公共领域的结构转型》中认为,行政管理、国家的公共性与市民运动的公共性是相互对立的。但是,时代的变迁改变了这一点,所以他又提出了自律公共性的观点。

哈贝马斯意识到什么?他认识到社会运动的性质已发生变化。过去的市民运动和社会运动是围绕着财富和权力等所有权的分配进行的,而80年代后期,运动的性质发生变化。我个人认为,人们的关心点从"所有"(having)转向了"存在"(being),这反映出与"拥有"相比,"如何生活"的生活方式更加受到重视。实际上,很多社会运动不像过去那样通过政党或工会来解决问题,而是通过每个人的自发联合、通过市民的团结来解决问题的。在新的社会运动高潮中,人们开始了所谓自律公共性的"新公共性"的探索。

139

如金先生所说,"以往公共性的功能不全"已成为问题。迄今为止,日本也把行政管理型公共性与市民运动型公共性作为对立的两种公共性来论述。今后,我们不应该将它们视为两个对立的范围。我们要在这个基础上建立一种新的公共性。我们要靠"每个人"的自律性来努力开辟新的"公",我们要为此建立新的理论。

NPO 与 NGO 的志愿者活动,其目的不是为了"所有的再分配"。其目的不是为了分配,而是为了生存方式的存在意义。存在意义上的个人行为不会引起以往那种为了"私利私欲"的矛盾。如果为了分配,一方得利,他方就会受损,总体依然是零。存在意义上的问题是一种"生存方式""自我实现"的问题,志愿者们把支持对方作为自己的喜悦。如果日本想从功能不全的体制中脱离出来,应该在这个方面进行努力。

但不是说"所有"的问题就没有了,今后,作为双重结构的问题,就是有关所有的问题与有关存在的问题,社会运营显得尤为重要。在这个过程中,如何构筑"公共性"成为焦点。如何回避风险、如何处理风险的讨论也可能会成为公共性结构转型的契机。当然,不仅限于我们刚才所说的几个方面,我们还可以从各个角度来探讨日本的公私观念发展。

下面,我先请问斋藤先生,与以往的福利国家不同,要建立一个具有活力的新社会,斋藤先生认为"积极公民权"(active citizenship)或"能动社会"(active society)将是未来"公共性"的发展方向吗? 或者还有其他的方向吗?

**斋藤纯一:**从日本的发展来看,日本式的福利社会论始于 70 年代后期,"能动社会"可以说是其中的一个版本。利用、动员市民活力的社会,其最大的问题是,市民的活动一般只限于劳动力(energy)的提供,社会行动(social action)没有带来政治行动(politically action)。就是说,这些活动没有参与到对现今社会财富的分配进行批判审视,也没有参与到对福利政策的计划进行设想规划。他们只能局限在一个设定好的线路当中,提供自己的能量。这并不是一种政治的活动。

还有其他一些问题,但也不是说就完全否定"能动社会"这个方向。作为一个设想虽然尚不明确,但我认为,一边维持带有强制合作机制的社会国家,一边将权力分散,不断扩大个人决定权力的范围,就是说让社会国家与能动的社会,让福利国家与福利社会同时得到发展。可能只有这个办法。

**今田高俊**:这么说,您对此还是给予积极评价。

**斋藤纯一**:当然,这是我在很大的保留基础上作出的回答。

## 人的欲望与公共性

**渡边康麿**:我对今田先生最后引用哈贝马斯的那一段感兴趣。因为20年以前开始,我在探索"新公共性"时,开展过一个运动,其结果印证了这一点。从"所有"(having)到"存在"(being),对他人的援助成为自己的喜悦,这一点意义深远,这一点也正是新"公共性"能够发展的原因。

我也完全赞同金泰昌先生的观点。其中我想谈两点,希望金先生再次赐教。

第一点,说到底,我们这个时代每个人都不得不依靠自己,这一点每个人几乎都感觉到了。我强烈感觉到,连年轻的学生都是自我中心主义者。很多人已难以做到超越自己,难以做到从非自己的立场出发,一般只能从"自己"的立场出发。因为没有别的选择,所以我们只能以反复的"对话"来解决这个局面。在这一点,我与金先生非常有同感。

那么,怎样才能做到"对话"?作为"对话"的条件,怎样才能培养"对话"的能力?如果不考虑这些问题,就不能在现实当中实现民主主义社会。因此,对话能力的培养成为燃眉之急的课题。我们在理性的对话当中,进行着感情的交流。如果不重视感情交流,也就不能进行实际的理性对话。

　　我一直在为精神方面有疾患的人做治疗。无论他们多么想进行理性的对话,可现实却使他们难以脱离过去情感的支配。我想,如果不将这种治疗因素考虑进去,无论哈贝马斯如何倡导没有压力的对话,也是难以成功的。

　　第二点,我完全赞同金先生的"不否定人的欲望,在人的欲望基础之上发展公共性是唯一的道路"这一观点。不过,我认为不如将"欲望"改为"私利私欲",在克服"私利私欲"的基础之上去思考"公共性"。作为大多数的普通人来说,确实有很多人从"私利私欲"来考虑问题。重要的是,人类都有什么样的"欲望"呢?

　　我不但与罪犯、精神病患者、超能力者,几乎同所有类型的人都打过交道。他们在冷静地审视自己后,都有"愿意与人友好相处"的愿望。人类在表面的欲望背后,都有一种希望将公共性作为追求目标的欲望。不考虑这个前提,只以近代政治学、经济学的观点,单纯地认为"人类的行动是受'私利私欲'支配的",会得到什么结论呢?

　　从这个意义上来说,"对话论"与"欲望论"才是燃眉之急的课题。无论什么理想都来自于人的"欲望",所以要根据"欲望论"来打好基础。就是说,我们有必要将人类从所有的"规范"和"目的"中解放出来,重新细细体味人类自然所需的欲望是什么。在这一点上,我想进一步深化金先生的提案。

　　下面说一点我的实践活动。以往的两种公共性是一种对立的公共性,一种是自上而来的行政管理公共性,还有一种是自下而来的对抗运动公共性。自下而来的公共性说到底是一种对"上"的对抗活动,无论如何都是少数派。对于这两种我都不赞成。如何才能突破这种现状呢? 为此我专门去了德国。

　　为了了解日本人在自我形成过程中形成的标准是什么,我把与自己的对话作为先决条件。连自己的标准都不了解,拿出一个标准来就去衡量对方的价值判断,怎么会有真正意义上的对话?这是我在德国得到的第一个结论。

我在电视台工作的时候,制作了一个"自己变了,改变自己"的节目。我所采访的对象是标榜有"变革自己"新方法的一个组织。也采访了运用精神医疗、道德教育、宗教修行等各种方法的人们。

在采访的过程当中,我发现了一个问题。组织领导人都说"按照这个方法实践就会变好",没有一个人说会变坏。奥姆真理教不是也说"会变好"吗? 但是从局外来看,并不是"变好"了,只是局内人用自己的标准来衡量自己而已。实际上,说自己变好,如果不具备超越时间与地点的那种不变的"人的本质"是不行的。如果说自己不具备"人的本质"的话,就意味着同意自己被独裁者随心所欲地教育。那么,人类真的具备"人的本质"吗? 这是我当时面临的思考问题。

如果有,在世界历史中就应该找出一句定义它的话来。不解决关键的问题,"教育"就无法履行自己的责任。对于我来说,这是最大的问题。于是,我尝试在宗教史与科学史中来探讨这个问题。

但是,后来我觉得重新构想世界史是一种错误。我在自己构建的世界历史当中将自己的存在意义正当化,那么对于别人来说就是一种强加。人类应该从各自的自我形成历史当中出发,去自我发现。人们应该具备这样一种"自觉",能够认识到"自己"在社会中、在各个不同的时期与领域中、在与各种人的关系中形成了何种价值标准。所以,我创造了"自我形成史分析"的方法,并以此作为出发点。

实际上,自我形成分析史对于长寿的人来说检验的时间也长。于是有时我只进行一个方面的探索,让人们意识到本能的自我防卫在妨碍自己的自由对话,就这样我不断地与他人进行自由的对话。

再有一个,我参加了一个志愿者活动。为了能够超越时间与场所,我运用了通信教育(函授)的方式,让教育者完全以一种支持奉献的形式来进行。

开始时我还担心是否有人愿意"作为志愿者来做这件事吗",实际上发现,教的人和学的人通过交流皆有收获。我非常高兴。志愿者们虽然在物质上没有得到任何报酬,但是却拥有了共同喜悦的体验。而且,这些人都是一旦参加了便一直坚持下来。所以,刚才今田先生所说的事情不是没有可能。由我一个人的创意开始的活动现在有几万人参加,所以我想说"不是不可能"。

**今田高俊**:有"发展公共性的欲望"吗?假设有这种欲望的话,发展公共性就是当然的事情了。

**渡边康麿**:我不认为"发展公共性的欲望"是天生就有的,它是后天形成的。但是,起码每个人都有一种希望别人了解自己的欲望。别人为什么不了解自己?这种疑问促使人们思索如何让别人了解自己,如何把自己的心情传达给别人、将对方的心情接收下来等。一旦知道"自我形成史"是在他人的参与下才得以完成的,"对话"的途径也就形成了。

**今田高俊**:日本的"官僚(okami)意识"比较强,对于新自由主义能否消除行政管理公共性,我还有些怀疑。由于资本主义的竞争原理正在推进规制缓和,这种"官僚意识"何时才能消除?对于规制缓和,我们应该恰到好处地设定好范围,对于在何种理论下做到何种地步等问题应当进行充分的探讨,而不是简单地说"规制不好"就可以了结。

**渡边康麿**:这不是一个是否消除"官僚意识"的问题。实际上,在人们的生活当中"所得分配"是不能回避的问题。在现实当中,对生活困难的弱者的援助分配也是基于大家共同生存的前提之下,是不能回避的问题。

这是一个意识问题。像哈贝马斯那样承认对抗体制的是一种,另外一种则是依据体制,极端地来说是以领取救济金的形式来展开的。我认为,我们可以利用体制,每个人都具备审时度势判断是非的能力。

## 新自由主义与公共性

**今田高俊**:新自由主义正如火如荼,新自由主义会驱逐公共性还是会培育公共性?

**小林正弥**:我认为新自由主义不会成功,因为它走的是想把真正的公共性驱逐出去的道路。将新自由主义的市场绝对化,其结果会导致在全世界再次出现古典资本主义的缺陷。其表现便是最近二三年日本经济危机和亚洲经济危机,现在,美国(我认为是一时的)经济的繁荣掩盖着真实的情况,但真实情况一旦破裂,其缺陷便会显露出来。这时,会明显感觉到新自由主义已走到尽头。

欲望结构论让我想起一个非常有趣的问题。例如,我们讲"活私开公"(从个人的角度出发,进行公共性的活动)的时候,出发点不在于国家的公共性,而在于个人的公共性。虽然出发点是个人,却没有停留在"个人"阶段。如何将"个人"转化为"公",或如何激发内心世界的公共意识,这是个关键性问题。

例如,马斯洛的欲望结构论以心理学方式将欲望结构格式化。马斯洛在提出自我实现欲望的观点之后,晚年时候又提出了个人变数欲望的理论。超越"个人"的欲望是人类最高境界的心理欲望。到了这个阶段，从某种意义上说，始于"个人"却超越了"个人"的追求进入了公共性的阶段。

我大体上同意"在市场经济的范围内考虑，也只能在市场经济的范围内考虑"的观点。但是作为完整的政治社会理论，我们必须要设立一种转换机制，将（背离公共性）个人利益方向的欲望转换为公共性方向。反过来说，当我们看不到这些要素时，就会再次落入古典的市场经济问题当中。

**花冈永子**：德国式的社会福利国家的公共性常常被大家提及。现在需要的是联合国与 NGO 的共同努力。

"国家"本身便是相互抗衡的，此外还存在发展中国家与发达国家的区别。市民公共性的实践主体——"市民"在努力工作当中，肯定会碰到类、种、个等错综复杂的公共性。未来，我们还会受到气候变化带来的地球破坏、衰落等影响。不要谈什么虚无主义，社会需要的是大家方方面面的努力。

那么，今后我们该如何是好？从不同的角度分析会得到很多回答。但是我认为刚才渡边先生说的立场非常重要。人类是否具有超越时空的"本质"，每个人可能会有不同的回答。例如，我认为自己具备希望被人理解的欲望，从小到死希望"被人理解"及"想了解他人的文化"。今年（2000 年）5 月的黄金周发生了巴士劫持事件，还发生了 17 岁的少年杀死 63 岁女性的事件。源于菲律宾的电脑病毒"我爱你"袭击了整个世界，究其根源，这些人由于认为自己没有得到理解而以一种错误的方式表达自己。希望提高自己的能力、提高自己的人格等是青少年欲望内容的一个表现。人类都有一种对理想的追求。

怀特海（Alfred North Whitehead）作为物理学家、数学家、哲学家,在现实当中开拓了全新多维的思考方式。作为日本人,我们每个人也应该作出努力,或从国家的角度出发,或从个人的角度出发,或从其他角度也可以,变换不同的角度进行摸索是最重要的。当然,不能只是一时的心血来潮,重要的是应该将其引向生成存在(becoming being)的道路。

### 将来世代与公共性

**原田宪一**:冈本道雄先生曾说过:"对于人类来说,食欲、性欲、群居是一种本能",所以,我们可以得出一个结论,那就是人类最喜欢的还是人类。

从生物学角度来看,现在欧洲占主流的是达尔文主义的物竞天择理论,但是从进化史角度来看,现实的生物界当中不存在弱肉强食的竞争社会,基本上是一种共存共荣的状态。人类也存在生物性的特点,所以各种族之间、人类与其他生物之间,如果不遵守共存共荣的基本战略思想,作为生物物种之一是不能生存的。遗传基因研究与生态学研究也开始强调这一点。

我们这个研究会对于"近代"与"西欧"思想也进行了讨论,近代西欧的原子论主义的"个人"思想,以及只顾一代人(不管后代)的想法实际上阻碍了"共存共荣"和"后代的传承"。"自由随便去做"的结果带来了现在的环境破坏、资源枯竭,也带来了母子与兄弟姊妹的分离。

我们这个研究会的主办者是将来世代研究所,所以,我们应当以"公共性"与"将来世代"为轴心来考虑问题。"将来世代"为了生存下去,需要森林,需要大海,需要完整的山。我们应当具体研究一下如何保护好这些。

在上上次的研究会上,我们看了有关巴布亚新几内亚部落争斗状况的录像带。人类一冲动,就会为一些小事去杀人,但是恢复理智后,便会作出和解的决定,即使作为加害方的某些成员要付出牺牲(莫大的赔偿),但整体说来还是决定和其他部落和平共处,进行和解。应该说这是反映人类群居原型的一个录像,看完这个录像,我觉得"人"的可能性是非常大的。

从历史上来看,美国土著民族也有类似的情况,日本的一些拥有悠久历史的老店也留下了这样的家训。冲绳也具有考虑后来七代以上的思想。然而,"近代西方"将这种局面破坏殆尽,成了现在这种局面。

因此,无论我们如何研究讨论破坏现代社会的欧洲思想,我想也不可能产生"将来世代"或"代际关怀"的思想。实际上,我们这个研究会从来没有探讨过"环境问题",所以也不可能听到有关"将来世代"的发言,这一点我感到非常不可思议。

**今田高俊:**对刚才的发言,大家有什么意见?

我们这个研究会从开始到现在已经召开 22 次了,虽然关于"public"(公共性)的"公共空间"探讨比较多,但并不意味着我们没有糅进与"世代传承性"有关的公共性内容。从"世代传承性"的角度,我们以埃里克森(E. H. Erikson)的"Generativity"(代际关怀)观点为中心做过两三次讨论。但是,可能受了西方的影响太深,一说起"公共性",由于大家较多的是关于空间概念的话题,探讨的内容也就容易走向有关公共空间的议论。

与"自我认同"概念相对的是"代际关怀"。对于成人来说,后者是最大的课题。关怀——关心对方是发挥"代际关怀"的原动力。这种关怀可以说就是对将来世代的关怀。"自我认同"是对自我的确立,容易走向以自我为中心的方向。关怀却以对方为中心,不发挥关怀的力量,人们会觉得没有活力。从这个角度的论述好像少一些。

"代际关怀"是一个非常重要的概念。新自由主义和共同体主义有这样的内容吗？斋藤先生就包括有关共同体主义在内的"能动社会"的可能性作了发言，您认为怎么样？

**斋藤纯一**：我想在回答您的问题之前，想先回到前面的话题谈一下我的看法。

我觉得刚才渡边先生和小林先生的报告都很有意思。为"公共性"与"人类的合作"找出"欲望结构"和人文主义的根据，这种积极的说明有些勉强。人类应该避免的最大的恶是什么？这种视角才是最有效的。

我想起了理查德·罗蒂（Richard Rorty）和朱迪丝·施克莱（Judith Nisse Shkla）的讨论。施克莱著有《不公之面》（*The Faces of Injustice*）及《普通之恶》（*Ordinary Vices*）等很有意思的书。他们二人认为，"公共性"概念应该将重点放在明晰人最应该避免犯的恶（对身心的暴力）、错是什么？应该如何避免犯错，不是为了"实现"共同善，而是为了"回避"共同恶。

我基本赞同这个观点。另外，还有沟通交流比较重要，如何保持与他人沟通的通畅，也是公共性构成的基本要素之一。为此，对于人类应该如何控制感情、如何驾驭怨恨（仇恨与敌意）的情感等，我认为可以进行探讨。但是，从"欲望结构"中找出支持"公共性"的根据有些勉强。

对于代际关怀的问题，加藤尚武先生提出了一个很好的问题。以往有关"公共性"论的讨论，只在空间范围内进行，而缺少时间轴。

如果考虑到时间轴，有关公共性的话题中，可以加入如"宪法改正"等题目。对于日本宪法中是否包含着检验"宪法改正"的原理,现在的意见分为两派。宪法当中有"永久保存"这句话。关于世代传承的公共性价值,有时候只具备空间的一致性是难以覆盖一切的,"世代公共性"不仅与环境问题有关,与宪法的历史地位问题也有着关系。

## 以国家为中心的公共性与权力

**今田高俊**:我想请教水林先生与小路田先生,日本以"官僚"(okami)为中心的公共性好像自古就存在,将来也不会有什么变化吗? 这种现象虽然没有深入到人们的心中,但是作为文化现象已深入到社会当中,并一直循环着。无论人们如何想以个人的力量打破它,却由于体统的强大力量,难以改变它。日本实现现代化以来已有百年,日本公共性依然显示出强烈的官僚行政管理特色。

**水林彪**:这是一个难以回答的问题。过去的历史只要去查阅一下便可以知晓,未来会如何变化难以预测。不过,没有什么会一直不变的吧。我们认识了迄今为止的社会文化各种形态,一边思考着,一边在每天的实践当中否定过去,自觉地改变社会。重要的是如何将这种自觉传给下一代的孩子们,让他们改造社会。

日本进入近代已有百年,也可以说只有百年。近代以前的社会历史是几百年、几千年。在这样一个范围(变动的范围)内考虑的话,从古代到近世是一个阶段。我今天所说的"ohoyake"的双重结构与崭新的"public"、"private"等观念相遇只有百年。

渡边先生介绍了志愿者活动的具体实例,我认为在这样的积累当中,社会渐渐发生变化。所以,我强调过去的历史遗产不是意味着"是不变的,要守好"的意思,而是告诉大家"要知道不是那么简单的事情,不是下点工夫就会改变的"。

对于志愿者体验"共同喜悦"的观点,我个人觉得,基于个人的共同爱好及共同的生活体验基础之上的公共性，与陌生人组成的公共性之间有很大的不同。

极端自私自利的"个人"与"个人"的碰撞会导致寸步难行。所以，金先生刚才的发言好像说只有通过交易关系才能产生公共性。现实确实有这样的一面，但是，只承认这些是否就能解决我们现在所面临的全球化规模的问题？从亲密圈中产生的公共感觉，以及其未来的发展能够解决这些问题吗？我觉得问题可能不会这么简单地得到解决。

**小路田泰直**：我觉得今田先生的看法受自己意识当中有关"日本的"常识的影响非常大。日本的公共性不是某一天突然有的，而是在矛盾与斗争中形成的。所以，靠着顽强的生命力延伸到今天。我想说的是这种积累，而不是想肯定或否定什么。

我们的讨论一般将范畴作为前提，所以只能拿日本做一个例子，尝试从社会实际情况当中能够得出一个结论。从这个意义上来说，正像刚才水林先生所说，社会总是充满了变化，反过来说社会又是非常坚固的。

我今天的发言阐述了自己的观点，认为日本的"ooyake"转变为"公共"，其契机在于"长官"行政管理，这不只包括日本，也包括法国等国家。我们不应该忘记西欧在实行共和制以前有过绝对王权统治时期，正因为有国王权统治才会产生共和制。而且促成共和制的也正是贵族阶级，法国的贵族并没有因为革命被解体，现实当中还存在着贵族。所以，对西欧不能将其理想化。

当然，日本与西欧存在着区别。日本社会在形成公共社会时，我认为已经形成了"不言而明的公共性"。

市町村是以传统的共同体作为基础的政治单位。从明治时期到今天，市町村不知经历了多少次的分分合合，可是明治时期自上级人为制定的"府县"单位,自明治20年到今天几乎没有变化。

每次涉及要解除这种组合实行道州制时,便会遭到一致的反对。但是传统的市町村却一直选择走向合并的道路。

作为象征介入行政国家的"警察"机构实际上设立在府县一级。第二次世界大战后,市町村也成立了警察,后来被居民舍弃。这种舍弃不是由国家决定,而是由居民进行投票"我们不需要这些,请收回",才归到"府县"一级。就是说,日本社会将"府县"应履行的公共性和"市町村"应履行的公共性进行了区分分类。我今天的发言对这种区分的根据作了阐述。

原田先生说人类具有喜欢群居的欲望,我认为非常重要。人类就是有这样的根本要求。这可以用"ooyake"与"公共"这个语言来表示,反过来说只有在区别、差异化与个别化的欲望的平衡当中才能得以存在。差异化与个别化是一种直截了当易于理解的欲望,而那种综合的一般化的欲望出自于人类,将规范化的强制力作为媒介,进行重新的整合。所以,"オオヤケ"肯定会带来"权力"的问题。这种欲望受权力的规范所强制,以服从欲望(服从于他人的欲望)为媒介,在人类社会中得到重新整合。

我认为,在论述"公共性"的问题时,必须要考虑"权力"的问题。但是,实际上在很多时候我们都忽略了有关"权力"问题的讨论。而忽略这个问题的讨论让人觉得缺少说服力。当然谁都不认为自己愿意以服从他人作为媒介。但是,归根结底,人们没有强烈的要求,没有共同组成一个社会的要求,所以也就难以拥有使社会产生差异的能力。只是因为有了一种力量的平衡关系,才产生了社会的差异。所以,对于"国家",我们也不能简单下结论。

我常常与一位做英国研究的人谈论一些话题。英国是一个绅士共同体国家,是完全人民主义国家。我甚至认为英国不应该有官僚,当然,英国有官僚,可是他的社会形态使你忘记了他的官僚组织。明明知道,有时却忘记了,也有这样的问题。

所以,我认为在考虑"公共"问题时,也应该考虑"权力"问题,不考虑如何运用权力,我们无法解决包括环境问题在内的我们所面临的许多问题。

## 公共性课题化的历史

**东岛诚**:刚才两位历史学家阐述了各自的观点,我从另外一个角度阐述一下自己的观点。实际上,对于将来世代与公共性,以往的历史学难以为之作出什么,不,我们是不能抱有任何幻想的。但是,如果说我们是为了从历史上证明"日本上级公共性强"才举办这样一个研讨会的话,那就不能说不是一个悲剧。我们一方面为历史学作出一些辩护,一方面应该解体那些既成的历史体制,以此使历史学胜任将来世代的重任。

丸山真男说"思想史只能是问题史",我也想说,"历史学只能是问题史"。这里所说的问题史不是所谓的专题史,"公共性的历史"不重要,重要的是"公共性受到关注的历史"。我今天的论文发表,就是想搞明白日本有关"公"的问题。

当我们承认"历史学只能是问题史"这一命题时,我认为重要的是,通过历史的叙述,丰富了 vita activa(活动的生活)。刚才发表论文时,我说我对历史"自由人"因素的挖掘作业,正如西冈先生所指出的那样,是一个间接、隐喻的挖掘过程。具体来说,我一直致力于对公共团体的研究工作,探讨公共团体的发展、挫折及精神的更新。例如,现在被视为新公共性主力军的 NGO 与 NPO,并不是阪神淡路大地震时在日本崭露头角的,应该说石母田正所做的"行基问题"才是日本 NGO 的开始。行基所组织的"知识结"相

153

当于今天我们所说的公共团体。但是,就连"强权的弹压都不能扼制的行基的志向,却被幻想给轻而易举地制服了"。当然,这是作为"共同性的幻想形态"的天皇制的问题。行基的可能性与挫折性问题,在后来的历史长河中,也时隐时现。如果说,历史学对于"将来世代与公共性"想作出贡献的话,我认为,将是一种"可能性的救援"。

公共团体在日本受到关注,是以 1995 年的大地震为契机。在国际上,则以 1989 年东欧市民的革命为契机。从此以后,对于公共团体的期望,无论是哈贝马斯,还是柄谷行人,几乎没有区别。现在也是这样。但是在未来,如果国家和世界能够发挥公共团体的功能将是最好的结局。到了那时,无论是否需要中间团体,将由国家决定。所以,我认为如何将国家这个强有力的实体转换为具备公共团体功能的组织,是我们首先要考虑的问题。除此之外,没有更好的解决途径。所谓中间团体,好也罢坏也罢,只不过是国家机构的补充而已。

最后想强调一点,在今天的讨论中,还涉及"他人""照顾"等问题,我认为,我们不能落入随意谈论"他人"这个问题的陷阱当中。如果我们不能摆脱这个话题给我们带来的绝望,所谓"公共性"问题的探讨也不过是纸上谈兵而已。


## 时间轴的公共性

**金泰昌**:关于这个问题,我们的研究会曾反复讨论过,今天各位又深入探讨了这个问题。我认为,我们在理论上和实践上要更加深入地探讨这个问题。

第一个问题,在以"国家"为中心探讨"公共性"的问题时,实际上,我们不能忽略权力的存在。根据权力如何形成、如何维持、如何行使的状况,出现一系列的"公"与"私"问题。例如,看一下最近日本总理大臣森被任用的过程,就知道那只不过是几个人秘密商讨的结果而已。大家只是承认一个结果,并不存在讨论过程。

小路田先生说,日本实际上存在着一种"没有讨论过程的公共性",我不想扩大他的结论。但是我想说,与此相关的问题是我们应该考虑日本如何才能具备"新公共性"。至少在决定一个国家的新首相时应该如此,即便需要时间,即便很麻烦,也应该进行充分的"讨论"。"公共性"不能怕麻烦,即便麻烦,也要不辞辛苦,也要花费时间去做。我们应该有这样的认识,只有这样才能体现"公共性"。

第二个问题,社会公共性虽然与国家或政治或权利有相纠缠的部分,但我们应该换一个角度去考虑。社会学、社会公共性应该将"连带"作为自己的基轴。政治家与官僚将以各种方式与此发生关系。因此,我们不得不考虑独立于"权力"之外的公共性。今后也将朝着这个方向发展。而形成这种"连带"的关键将是"中间团体"。

从今天的日本和世界状况来看,我常常感到,我们有必要改变一下思考方式。打一个比方,将迄今为止的固体的想法转换为流动的液体的想法。关于"制度"、关于"公共性"、关于"国家"、关于"文化",等等,每个人有每个人的想法。这些想法四处流动,彼此交流,分分合合,不断变化,这就是一种液体式的思考方式。例如,我们如果将文化作为一种固体概念去理解,就会认为日本文化是这样一种文化,而固定不变地思考问题。实际上,日本文化是不断发生变化的文化。我们应该更加灵活地看待社会公共性,这个时期已经来到了。

第三个问题,基轴也是一个不可忽略的问题。现在,"国家"

155

与"社会"结构已丧失了功能,以往的功能已不能满足人们对它的期望。看看现在的日本可以知道,过去曾经由国家或某个团体某个组织担当的公共性,在民营化和合理化的名目下,已划归到个人负担的范围。这是一种无奈的变化。

这时,会有何种可能呢?每个人不得不依靠自己的自律性判断,承担着巨大的风险。当个体的一个人的力量难以承受时,就会寻求一些志同道合的人来共同承担这种风险。人类为了在这种状况下继续生存,不得不走向"公共性"的道路。如果只考虑自己,到头来无路可走。

第四个问题,是关于"欲望"的问题。听了大家的谈论,我感到虽然同是"欲望"一词,内容却大不相同。最好的一个说明是"needs"和"wants",就是说,将"必要"与"愿望"合在一起,便是"欲望"。

关于"欲望",学者们进行了许多分类,但是从"公共性"的观点来考虑,除"危险回避的欲望"之外,还有比这个更强烈的"欲望"吗?人在遇到危险时,人人都有从危险当中逃离出来的欲望。还有就是"种族保存的欲望",最近有很多人不想生孩子,人口的密度不如从前了,但是这是一种不能否认的欲望。再有一个便是"幸福欲望",其价值可以体现为名誉、安全性、连带感等,这些可以统称为幸福追求的欲望。

我们认为,考虑到"时间轴的公共性"时,首先应该想到"世代继承性"。将"欲望"作为时间轴公共性的基础来考虑,就会发现这直接关系到"种族保存的欲望"。埃里克逊也说:"这是人类无法否认的基本欲望。"

埃里克逊说,世代继承性后来具备了理论基础,并朝着正当化的方向发展,其出发点在于"欲望"。从"生命的连锁"宇宙论的角度来考虑，我们可以理解为"只一代便全部终结"的不过是"私"，而"世代继承"便是"公"。这一切始于"欲望"。

关于"危险回避欲望"的"公共性"问题，在剑桥大学的会议上，也曾反复讨论过，例如，还出现了以安全性为基轴构筑新的政治学的相关议论。有关公共政策论的探索也与以往不同，出现了"安全网"的概念，其实，就是危险回避的公共化。社会哲学领域，最近出现了理查德·罗蒂的"最大恶之回避"一词，其他一些人也在使用这个词。不过，用另一种表达方式来说，这也是"危险回避"。

斋藤先生发表的论文与约翰·罗尔斯的观点有相关的地方，他将未来的"风险"和过去到现在的"偶然性"分开考虑，认为罗尔斯所说的"社会偶然性"相当于"风险"。但是，我认为，在考虑新的正义范畴时应该将偶然性——无论是自然的还是社会的——作为条件来考虑，这才是重要的。因为，不是"偶然性"本身有问题，而是"偶然性"中包含着"风险"。有些人生来便是视觉障碍者或是在日朝鲜人，这是偶然性，他们有什么问题？但是，由于这种偶然性，他们却不得不承受巨大的不安定（不安全）性与危险性（风险），偶然性成为产生差别与排除、否定、抹杀的原因。所以，这是一个问题。将这些风险作为公共问题提出来，便会创造出一种公共空间。

在我们积极地做某些事的时候，会产生意见分歧，这时人类一般会纷纷走向"私"的世界。所以，非亲密无间的关系，不容易协力做成一件事。在感到"危险"的时候，会有人越过国境，这种例子并不少。

最后，我想说，为什么国家需要"敌人"，共同体需要"敌人"。"权力"一旦形成，为了维持、保护它，从上至下便会形成一个共同的敌人，谁反对"公"，谁就是敌人。但是，公共性一旦自下而上形成时，这时成为原动力的不是敌人，而是风险。这不是理论，而是我根据各种各样的体验和实践得出的结论。

例如，我们不可能说，将中国人或是西藏人作为自己的敌人便可使自己超越利己性。但是，一旦涉及"民族"与"国家"的概念，可以说如果没有敌人，就不容易治理国家。一个人能够超越利己性，与大家一起携手，正是因为每个人感到个体承担的危险，而不得不与大家携手共度。

启蒙主义之所以碰壁，是因为虽然人类具有理性，但人类更具有"欲望"。压抑"欲望"，依靠理性，近代社会的结构将人类（称之为"市民"也罢、"公民"也罢、"国民"也罢）培养成为"公共性"的承担者，这种近代社会结构体现为管理、统合的公共性，它的保障装置便是"工厂"、"医院"、"法院"、"警察"。在这些机构的功能尚未陷入瘫痪以前，我们如果不去彻底搞明白会有什么样的可能性，也不过是一种抽象论的讨论而已。

我认为，现在一些所谓改善学校教育的处方笺几乎没有什么效果。人们的学校观已发生改变，不捕捉这些变化，只是依靠一些教员改变课程设置，不过是一些隔靴搔痒的微调，不能从根本上解决问题。这是思考的怠慢性带来的结果，不会有什么发展。

# 论 题 五

# 向他者开放的公共性

井上达夫

去年，我出版了《通往他者的自由》（创文社 1999 年版）一书，招致来自各个方面的批评，所以我今天的发言主要围绕该书论点展开。

在福田欢一先生面前谈及有些不好意思，我的这个论点就是："liberalism"并非自由主义，而是公共性哲学。我的意思是，它与以前那种对自由主义千篇一律的印象，是颇为不同的。

首先，我想就"公共性"、"公共哲学"这两个词略加说明。本研究会的主题是公共哲学，但如果把公共哲学称为"Public Philosophy"，则会产生疑问。最近我们经常听到这个词。桑德尔（Michael Sandel）第二本主要著作 *Democracy's Discontent* 的副标题就是"America in search of a public philosophy"。罗伯特·贝拉（Robert N. Bellah）等人也在畅销书 *Habits of the heart*（《心灵的习性》）中使用了"Public Philosophy"一词①。若将其按字面译成"公共性哲学"，我并不赞成，因为这样就给人一种法定意识形态的感觉。特

---

① 贝拉等:《心灵的习性——美国人生活中的个人主义和公共责任》，翟宏彪等译，生活·读书·新知三联书店 1991 年版。——译者注

别是有些社群主义者(共同体主义者),常常自我标榜其理论乃是植根于美国立宪史中的"the Public Philosophy"。最近,可能是桑德尔变谦虚了,改用了不定冠词。

### 1. liberalism 是无公共性的哲学吗?

刚才我说过"liberalism 是公共性哲学"。若将公共性译成英语的"Publicity",则有"广告活动"、"宣传"之意。而德语的"öffentlickeit"则有"广告"和"公共性"两种含义。哈贝马斯(Juergen Habermas)在《公共领域的结构转型》中使用的即是该词①。

反而是英语的表达方式让我深思,因为它的意思无法含混。我想勉强说来,用"Public Legitimacy"或"Public Concern"都可以。主要思考的是在价值对立之下,何为公共的正统性基础这一问题。自有宽容论的传统以来,这就成了自由主义的基本问题。我的立场是:在自我赋权(self-empowerment)意义上的自由最大化,并非自由主义的基本命题。

这种想法与所谓的"自由主义"及"公共性"的通常看法均有不同。有人赠我一本书,所附信中客气地写道:"本书引用了您的大作。"但看他所引用之处,注中写道:"该书对公共性未作任何论述。"这让我想到,可能是我的公共性概念,与别人的认识有所不同。因此,我想我必须重新将自己的公共性概念与向来的公共性概念进行对比说明。

---

① 哈贝马斯:《公共领域的结构转型》,曹卫东等译,学林出版社 1999 年版。——译者注

### （1）批判公私二元论的源流

以前,总体说来,liberalism 给人一种较强的无公共性哲学这一印象:它使人回归到人的私密性,或放纵对私人领域的疯狂压迫,消除对私人领域的公共制约等。对此一直进行着对自由主义的公私二元论的批判。简单来说,"Marxist Critique"(马克思主义者的批判)是这种批判的源流之一,这种批判指出:在私有制经济社会,尽量依靠市场的自动调节机制的想法,放纵了市场社会中依靠经济权力而进行的压迫、剥削。

现在,马克思主义的影响似乎已经消失。我认为在某种意义上,这一源流的继承者是女性主义。马克思主义对公私二元论的批判,主要朝向经济权力问题,而女性主义者则朝向家长制是"对私人领域的疯狂压迫"这一问题。

为了对抗来自马克思主义的批判,美国的罗斯福新政之后,以及英国的 T. H. 格林(Thomas Hill Green)等人的新自由主义(并非当今所说的新自由主义),在 19 世纪末 20 世纪初,为确保自由的社会经济基础,采取了国家福利的政策。这可以说是对"Marxist Critique"的回应。

但即使这样,仍留下一些问题。虽然将经济社会理解成某种公共空间,但公共权力无法介入的最后只剩下家族的私人企业。这是自由主义的公私二元论中难以去除的前提。女性主义者的批判认为这实质上是对家长制权力的放纵。一般她们使用"The personal is political(个人是政治的)"这样的措辞。

在卡罗尔·贝特曼、弗兰西斯·奥尔森等人的议论中,这种想法颇具典型性。简单来说,这可以说是用"家族"、"家长制"替换"阶级"后再现了马克思主义批判的结构。

不过，在女性主义的内部，也出现不同的动向。在后女性主义流派及后殖民体系的女性主义运动中，出现了对将包含家族形式的当地生活习惯诉诸普遍价值原理并将其定罪的怀疑和拒绝。其象征就是对批判女子割礼的反对。西方的女性主义者将女子割礼称作性器切除，并批判它是野蛮的暴力。她们认为，就算这是传统习俗，也不能放任不管，国家应当加以限制。对此，后殖民体系的非欧美女性主义者则反驳说："这是欧美中心主义。"

但必须注意的是，即使是后殖民主义者，也没有说应当对女子割礼放任不管。在非欧美世界，有的女性主义者在成人后自愿接受割礼。但她们也没有说可以对强迫幼女接受割礼置若罔闻。但是，对于将其单纯定罪为落后的野蛮文化的西方女性主义者来说，是必然会出现反驳的。

其现实背景是，女子如果不接受割礼，就无法被当做女人对待。对于能够接受到良好教育的阶层的女子，可能无所谓；但对于普通家庭的贫穷少女来说，如果不接受割礼，甚至无法结婚。因此，也有人反驳说："问题在于社会经济层面，而非是否受到野蛮文化的毒害。"

在此我们可以发现，重视社会经济层面甚于文化层面的马克思主义的观点，与抗拒普遍主义价值的"霸权"而保护地方文化的特殊性志向，二者在紧张关系中并存。后者没有将传统文化作为家长制权力的温床而全面否定，而是采取了批判性保留的态度。

另一个 20 世纪 80 年代以后很明显的潮流是"Communitarian Critique"（社群主义者的批判）。前述桑德尔的最初著作，以及泰勒、麦金泰尔等人都属于此类。他们的批判包括：自由主义使政治共同体历史中的"共同善"解体，产生了无负荷的自我和无根的个人，使公民无法活跃地参加社会生活，等等。这与"Republican

Critique"（共和主义者的批判）有部分重叠。美国的社群主义者，原本就有与公民共和主义联手的一面。桑德尔等人近来为了使自己的立场更加鲜明，比起"社群主义者"这一词汇来，更愿意使用"共和主义者"。

在此，我想将"Republican Critique"分为"Civic-Humanist Perfectionism"（公民人本主义的完美主义者）和"Deliberative democracy"（熟议的民主政治）两个部分。

可以与社群主义者倾向相结合的是公民人本主义的完美主义者。他们认为，磨炼陶冶参与思考、决定、实行共同体公共事务过程的资质和能力意义上的"Civic virtue"（公民德性），是人在伦理上完善的条件。

对于共同善，社群主义者采取了历史折中主义的态度，但在特殊的美国式语境之中，他们试图以"我们的共同善正是这种公民德性的陶冶"的形式，将折中主义与公民人本主义偶然地（contingent）结合在一起。但是，共和主义者的批判还有别的层面，他们有从如下观点来进行批判的潮流，这就是对于社群主义者的传统的关心，对同质化保持批判性距离，而使民主主义再度活跃。

最近经常用"Deliberative Democracy"这一词汇来表现这种潮流，我将它译作"熟议的民主政治"，除此之外最近还出现了"审议民主主义"及"协议民主主义"等多种译法。但"审议"类似于"审议会"，似乎不太合适，而译作"协议"语气又太弱了。所谓"Deliberation"，是"熟虑"之意，但又不是一个人的熟虑，是大家共同商议后的熟虑。"熟虑"和"协议"两个方面都很重要，因此我将二者合一，决定使用"熟议"这个词。

关于"熟议的民主政治"有多种说法。约束亚·科恩的论文偏向标准式作业，哈贝马斯也正在朝这个方向发展。从我的观点

163

斗胆言之，这个立场可以集约为以下两个命题，即"Democracy should be deliberative"（民主主义必须是经过熟议的）和"Deliberation should be democratic"（熟议必须是民主进行的）。有批评认为自由主义的公私二元论使这两个命题都无法成立。"民主主义必须是经过熟议的"这一命题基于下列对自由主义的批判。即自由主义最终将与利益集团多元主义结合，从而使"熟议"瓦解。对于通过公开的讨论来探求公共价值的过程，这里考虑的并不是民主的过程，而是多种利益集团对抗、交涉、妥协的过程。

洛维（Lisa Lowe）的《自由主义的终结》等著作，确实将"自由主义"作为具有这种意思的"Interest-Group Pluralism"（利益集团多元主义）的同义词来使用。自由主义也承认，公共性就是对私人利益的最佳调整。如果公共性超出了这个界限，就要成为一种流行，令人感到可怕。其结果，反而阻断了民主的公共性形成的可能性。

另一方面，也有人站在"熟议必须是经过民主的"这一观点上展开批判。自由主义在保障少数派的人权上非常敏感。在民主体制下，无法回避"多数的专制"这个问题。将民主过程中的公共性形成机能仅仅交给人民，无法让人安心。因此，人们期待的并不是民主过程，而是"司法"部门来保障人权。这在制度上的表现是建立违宪立法审查制度，即美国所谓的"Judicial Review"（司法审查权）。

但是，与此相反，也有人强烈批判法律界精英们强行介入民主的自我统治以强化对少数派的人权保障，这反而使民主过程的公共性形成机能腐蚀、崩溃。必须从精英们手中夺回"熟虑"，把它归还到民主过程中，这是另一方的主要观点。

### （2）公私二元论的再定位

我在说"liberalism 是公共性哲学"时,将刚才谈到的探求在价值对立下的公共正当性基础的观点推到前台,由此引出的"自由主义的公私二元论"的位置,与这个批判的前提不同。确实,在自称自由主义者的人们当中,可能有人说这一批判切中要害。但是,按照我对自由主义"公共性"的理解,这一批判并未切中要害。

这与"公私二元论的再定义"又有关联。迄今为止,"公私"被分为"公共圈"与"私人圈"的领域二元论,或"公共主体"与"私人主体"的主体二元论,以及可探求公共价值的过程和纯粹追求私人利益的过程的过程二元论。但是,我想要探讨的并不是这些"领域"、"主体"、"过程"的二元论,而是"理由"的二元论。

当然会有必须作出集体决定的问题。不仅从特定的党派集团(这不仅仅包括利益集团,还包括为追求非常崇高的理想而进行狂热运动的集团)的党派立场出发,而且从"他者的观点"来看,使决定正当化的理由也必须是合理的、可以接受的。

因此,区别理由之中的"idiosyncratic"(该主体特异的)理由与公共(public)的理由,是"自由主义的公私二元论"的核心。与此相反,将"领域二元论"看做自由主义的公私二元论并加以批判,我认为马克思主义和女性主义在这一点上都是相通的。

但是,自由主义本来就不认为私有制经济社会是必须先验地排除权力介入的圣地。而且,对于家族来说,自由主义也并不是要干预对私人领域的家长制权力的放任。比如国家干预个人性生活的方式,排斥同性恋者等诸如此类的规定,即使从异质的少数派的观点来看,也无法找到一个公正的、可以被接受的公共理由将其正当化。但是,国家介入虐待幼儿、婚内强奸(夫妇间的、以女性的

165

从属性为前提的强奸），以及各种家庭暴力事件等时，则是可以公共正当化的。我认为，作出这样区分的是自由主义者的观点。

而且，虽然"status quo neutrality"（现状中立性）是凯斯·桑斯坦（Cass Sunstein）将自由主义看做领域二元论时使用的具有批判意味的词汇，但可以想象自由主义应是赞成"status quoneutrality"（现状中立性）这一想法的。简言之，现状是独立于法律规则、法律制度的自然已知条件，在法律干预现状之时，使其正当化的举证责任在规定的主体一方，这种想法存在于自由主义的基础之中。对此，有批判认为市场资源分配和所得分配等现状不是自然条件，而是所有制条件下的产物。

比如，不仅仅是因为再分配的限制，正是因为有古典契约法、不法行为法、私有权设定等一定的制度条件，才能形成一定的分配状态。因此，认为限制可以带来保持中立的现状，这一前提自身就很可笑。我认为这个批判是正确的。但是，就此认为市场是自由放任的自然已知条件，这只不过是市场批判者的市场观。事实上凡是主张市场竞争重要性的人，几乎没有人说可以将市场自由放任。毋宁说，所谓市场，就是公共秩序。

比如，冈田与好先生在《经济自由主义》一书中，详细说明了"契约自由"与"经营自由"是完全不同的概念。商家在竞标之前聚集起来进行协商，这虽是契约，但竞争法制并没有承认这种契约的自由。微软的强制"捆绑"销售也是契约的自由。"经营的自由"使企业不得不进行竞争。即使限制契约的自由，也无法避免这种强迫竞争。因此，公共规则是必要的。传统上一直有这种想法。

并不是说私人企业是从限制中先验地被排除的圣地。毋宁说，无论是促进竞争的限制，还是限制竞争的限制，其正当理由都必须是基于超越了特殊集团的既得权力或独善的宗教信念的"公共理由"。这又是一种想法。

"主体的二元论"也根深蒂固。一般地，它认为市场社会是"欲望的体系"，企业等主体活动的动机仅是追求利润最大化。与此相对，参与政治过程的人们追求的则是公共价值，这种观点非常天真。在詹姆士·布坎南（James M. Buchanan）等人的公共选择理论的前提——人性观中，包含了深刻的洞察。如果某人掌握政治权力，身处可以强制他人的位置，就会堕落。无论限制的目的如何伟大，但限制的权力主体是活生生的人，所以总会出现为追求特殊权益而滥用权力的动机。信任某种类型的主体，却不信任别的类型的主体，这是不正常的。在这里可以联想到丸山真男的"是如此逻辑"与"如此做逻辑"的区别。公共的主体并不存在。存在的是对公共行为、私事行为的区别。行为的公共性依存于通过行为的公共理由而正当化的可能性。

例如，我听说最近正在讨论 NPO 法的改定。有人提议不仅要给 NPO（非政府组织）法人资格，在税收方面也要给予优惠。但是，如果这样的话，为了不使人利用 NPO 为掩护来逃税，国家必须严格监视。因为也有人躲在宗教法人的招牌下，做着各种肮脏的买卖。但另一方面，如果国家强化了监管，就会失去 NPO 的自发性。现在存在着这样的两难境地。为了避免这一两难境地，就不能采纳给予 NPO 免税特权的想法，无论是对于 NPO，还是其他的任何团体，都有必要关注其各个活动的实质，作出公共性的评价。

在日本，获得公益法人的认可很难。但一旦被政府认可为公益法人，此后事实上几乎近于放任自流。这是一个很奇怪的现象。相反，也有私人企业为了保住老字号，不计利益得失在维持经营。关键是无论是什么主体，只要放任不管就会堕落。绝对的权力导

167

致绝对的腐败,这不仅适用于"国家",还适用于任何不受他者批判的主体,NPO 也会堕落。

因此,我仍然认为,需要检查的不是"主体是谁",而是"主体的行动"是否具有公共性,正当理由是真正具有公正性,还是作为套话的欺骗。这大概也是指向"理由的二元论"。

"过程的二元论"认为公共性的有无取决于过程中的特质,"deliberative democracy"中也有这一想法。有人批判说,对于自由主义,强调自由主义的人权保障之时,"人权"和"公共价值"是预先决定的,想要把它们作为"民主过程"的外部制约,这是毫无道理的。这种想法是,对于什么是人权、什么是公共价值的讨论,必须在民主过程中进行,公共性就是民主讨论的过程。

在哈贝马斯等人中也可以典型地看到过程二元论。他主张后形而上学,已经放弃了实体的理性。他还否定了近代自然权论,而主张"程序理性",要在民主熟议的过程中去寻求。但是,究竟某个民主过程是熟议的过程,还是利益集团的政治妥协,却无法按照某些程序性的规则来判断。

最终,保证一定的政策具有公共性,不仅要看讨论的程序,还要看讨论的实质,这依存于正当化理由的公共性。那么公共理由是什么呢? 我想在此无论如何都必须言及"正义"。实际上,哈贝马斯在他的法哲学巨著《在事实与规范之间》(英译名:*Between Facts and Norms*)中将普遍主义的政治理念作为立法的规则理念。

如果没有独立于"民主过程"中的先行价值规定,就无法判断何种过程是公共的,何种过程是非公共的。因此,在考虑"公共性"之时,还必须认定它的先行的价值理念,我认为"正义"就是这种公共性的理念基础。为什么呢? 因为"正义"是与"他者"共生的方式。而这种情况下的"他者"又是什么呢?

我们有着在"我们"（We）这一群体自我中，同化吸收"他者"的欲望。我很想说"我们的价值"（our values）是公共的，但我不得不压抑这种欲望。成为与异质的"他者"共生基础的价值，是不同于"善"和"爱"的"正义"。

这种正义理念，无法还原至"民主过程"。毋宁说，作为判定"民主过程"是否是"熟议的过程"的先行条件，它是必不可少的。

为了明确这个意思，我先回答一些可能会出现的反对意见。斋藤纯一先生在对我的《通往他者的自由》的书评中，进行了如下批判："对何为公共这一区别就很暧昧。如果不经过民主主义过程，就无法对公共性确定界限。"哈贝马斯的著作中也有这一倾向。他认为，即使承认"平等就是平等"这一正义理念是先行的、必要的，但规定"在什么方面的平等"的具体标准，还是只能在民主过程中讨论决定。

但是，如果将这种想法进行到底，则会陷入一种无限后退。哈佛大学的弗兰克·迈克尔曼就曾指出，虽说是民主过程，其实存在着许多形态。因此，问题是哪种形态是可以标榜公共性的民主过程，这又必须通过民主过程来决定。这样的话，问题又成了必须采用哪种形态才能使民主过程具有公共性，结果陷入了无限后退。虽然迈克尔曼本人也依据现行民主制度这一历史结果，而指出回避无限后退的可能性，但这只是隐藏了这个结果的民主正统性问题，这个结果并非只有一种解释，而是一种开放式的可以展开争论的解释。这样，又出现了"我们的民主政治"的正确解释到底是哪个的问题。如果要民主地决定这个问题，那么又再次出现了无限后退。

具体来说，比如现在参政权没有性别和阶级上的歧视，在形式上是平等分配的。但是，每个人可以动员的政治资源却各不相同。

169

因为选举活动、政治宣传活动等需要花费很多钱，经济上资源分配的差距会造成政治资源的差距，所以虽然在形式上规定了参政权人人平等，但实际上无法实现实质意义上参政过程的平等。那么为了实现政治上的平等，要对经济财富实行多大程度上的再分配，这里有很大的争议。

罗尔斯有"the worth of liberties"（自由的价值）理论。罗尔斯的第一原理是平等的自由原理，第二原理虽然包含了再分配的差距原理，实际上第一原理自身，具有更为彻底的再分配的含义。这不仅是将最基本的各种自由在形式上平等分配，还必须考虑它的"实用性"。这就是将它称作"the worth of liberties"的原因。

而且，在这一点上，给政党的赞助金以及最近韩国、法国采取的政党候选人名额按男女比例分配等也存在问题。如上所言，何为"过程的公共性"？这绝不是不言自明的事情，而是非常有争议的。虽然可以说候选人的男女比例是经过民主决定出来的，但现在这个民主过程的民主性自身也成了问题。这又陷入了这种无限后退之中。

因此，有必要在某处作出无法还原到过程的实质价值判断。不将责任转嫁到民主过程，而是我们每个人必须基于自己的责任进行价值判断，并基于这个价值判断评价民主政治实践的正统性。

我之所以认为包括哈贝马斯在内的过程化民主主义论是不可轻信的，是因为他们没有承担这种价值判断的责任。乍一看，交给民主决定似乎很好，但我觉得，这仅仅是为了回避自己作出价值判断的责任。这与后面所说的自由社会的问责性也有联系。最近，哈贝马斯为了切断"民主主义"和"人民主权"之间的关系，主张"无主体沟通"。我感到这种说法极不负责任。

关于正义，也不能仅将其还原到民主过程就万事大吉。我对

"正义"的概念和构想作了区分。"概念"也可以说是"理念",这是普遍主义的要求,不能仅以个体同一性上的差异为理由而区别对待。这不仅在说法律规则不一定需要是固有名词,还含有法律规则的正当化理由也必须可以普遍化的意思。

我在为岩波书店《现代的法》讲座而撰写的论文《企求正义的法》中,论述了这种普遍主义的正义理念所具有的强烈规范性的含义。简言之,"正义"就是公共性的规范基础。而普遍主义的要求,换一种说法,也可说成"reversibility"(可逆性),即自己进行与现实想法的逆向假设的想象,将自己与他人的立场互换,看是否仍然可以接受。从这个观点来说,所谓正义,就是"勒住自己脖子"的理念。

"正义"就是将自己对他者的支配进行合理化的意识形态,这种想法既可见于后现代的解构主义学派(认为正义是无法解构的德里达,属于例外),又可见于马克思主义的意识形态批判。但是,事实上恰好相反。我们都想隐藏自己的权力性。大家都没有加害者意识,而都只有受害者意识。正因为如此,为了暴露自己的权力性,对此进行自我批判的约束控制,正义还是必要的。

从这个观点来说,实际上容易与主张个人利益相混同的"权利",也作为"正义"的构想之一,包含着公共性带来的制约。

柳父章先生在《翻译语的形成》一书中已经指出,将英语的"rights",译为日语的"权利",是个极大的误译。"权"乃仗权横行的"权",是力量之意,"利"乃利益的利。译作"权利",则成了力量与利益的组合,"vested interest"(用力量保护既得权),也就是说成了"正义"的反义词。而事实上,"rights"的意思就是"正"(正义)。

如果将"权利"看做正义,那么主张某种权利的人,必须有承认相同条件的人拥有相同权利的准备。在这里,普遍化可能性的制约产生了效果。这也成了对权利公共性的制约。只要维护自己的利益,别的都无所谓,这种态度与权利正好相反。从这种观点出发,"新权利"中,有与权利名不副实的、既得权性的自我中心的东西。与这一点联系起来说,甚至屡次被误解为"放纵"的自由主义者的权利论中,也浸透了对正义的公共性的制约。

比如,与所有个人主义相结合的洛克(John Locke),也并不认为可以通过"先者为胜"的原始手段去获得,对于私人所有权还是有所制约的。洛克认为同种同样的东西必须充分留给他人,禁止浪费,这就是所谓的"Loikean Provisn"(洛克的但书)。这并不是"附加"的东西。但这当然也不是从"自己所有"中自然得出的。这仍然是从对"正义"这个概念的关联中得来的。

因偶然的机会先得到无主物的人,可能会采取先者为胜的规则,但其他场合的人们不会采用。虽然住在沙漠中唯一的绿洲附近的人可能想采取这一观点,但只要将心比心,假设自己比他人住得离绿洲更远,就不会采用先者为胜的规则。这可以归结为从正义的概念而来的"reversibility"(可逆性)的制约。公共性也内藏于自由主义者的所有权理论当中。

我在前述论文中,批判了认为"平等即平等"仅是无意义的重复,或仅是对预见可能性的保障等通常观念,明确了正义理念拥有更强的规范性的公共制约功能。依据从他者的视点来看也可以接受的合理的"公共理由",正当化的先决条件通过可逆性而具有了意义。将这一意义放入罗尔斯的所谓"多元性事实"的状况中,如果正义的原理不是可以独立于善的特殊构想而可正当化的东西,那么就产生了无法作为公共理由的所谓"正义的基础性"的要求。正义的基础性乃是普遍主义正义理念的当然归结。

罗尔斯认为"平等即平等"不过是形式上的制约,但我在这一点上,与黑尔(Richard Mervyn Hare)的观点相近,将它解释为要求政治原理的正当化根据的普遍化可能性的坚强理念。当然,我认为,它还可以应用在与黑尔功利主义的正当化不同的方向。在这种多元性事实(虽然这种情况不单是利益的多元性,而且还是价值对立下的多元性)的状况下,我们要求即使从他者的视点来看,也是公正的"理由",这一点正与"对他者开放的公共性"相联系。

社群主义者所说的"共同善",最终希望像"our tradition"(我们的传统)一样,使用"我们"这个词汇来保证它的"公共性"。但是,我想强调的是,立足于正义的公共性所使用的是被"我们"所排除的"他们",即负责检测"他者"的视点与自己的视点之间的"reversibility"。这是想强调在善的构想的多元分裂下所包含的正义的基础性。

这种公共性理念,与经济学上的所谓"公共财"的概念不同。在公共财的概念下,起决定作用的是无法排除性。无法把好处只给付出等价报酬的人。在这时,无法保证他人没有免费享受权利。正直的人不想吃亏,自己也就不想负担成本。

事实上,我认为不存在本质上的"无法排除的财"。认为不可排除,是因为排除的成本过高,这种成本不仅包括经济成本,还包括伦理成本。只要不在乎成本,就可以排除。比如空气也是如此,很抱歉,举的这个例子有些科幻色彩,在空气中投放仅对人类致命的毒气,并声称只有交钱的人才能领取防毒面具,那么空气也能变成私人财产。但是,即使有可能,也不可以作出这种事情。因此,虽然也可以让它具有排除可能性,但这种财是所有人都必需的。即便没有支付的能力,也不应排除对它的享受。应该用"排除不当性"这一形式从法哲学上对公共财概念进行再解释。而且,如果主张某种财是排除不当的，按刚才所述，就必须能够通过公共理由正当化。

进一步说，提到"公共理由"时，仍然出现了"他者"的问题。排除被歧视少数人的分区规划，被正当化为价值中立的（经济学的）公共财概念。例如，某个社区居住的全是道德严谨的白人中产阶级。某人去世了，继承人想出售土地。如果社区内的某个白人中产阶级的成员为了不让黑人或同性恋者买走，自己买了土地，那么其他成员并没有为这个社区所看重的"不与下等人一起生活的健全的伦理环境"付出代价，也获得了同样的享受。

在这里，经济学上的公共财概念的无法排除性是符合逻辑的，因为如果放任市场，就无法有效地维持白人中产阶级全体居民的希望的"居住环境"，所以才会求诸自制体条例的房地产买卖规则。但是，从"正义"的观点出发，这样做是不可以的。从少数派观点出发，是不可能将这种排除进行公共地正当化的。

## 2. liberalism 是接受他者的哲学

从以上观点出发，我认为"liberalism 是公共性哲学，并且正义是其基础"。但也许有人会批判说："liberalism 和以他者为前提的正义是水火不容的。""重视他者"是最近流行的哲学和思想，下面我想说说它的源流与我所说的东西有哪些不同。

罗尔斯的政治自由主义，在某种意义上确实可以看成接受他者。他自称这是将宽容原理应用于哲学，他不仅要求独立于正义的善生的特殊构想，还要求独立于哲学及其他综合学说。其结果是，正义的政治构想，不是从一定的哲学立场被正当化，而是多样哲学的综合学说，通过"虽然理由不同但结论相同"的可以共有的重叠同意而获得支持。

这样,乍一看,无论是第二梵蒂冈公会会议以后的天主教徒的自由主义,康德的自由主义,穆勒的自由主义,罗尔斯的自由主义,还是某种功利主义者,都可以在某种程度上共存。看起来在这种形式下,似乎都在接受内部的他者。

罗尔斯把这种重叠同意,看做是拥有立宪民主主义传统的欧美诸国的所谓政治文化问题,而放弃了哲学妥当要求和普遍妥当要求,而不将自由主义强加于没有立宪传统的非欧美国家。罗尔斯在论文"The law of the Peoples"(后来出版成书)中明确指出了这一点。文中,罗尔斯承认被称作"well-ordered hierarchies"或"decent hierarchies"的"稳健阶层社会"是国际社会的正统成员,指出正统性的条件已经得到缓和:没有对外攻击性;虽然内部体制不是民主主义,但拥有诉状箱式的民意听取系统;不要求政教分离,虽然会将非国教徒看成二等公民,与国教徒进行区别对待,但不会施加火刑等迫害,而进行最低限度的人身保护和财产保护。

对非欧美世界作出低要求的政治自由主义,乍一看显示了对异文化的宽容,但我认为,说到底这还是属于东方主义,因为它与欧美历史的自我圣化是表里一体的。但是,说欧美是自由民主主义的模范代表,这只是自我欺骗。比如,美国联邦最高法院于1986年判定反同性恋符合宪法。这一判决承认了对以同性恋为代表的在性道德上的宗教式的不宽容的法制化,这只是个象征事例。因此,罗尔斯说自由民主主义的基本原理作为"constitutional essentials"(立宪的精髓)而成为重叠同意的对象,那只是谎言。

其社会背景是,里根政权不仅与经济自由主义,还与社会保守主义勾结在一起,并将道德多数派等也纳入其权力基础之中。

英国在撒切尔政权之时,也曾以防止 IRA(北爱尔兰共和国的反英地下组织）的恐怖袭击为借口，严重侵犯了集会、结社、言论的自由。在欧洲人权法庭上，EU 加盟国中，撒切尔政权的败诉率是最高的。像这样种种的宗教式的不宽容使自由体制经受危机的事例，在欧美也时有发生。

然而，从罗尔斯的观点来说，自由政治原理已作为"constitutional essentials"，融入欧美社会的政治文化当中了。但事实是在内部仍有各种各样的异质声音在尖锐地碰撞着，发出不协调的音符。批判自由主义者的有社群主义者和共和主义者。最近发展起来的多元文化主义者（multiculturalism）中，也有詹姆士·塔利等人认为最初将宪法法源限定在合众国宪法就很不正常，提倡"treaty constitutionalism"（条约立宪主义），主张应将与土著居民的条约也纳入宪法法源。

像这样，虽然宪法的本质自身还有争议，但"协商一致"有隐藏内部对立、内部他者的功能。另一方面，对于非欧美世界，这样做看起来也比较宽容。"我们并不将人权和民主主义强加给你们，因为你们的文化不同。"虽然看似接受了作为他者的非欧美世界，但实际上，这只不过是认为自由民主政体和人权、民主主义是欧美固有的传统，是自己固有使命这一傲慢的自我圣化的另一种表现罢了。

关于这一点，我曾在论文"Asian Orientalism and Liberal Democracy"（《亚洲的东方主义与自由民主》）中深入论述过，它收入在 *East Asian Challenge for Human Rights*（Cambridge V. P. 1999）一书中，去年（1999 年）夏天参加在东京大学举行的国际公共哲学共同研究会的 D. A. 贝尔也是共同编者。在这里我仅想提及我所举出的一个例子。厄纳斯特·格尔纳（Ernest Gellner）是欧美知识分子中具有广阔视野的一位学者，他在民族主义与近代市民社会的结合关系问题上也显示出敏锐的洞察力。在他死前的著作 *Conditions of Liberty*（《自由的条件》）中，提出了以下观点："马克思主义终结以后，能与欧美的市民社会的传统相对抗的只有两个：一个是伊斯兰教共同体，另一个是亚洲的儒教开发共同体。拥护市民社会的传统乃是我们欧美人的历史使命。"

土耳其长年致力于政教分离和共和制的确立，甚至产生过女性首相。格尔纳称它的情形为"the curious case"（奇妙的例子）。这样说过以后，又指出实际上这不是反例，而是验证自己假设的例子。因为土耳其最终是由开明的军部从权力上维护立宪民主体制。其结果是一旦推进民主化，自下而来的平民主义运动必然会变成伊斯兰教的超保守主义。这样的话，军部就会再度介入。就像西西弗斯神话那样，把石头推上去又滚落下来的过程，将会永远循环。尽管如上所说，平民主义与超保守主义的结合以及宗教对立威胁到自由主义的体制这一问题，也已渗透到欧美各国，但他们并没有认为土耳其的苦恼将是大家共有的问题。

格尔纳对于"欧美市民社会"及其"对抗者"有这样的逆向假设：如果我们处于他们的位置，就会拥有他们的价值；如果他们处于我们的位置，就会拥有我们的价值。他把"我们"、"他们"用二元论分开。这种二元论确实是批判东方主义时曾出现的问题。也就是说，为了树立起欧洲作为近代历史的推进者的光辉形象，把所谓的黑暗的、非近代化的象征——亚洲设定为"the other"（他者）。将亚洲他者化，是使自己神圣化的手段。进一步说，这种机制"purify"（净化）了自身存在的宗教压迫等黑暗面，并将它非法地丢弃给他者。罗尔斯还表现得较为含蓄，格尔纳就十分露骨了。我认为这样做的结果不是了解他者，而是"隐藏内部的他者和捏造外部的他者"。

177

### 3. 向他者开放的公共性的制度化

最后,我想简单地谈一下,如何在现代日本的条件下,实现对"他者"开放的公共性。

我认为在使对他者开放的公共性制度化上,重要的是决策系统的设计。对于"deliberative democracy"(熟议的民主政治)也是如此。虽然口头上说是"熟议、熟议",但并不能做到真正的熟议。怎样做才能使民主主义不会沦为利益集团在政治上争权夺利的场所,而能成为具有公共价值指向性的熟议的场所,这才是问题所在。

#### (1)协商一致原理的陷阱:帕累托原理的空化

哈贝马斯也曾指出,"deliberative democracy"的决策系统的原理是"rational consensus"(理性的协商一致),是一致意见的指向。虽然这里承认了多数表决原理的必要性,但这是因为它无法达到"unanimity"(全体一致)而作出的无法避免的妥协。协商一致才是追求的理想。但是,协商一致原理即使只作为理想,也包含着许多重大的缺陷。

从对他者开放的公共性这个视点来看,所谓"协商一致",不如说是隐藏他者的问题。我将它称为"帕累托原理的空化"。帕累托原理适用于协商一致,即认为最佳状态是如果不使某人的状态变坏,任何人都不可能取得比现在更好的状态。这个社会选择原理,关键是给了每个人否决权。虽然看起来因为每个人都有否决权,都可以根据自己的意见自由地发表异议,但这只是形式上而已,社会机能自身是完全不同的。

我认为在"协商一致"原理下作出决策时产生了"空化",在必须作出集体决定时,如果按这个原理进行,则只要有少数的反对派,事情就无法决定下来。这时会有人对少数派暗地施加压力使他们赞同,会出现所谓的事前沟通,甚至是露骨的恐吓。即使没有露骨的恐吓,少数派也会承受无声的压力:"因为你们反对,事情才无法决定下来,这样好吗?"这样的话,少数派很痛苦。反而是按多数表决原理做决定时,少数派更轻松一点。对于大多数人的提议,我们基于这样的理由说"不"。可以按照多数表决来决定,但如果这个决定错误,要为其负责任的也是多数派的诸君。明确了这些,少数派才能较容易地提出异议。如果需要协商一致才能通过决定,少数派反而无法提出异议了。

另一个问题是,虽然这种协商一致是对不同意见施加压力得来的,但意见统一之后,就成了"大家共同决定"。所谓"大家共同决定",也就是"谁都不承担责任"。发生错误时大家都有错,大家都要忏悔。这样做不仅模糊了主体的责任,还模糊了主题的责任。采取协商一致时,不得不进行"模棱两可的妥协、无原则的妥协"。因此很难形成在原理上具有整体性的政策。

例如,战后日本的民主政治基本上就是协商一致型,应该纠正这些弊端的政治改革,正是被这些弊端抽去了主要内容。简言之,就是把比例代表制和小选区制这两种理念完全不同的想法,不分青红皂白地叠加起来。因为如果不这样的话,就无法实现意见一致。这样做以后,现在的政治改革无法顺利进行,是因为小选区制呢? 还是因为比例代表制呢? 谁也说不清楚。大家都把责任归于自己反对的政治制度。

这样做不仅不明白是谁犯了错,也不明白到底是出了什么错。这样就模糊了主体、主题两方面的责任。其结果是当问题发生时,人们所期待的民主主义政治上的学习功能无法发挥作用。所谓学

179

习功能,就是不存在绝对正确的贤人,因此必须经过反复试验,通过对政治的批判性自我修正而发展的功能。

### (2)从反映式民主主义到批判式民主主义

我将正常的民主主义的模型称为批判式民主主义。这与最大限度反映众人选择偏好的反映式民主主义不同。让执政者做某件事情,如果出现错误,那么可以明确错误责任在谁,并免除他的职位。这作为认识论基础与卡尔·波普尔(Karl Popper)的批判理性主义结合在一起。民主的决策系统朝这个方向转换,也是实现"deliberative democracy"(熟议的民主政治)的条件。如果无法明确责任和进行学习,那么即使说是熟议,也无法实现。而且在协商一致时,如果是有团体拥有了超过一定额度的组织票等政治资源,他们通过行使政治上的否决权,可以享受到不符合公共利益的特殊权益。

英国式的威斯敏斯特模式迄今为止被当做民主主义的典范。为了使之相对化,李帕特(Arend Lijphart)将"consociational democracy"(多极共存式民主政治)模式化,不久又将其一般化为协商一致型模式。在这里,决策系统通过各个少数派集团之间的协商一致来运行。这里有多党制、联合政权等多种形式,总之是通过给一定的政治集团稳固的政治否决权,来实现权力上的共有。

李帕特认为这种权力共有模式适合像比利时、瑞士那样在语言、文化上内部差异很大的社会,但另一方面,李帕特自己也认为日本是协商一致型。虽然说日本不是单一民族社会,但与比利时等相比,日本内部文化的同质性相对较高。尽管如此,日本为什么变成现在这种状况,李帕特难以作出说明,只是说"日本是联邦制",其背景就是地方政府的年收三成为自治,而支出却达到七成自治这种现象所显示的"地方的强大"。

这种说明仅限于表面,没有触及到核心,重点是战后的日本成了利益集团政治。地方以"本地"的组织票为杠杆,拥有通过公共事业等使税金不受中央政府控制的"政治力"。尽管国民强烈反对,最终还是强行通过了对"住专"(住宅金融专业会社)引入公共资金,因为那是对农协系统金融机构进行的救济。虽然官僚介入各种事务,但那都是以既得权的调整为中心,并没有从公共性的观点去瓦解既得权结构的力量。总之,战后日本的国家力量很弱小。

我们的社会在这种意义上,不仅被文化多元性,甚至还被地区自我主义、行业自我主义等利益集团的多元性所分裂。拥有超过一定额度的组织票等政治资源,手握稳固的否决权牌的集团,尽管在数量上是少数派,在主观上他们也认为自己是弱者,但在现实上是他们支配了政治过程。因此所谓沉默的多数者,更加认为自己无能为力,从而不关心政治,成了无党派阶层。这样,无党派的选票像雪崩式地流向那些"明星议员"和故意讲些漂亮话的"勇敢的"政治家。我认为这种闹腾的少数派的反公共性政治主动性与沉默的多数派的无公共性政治被动性的"悲哀的共生",正是现今日本的政治问题。

对此我们要进行改革。所以我们需要的不是协商一致型政治,而是引入威斯敏斯特型的多数者支配。这样的话,就可以明确前述主题的责任和主体的责任。政治的学习功能就能发挥作用。

那么如何保护少数者呢?如果在政治过程中来实现对少数者的保护,那么就要容许有人获得额外利益。我认为应该将保护少数者的任务交给民主的政治进程的外部机制。作为这样的机制,"司法人权保障"很重要。虽然如今"judicial activism"(司法积极主义)因为不民主而名声不佳,但是为了使民主政治过程健全化,

181

用司法过程来保障人权是必要的。在去年纽约召开的 IVR 国际学会上，我的论文这样写道：否绝权有两种，即"internal veto"（内部否决权）和"external veto"（外部否决权）。前者是政治过程中可行使的否决权，以协商一致型决策为前提；后者以多数者支配型的政治过程为前提，是在其外部所行使的否决权。司法进行的人权保障就是其典型。政治过程之外的否决权更加公平，并能促进民主主义的健全化。

当然，司法人权保障的现状尚不完善。正因为如此，才需要进行司法改革。通过司法来保障人权之时，其理念是即使没有超过一定额度的组织票等筹款能力，或者举例来说，哪怕只有一个外国人从事违法劳动，也要保障他可以获得救济。要实现这个理念，需要进行以大规模的法院改革为支柱的司法改革。

即使是同样拥有"internal veto"的少数派当中，那些拥有组织能力的少数派可以获得救济，但孤立、分散的少数派就无法得到保护。而且，拥有强大的内部否决权的少数派，将一些无法普遍化为人权的反公共性额外权益，也可作为自己的既得权来分享。但是，司法人权保障上，只能保障那些可以根据宪法中的普遍主义人权原理而正当化的权益。另一方面，只要拥有这种可能正当化的权利，无论有无政治力量，都会被保护。这就是公正。

这样，在对少数者的保护实现了公正的同时，通过排除内部否决权，避免了因少数派集团的特殊利益而歪曲了公共性的所谓民主过程的功能不全。因此，我认为，"激活民主的公共性形成和强化司法人权保障"，不仅是可以并存的，而且是相互依存的。


### （3）市民社会的问责性

问责性不仅是对政党或参加公共权力过程的人们的要求，哈贝马斯还以此要求以 NPO 为代表的市民公共性的负责人。"ac-countability"（问责性）一词曾被译为"说明义务"，风靡一时，其实这是一种误译。如果只是说明就可以的话，那么这与官僚们的辩解也没有什么不同。但事实上并不是这样，只要是犯了错误的人，就必须承担责任、辞职、开除，或接受制裁，这才是问责性。这对于政府自然是必要的，我认为这对市民社会的各个团体也同样必要。

例如，前面也曾提到，如果修正 NPO 法，给他们免税特权，让他们不要多嘴多舌时，一定会产生腐败，这与绝对的权力导致绝对的腐败相同。

没有先验地存在的公共主体。无论何种代理人都有可能堕落。在承认这一点之后，如何保证包括 NPO 在内的市民社会组织的问责性这个问题，将会成为今后重要的政治课题。NPO 只要取得法人资格就足够了。如果追求在税制上的优惠，会出现两种堕落：其一是如果给它税收上的优惠，那么 NPO 将成为逃税组织聚敛钱财的掩护。

如果为了避免这些，政府检查 NPO 的活动内容和组织形态的话，反而会抑制 NPO 活动的自发性。因为 NPO 其实是一种网络组织，必须有组织形式上的冒险。给予特权之后，如果不检查就会堕落，但如果加以限制，NPO 就会失去自发性。这是个两难命题。我想对 NPO 说："如果想保持对政治权力的自律性，那就不能接受税收优惠。"

市民社会的问责性问题对于发展市民公共性理论也很重要。哈贝马斯近年来以无主体沟通的意见形成，取代人民主权原理，作为市民公共性的基础。他希望的不是同质的人民占支配地位这样的印象，而是希望将沟通对各种人群开放。这种想法在《公共性的结构转换》1990 年再版时的序言中已经显现，之后，在他的法哲学巨著《事实与价值》(*Faktizikat und Geltung*)中又加以详细论述。

这实际有两层意思。一是对卢曼(N. Luhmann)的败北。他受到了来自系统理论的批判,不得不承认为适应复杂的现代社会,经济系统、行政系统发生的功能分化。因此,他虽然认为行政系统和已经制度化的代议制决策系统不能改变,但为了降低、剥夺他们的正统性,他提出了非正式的沟通权力。但这并不是某个人的权力,是公共的评论的过程。

这乍一听虽然很好,但存在几个问题。实际上,哈贝马斯也承认他的这个想法受贝隆哈尔特·佩塔斯的"水闸"理论的影响。简言之,就是面对虽说是直接民主制,但在现阶段还无法实现这一批评,通过在沟通权力上保留设立议题,来确保直接民主制的支配领域。对于已经设立的议题去制定合理的政策,则交给民主制和官僚制。设立新的议题的舆论,就像水在水闸里积蓄那样,达到一定的压力,就开闸放水。

哈贝马斯希望各种各样的市民社会组织通过唤起舆论,促使不断设定新的议题。在此,他使用了"besiege"(包围)一词。通过在制度上没有决定权的市民们和各种社会集团之间的议论,用日本式的说法就是舆论的压力,把新的问题、课题纳入到议题之内。但是这样做之后,应对这个问题制定合理政策的事情,则要交给行政系统和议会决策系统,我认为他现在是这样主张的。

这样做的结果,是对专家支配的控制也必须做相当的让步。但是这样做还会产生更为严重的两个问题。

第一个问题是究竟谁可以让制度的决策中枢,认识到水压已经高到如果再不打开阀门,就会发生危险的程度。拥有可以进行有组织运动的政治资源的人,大概能够办到,但像刚才所说的无组织的、分散的、孤立的少数派,就没有办法让水闸打开了。

另一个问题是没有明确谁该承担开闸放水的责任。责任转嫁给了没有主体的"公论"、"舆论"等匿名的东西。这不仅使制度权力中枢可以按自己的方便来利用"舆论",还模糊了组织水压增高运动的社会集团的责任。比如,掌握年号法制化运动主动权的并非政府及自民党中枢,而是神社势力动员的草根的保守运动在地方议会上屡次要求通过法制化决议,他们在日本武道馆举行集会,要求推行年号法制化,通过自下而上、地方"包围"中央政府的形式使之实现。如果不追究"草根"的责任,只是批评自民党的政权,果真能抓住问题的核心吗?"绝对的权力导致绝对的腐败"这一命题,必须贯彻到由实际上被称为"人民"、"我们"、"主权者"的这些人身上。"作为主权者的人民"并没有在沟通的关系性上消失、匿名,反而使构成他们的各种社会主体凸显出来,他们所行使的非正式沟通的权力,也必须成为批判统治的对象。我认为,为了使"熟议的民主政治"能够成为与异质的他者共生探求公共价值的场所,这正是需要厘清的最重要的问题。


　　围绕论题五的讨论

　　**今田高俊**:井上先生的报告,总而言之,是先设定"正义"这样一个类似于"公理"的东西,由此出发来思考"公共性"。可谓是一种近似于公理演绎的想法,这样做当然也可以,但问题是如何从"正义"这个概念来推导出其他诸多命题。对别的研究者的批判部分,我们暂且不论,最后提到的"问责性"是如何从"正义"的概念推导而出的呢?以及为什么会从"正义"的概念推导出"批判性民主主义"呢?关于这些问题,我希望井上先生能作出更有条理的说明。

185

　　进而言之,为什么会从成为正义概念背景的"自由主义"中得出"正义"这个概念呢? 或者说为什么"自由"概念和"正义"概念必须是成对的呢? 这又和与"他者"的共生有着怎样的联系呢? 还有关于"熟议",我也希望井上先生能解释得通俗易懂些。

　　还有,在这次研究会上也有过讨论,就是有关"市场的竞争原理"。亚当·斯密曾在《道德情操论》一书中论证说:"公平竞争"这一原理可以使道德情操和市场机制并存。井上先生如同数学家先验地设定公理一样,先验地设定了市场机制中的"正义",但我想首先必须给"正义"下一个定义。而且,关于为什么它可以像公理一样假定呢? 我也希望井上先生能作出更为详细的说明。

　　还有一点,在美国曾有过改造贫民窟运动(改造都市中贫民阶层的居住区,使其高级化),把以黑人为首的种族集团从居住区赶出去。这个运动利用提高土地资产税等手段,这样一来,下层阶级便交不起税金,他们不得不离开原来的居住区。为什么通过这样的改造贫民窟来驱逐贫民阶层的行动是不正当的呢? 虽说这是(驱逐方的)利己行为,但若是将这样的利己行为说成是"不正义的",我总觉得距离过大,有些牵强。如何才能将"正义"的概念和日常现实生活中出现的公共问题之间的距离再拉近些呢?

　　**井上达夫**:我所使用的并不是一种将"正义"规定为公理,再加以系统证明的模式。对于"正义"的构想和概念,我还是有所区别的。正义的构想已经多元分裂,无论是分配的定义,还是匡正的正义,均是如此。因为不同的定义构思都有其对立性的一面,所以我们必须规定一个共通的正义概念。爱的构思和正义的构思并不是对立的。

　　这个"共通的正义概念"即为"普遍主义的要求"。迄今为止,这些定义大都流于形式。因修辞学而成名的佩雷尔曼在"平等就是平等地对待"这样的古典定式中寻求共同的正义概念,但仅仅是把它理解为"要遵守规则"的意思,可以称之为形式主义正义理念。归根到底,到底是哪一点上的平等? 按什么标准来具体化? 这些都没有确定。甚至有人说,这只是个空洞的公式。但是,我认为这是普遍主义的要求。它基于超出了可预见性的"reversibility"(可逆性)的检测,要求公共性正当化。我想强调的是,它绝不是徒具形式而毫无内容的。

确实并不是这样就能决定所有的东西,这是消极的制约。比如在分配的正义方面,应该如何调整累进税率,如何完善社会保障体制,等等,这些仅仅是依靠"正义"的概念,并不能全部解决,必须具有正义的具体构想。但是,在排除不可普遍化、不可逆的歧视政策上,正义的概念具有极强的规范力量。

比如,在救济衰退产业上也是如此,并不只是去救济那些具有一定政治力量的企业,而是必须完善具有普遍主义公平性的救济体制。正义理念是一种消极的制约,它与自由主义的方向、福利国家的方向都是可以并存的。但是,它(从正义的构想中)排除了不可能普遍化的双重标准的弥补政策、免费权利、与权利处于相对位置的既得权、集团的自我利己主义等。

还有一点就是"正义的基础性"。这进一步强化了正当化理由的制约。的确,从善生的特殊构想中独立出来的正当化理由是多种多样的。对于美观限制、对宗教法人的赞助以及对私立学校的赞助等是否可以正当化,还存在着争论。但是就算对宗教法人的赞助通过了正义的基础性测试,那么也不是基于佛教好或是基督教不好,或者传播某个特定的宗教有公共性之类的理由,而是基于促进探索多样的善生构想的人们的自律探求,对社会的无私奉献、相互帮助等理由。

187

例如,我在参加一个名叫 CCWA 组织的慈善活动,有的菲律宾孩子们虽然想去小学读书,但却不得不帮助贫穷的父母劳动,而无法上学。我们给他们的父母补助一定的生活费后,他们就可以上学。虽然对这类团体的捐赠采取了免税措施,但前提条件是,这一支援活动不得与基督教的传教活动有关联。这就是我前面所说的"理由的公共性"。如果不去强制推行特定的宗教或生活理想的话,宗教法人赞助也能够正当化。

这一调节(正当化理由)进展得是否顺利,我想还有一些争论的余地。我并不是在主张,就像公理中所证明的那样,如果没有民主的讨论和民主的决定,而只是靠普遍主义的理念和正义的基础性,来决定一切政策问题。

**今田高俊**:这样一来,岂不是没有"公共性"的概念也可以吗?仅仅讨论"正义"的概念和"熟议"的过程是否民主就可以了,从中插入"公共性"概念的必然性又在哪里呢?

**井上达夫**:各种各样的公共活动的具体目标,并不仅仅来自正义的概念。要设定某一目标,就必须考虑环境保护或价值多元化等。从这个意义上来说,公共性并没有"还原"为正义。但是,为了不使这样的活动仅仅限于一种自我满足,只是觉得"我(们)做了件好事",要想具有真正的公共性,还有必要检查一下从"他者"的角度来看,是否可以做到公共性正当化。这样正义概念才可能有效。我为什么要强调这点呢? 这是因为超越了"差异"的公共性是很可怕的。超越了差异的公共性,其结果有可能是成为共同体论者的"共同善",或者成为更为强制推行的狭隘的民族主义传统。

**今田高俊**:这么说你的意思是,如果"正义"得以实现的话,就会成为"公共的"活动。即使属于个人的行动,如果确保了正义的话,它就是公共的吗?

**井上达夫:**"正义"的概念(并非构想)是消极的制约。它以"普遍化不可能的理由"为基础,是一种排除了对他者进行压制和歧视的制约。

**今田高俊:**比如美国的改造贫民窟运动,为了将黑人和种族集团从居住区赶出去,而对他们课以重税。那么如果不做这类事情的话,就是所谓的公共性活动吗?

**井上达夫:**我觉得改造贫民窟运动的问题是不一样的,应另当别论。但是这不是一两句就能解释清楚的,所以我想举例说明一下。

虽然在美国日本移民也受到排挤,但我想最典型的例子就是19世纪排斥中国移民的运动。早先移民到美国的欧洲大陆子孙一般都会去上大学,他们不愿从事3K(又脏又累又危险)劳动。而新移民过去的中国人,大多一开始都会去加利福尼亚等地做苦力,从事体力劳动,比较受欢迎。中国人很勤奋,一般会同时做两份工作,有的不仅修路,还从事其他工作,攒些小钱先开个洗衣店。这就是为什么直到现在,美国还有很多美籍华裔开洗衣店的原因。洗衣店成功后,他们又开始开餐馆,甚至还向其他商业领域进军。这样一来,一直都很欢迎中国人的白种人开始觉得自己的利益受到威胁,突然害怕起来,于是便开始了突如其来的排斥华裔移民的运动。日裔移民的情况也大致如此。

189

例子是举不胜举的,其中一个典型的例子就是所谓的立方空气法了。此法律规定:人均占有空间体积在某个立方(立方)英尺以下的建筑物,因卫生状况不良而必须予以拆毁。而其对外宣称的理由就是损害了公共卫生等所谓的公共利益。这个法律的每一处都没有提到"中国人"的字眼,但是,这一法律的所指对象仅适合于中国人家庭。中国人都是投靠亲戚来到美国,大都几代人住在一起。所以这个法律的实质就是要拆毁中国人的家。围绕这点,有人主张这项法律违反了美国宪法的平等保护条款,展开反对运动并开始上诉。诉讼结果虽然最初失败了,但最终还是取得了胜利。

**今田高俊**:这个例子固然很好,但是我的问题是,这个过程中的哪个方面才是"公共的"呢?

**井上达夫**:显然是所谓的公共卫生的"公共性"利益被当做这一规则的正当化理由。而我要问的是,这是否真的是基于"公共性"理由呢?上述法律是一种打着公共性旗号的不平等立法,暴露出"真的正当化理由"所具有的反公共性的一面。

**今田高俊**:这就是公共性吗?

**井上达夫**:这要看它的正当化理由是否和正义相一致。

**今田高俊**:如果不一致的话,就等于说它不具有"公共性"吗?

**井上达夫**:是的,这样就没有"公共性"了。

**今田高俊**:这么说,并非正义,而是将是否做了利己的事,来作为判断标准吗?

**井上达夫**:没有任何立法会承认自己的立法是利己的。不管什么立法都在标榜公共性。所以说设法找出其"隐藏在背后的立法动机"是非常重要的,但这并不是一件简单的事,还需要在制度方面下工夫。比如美国有一个叫 LRA 的标准,即"Less Restrictive Alternative"(较低限制性手段)。它要求同样是实现限制,如果还有其他手段限制较松,那么限制较严的一方就可能构成违宪。这乍一看是一个技术性问题,但其目的在于暴露出隐藏在背后的立法动机。不管将立法目的标榜得如何动听,都会为达到立法目的,而采用限制手段,对无辜的被规定者进行权力的限制,在这种情况下,其真正的立法动机和它所标榜的立法目的是截然不同的。像刚才所说的法律,其实质就是想把中国人赶出去。

同样的例子还表现在日本的药事法的距离限制上,说是在过分竞争的压力下,由于药价的下降,如果商家出售不合格的药品,就会损害消费者的利益,等等。如果是这样的话,那么事前对药品进行严格检查就可以避免,完全没有必要进行什么距离限制。所以说这一法规实质是要保护现有的药房经营者,而排斥新开的药房。

可以说这才揪出了他们隐藏在背后的真正的立法动机。我觉得在这方面下工夫是很有必要的,否则一部分的特殊权益的群体就很容易飞扬跋扈。而且,它还会利用活灵活现的中立性"公益"等词汇来使之正当化。怎样才能排除这种情况呢? 为此,仅仅口头上说说所谓的"deliberation"(熟议)的题目,是远远不够的,还有必要从制度上完善决策方面的系统结构。我认为,将民主的决策系统和前述的违宪审查制度等统一起来,同时从根本上进行再设计,这才是不可或缺的。

**斋滕纯一**:井上先生强调了主体的责任,首先关于这点,哈贝马斯提出的"无主体交流"就是将公共圈分成两个。所谓的制度公共圈必须能够明确其责任所在,而非制度公共圈则并不像卢梭所说的人民大会那样,所以它不得不成为无主体交流的纽带。另外明确在自发言论的网络中,要明确责任之所在,也是一件很困难的事。

**井上达夫**:哈贝马斯的"对卢曼的败北",正是将其二分化作为问题来批判的。如果非制度的公共圈脱离了主体化的话,那么不管是通过制度的权力,还是通过非形式的社会权力,都可以简单地进行操作了。而匿名化了的交往能力会被机会主义所利用,还

191

容易变得无责任化。

斋滕纯一：我认为从非制度的层面上，承认某种程度的无责任化是很重要的，另外我还想请教一下有关"公共性理由"方面的问题。您刚才说（如果在民主的过程中决定公共性的话）就会无限后退，那么关于究竟是否属于"公共性理由"这一点，又是谁在什么地方下的定义呢？

井上达夫：我只能说是"我"下的定义。其实与其说是"定义"，不如说是"提倡"，它是我们各自的责任，并不是要把责任转嫁给民主主义或者协商一致或者"被压抑之声"等，而是要通过自己的责任来提倡，并必须对批判作出相应的回答。

斋滕纯一：虽然你将政治运动的资源差距作为一大问题，但是言论上的资源差距也不容忽视。也就是说，在定义公共性上有明显的言论资源差距，比如可以使用什么样的词汇呢？或用什么样的论调呢？或要掌握什么样的专业知识呢？关于这个问题，你是怎么看呢？

井上达夫：这个问题也很重要。但是，如果仅仅强调讨论过程中的言论资源问题的话，那么新纳粹主义或日本的街头宣传型右翼分子的主张，就会变得合乎道理了。

哈贝马斯以女权主义为例，指出要看某个事情是否具有公共性，要看其过程是否民主。他强调不仅要靠法院来拯救女性权力，还要通过让女性参与到立法过程中，从女性的视点出发，这样才能限制各种各样的日趋明显的非正式歧视，制定出男女平等的法律。

比如由原教旨主义者倡导的禁酒法又是如何呢？只要是通过民主的过程所制出的法律和宪法，就一定是具有公共性吗？美国宪法的禁酒法虽然已被废除，但原教旨主义者的人民党主义运动却时有发生。对于精英们抹杀自己呼声的愤怒成为导火索，另外还有各种各样的右翼运动,新纳粹主义亦是如此,他们宣称:"犹太人控制了媒体,犹太议员控制了政治家们,他们只是给予我们形式上的投票权,但从不认真聆听我们的呼声。我们被他们疏远了。"

所以并不是仅在民主过程中能持有平等的参加资源就可以的。女性主义的大义中有其公共性,但新纳粹主义的大义、对犹太人的排斥大义等不可能具有正当化的公共性。我觉得,如果不对这种实体进行价值判断的话,就无法判断(其是否具有公共性)。只靠过程是万万不可的。

**斋滕纯一**:各种主张是否具有公共性,还是只能在过程中进行判断。我认为"原教旨主义者"是危险的,我们必须尝试从某些地方缓解其表面特征。那么怎样区分"noisy minority"(吵闹的少数者)和"silent minority"(沉默的少数者)呢? 在对吵闹的少数者进行批判前,我们应该看到,有些人无法成为吵闹的少数者,而有些人却不得不成为吵闹的少数者。

**井上达夫**:实际上,这取决于在政治过程中,它是否具有杠杆作用(杠杆)。这一点从我们的经验中也很容易理解。这正是实证的政治过程论一直研究的课题。显然农协就具有这种杠杆作用,创价学会也有,他们都是具有决定意义的因素。但生活在日本的韩国人和朝鲜人,现在还不具备这种杠杆作用。

**斋滕纯一**:经验之谈只是一般的表象。有时迄今为止在公共的空间中被定义为私人的事情,希望其作为公共的事情进行再定义,但却没有这个言论资源。也许从经验上很容易理解,但实际上如果不给他们发言的机会,还是不会明白的。

**井上达夫**:话虽如此,但公共性的问题是先有呼声而后才产生的。比如昭和天皇驾崩前的病情曾受到整个日本的狂热关注(我

193

曾在杂志 *ΑΣΤΕΙΟΝ* 中对这一现象进行批判,所幸的是没有遭遇恐吓)。当时的群众代表、单口相声表演艺术家桂小金治曾在电视上说:"说天皇坏话的人,请离开日本!"这的确表达出了部分老百姓的心声。

假如我说:"这并不具备公共性,日本列岛还居住着一些在天皇制下受到不平等对待和压抑的人们。"或者我说:"这么难对付的言论难道不是知识分子的特权吗? 你们能读懂《共生的作法》和《给其他人的自由》之类难懂的书吗?"如此等等,假设我以这样的形式说出老百姓的日常感觉的话就有点滑稽了。难道他们不可以问我:"作为老百姓是不可以突然改变态度的。但肯定也有人不赞成你的主张,所以即使站在这些人的立场上,你也有理由可以让他们接受你的主张吗?"

**斋滕纯一**:也不是不可以。但问题在于是什么力量使其理由正当化了呢? 说起"合理的理由"时其合理性又是什么呢? 或者说起"公共的理由"时其公共性又是什么呢? 这就有必要展开高度交流了,我觉得要想对一个事物从"同意"到批判,那么就不得不后退到某种程度了。

**井上达夫**:但是为了使无限后退没有终止,批判性论争能够继续,单单展开交流是远远不够的,还有必要引入批判现实的价值理念。如果不这样做,无限后退就会转化为对此行为的接受。比如,前述迈克曼为了避免这种无限后退,哈贝马斯的观点罗尔斯化了。他指出立宪民主主义的传统虽然有缺陷,但大体来说是进步的,只有这样才能终止无限后退。他还指出现实里的东西往往都是合理的。我认为这样的观点是非常危险的。

还有一个问题就是宪法的"entrenchment"(通过限制修改宪法来强化人权)问题。关于这点布鲁斯·阿克曼(Bruce

Ackerman）曾坦率指出：将"人权"作为从民主的过程独立出来的价值，让法官来发现是万万不可的。宪法所规范的人权之所以比通常的立法所规范的权力更为有效，就是因为制定宪法的过程要比制定普通立法的过程更为民主。这就是二元论，即划分常规立法（常规政治）和宪法制定（宪法政治）的立场。

常规立法中也包含熟议，但这是精英们的熟议。宪法政治则是人民大众的熟议。这里所说的人民大众绝不是不负责任的（难以控制的）人群，当他们以主体身份参与宪法的制定时，他们可以说这是"We，the people"（我们人民）所决定的。

在美国宪法政治史上，类似的事情只发生过三次。第一次是联邦政府成立时，第二次是南北战争后的恢复期，最后一次就是罗斯福新政时期。但是，像宪法修正禁酒令那样，其道德调节具有同等的号召力。在美国成功地修正了决定其本质部分（宪法的本质部分）的宪法第一条，即宗教自由和言论自由时就明确指出，必须承认其正统性直到"自由主义派"在下次宪法政治中获胜。这就是胜者为王，败者为寇。

但是《波恩基本法》（现为德国宪法）中，明确表示了宪法的"entrenchment"，即施密特的自由主义派在宪法修改方面有一定的权力界限（其基本权力的本质内容不会因宪法的修正而有所改变）。对于美国宪法，布鲁斯·阿克曼曾指出：因为我们承认了"We，the people"（我们人民）的主权性，所以也能够废除基本的人权。但是为什么德国必须对宪法的修正作出限制呢？这是因为在魏玛体制下，对希特勒赋予全权委任法也变成合法的了。我认为，他们是想在头脑发热之前，先使自己冷静下来。

布鲁斯·阿克曼提出的宪法政治可以说是政治史上的奇迹，通过对美国宪法政治史上只有三次修正的限定，防止了因修正宪

195

法而导致的人权的不安定化。但是,哈贝马斯却对其二元论进行批判。哈贝马斯认为宪法秩序需要不断完善。但是,如果宪法长久变动,而又没有先前的价值制约,民主过程的产物的宪法也可以随意改变的话,那将是非常可怕的。布鲁斯·阿克曼很明确地否定了宪法权力的"entrenchment",哈贝马斯对此却未置可否。

**斋滕纯一:**只要不结合为什么不应该改变来进行讨论,那么"entrenchment"也是很危险的。定义"公共性"的过程,归根到底也就是定义"非公共性"的过程。所幸的是,虽然迄今为止将私人的事情也向公共开放,这种情况很引人注目,但并不能由此得到保证。甚至有时也会通过"你说的都是私人的事情,并不能成为公共的理由"之类的言论力量,使问题私化,这就是公共的理由所具备的排斥力。他们会说:"你所说的都不具公共性,所以不要在这里大放厥词了,哪凉快哪呆着去吧!"

**井上达夫:**您所说的要提出自己的观点,我也认为确实如此。斋滕先生曾批判我说,所谓的"公共性"并不是由谁通过特权(父权的)而决定的。我也承认,我无法代替其他者说出反对意见,所以首先必须由他者自己来提出反对意见。然而问题就在于提出反对意见之后。争论之后该怎么办?虽说争论很有必要,也应该鼓励大家质疑,但最后一定要分出谁是王者谁是寇吗?为了区分王者寇者,必须首先明确公平论争得以终结的条件。

**斋滕纯一:**这个条件必须是能够内在于论争和对话之中的东西。关于这点,我认为哈贝马斯的观点是正确的。他主张义务论,承认意志形成过程必须对一切话题都开放。只是作为意志决定的论据,还有质疑的余地,我认为不可用非公共的价值方面的疑问作为论据。

**井上达夫:**哈贝马斯的观点并不明确。随着阅读的深入我也开始生气起来。他在 *Faktizitat und Geltung* 一书中写道："法可以放入 Sittlichkeit 乃至 ethical 的东西，即人伦。"他严格区别人伦和道德，还严格区别"法"和"道德"，这种情况下道德便成为康德式普遍主义的"正义"理论。但他一方面说，可以在"法"中加入与特殊共同体传统相结合的伦理性的东西即"人伦"，另一方面他又说："只要不违反正义的制约。"我怀疑他并非一个纯粹的过程主义者。

我想反过来问一下斋滕先生，你不认同"正义的基础性"吧！比如作为善的问题，你认为什么样的争论焦点应该政治化呢？是环境吗？

**斋滕纯一**：我觉得井上先生所论述的公共性价值与非公共性价值的区别已经很清楚了。我赞同他政府仅仅对公共性价值可以进行再分配并强制行使权力的观点。只是我认为，问题在于，在对公共性价值下定义时，在其定义过程中，究竟是什么样的力量作为"公共性理由"发挥了作用呢？

公共性并不是围绕"公共性的东西"而进行讨论的空间。我们无法严格区分说，你所说的是公共性话题还是非公共性话题。

**井上达夫**：当然不能事先得出结论，所以必须进行辩论。它并不是单纯的争论，而是必须亲自体会规定公共性实质的价值理念，最后才能进行决断。我认为"哲学"就是将现实斗争的结果不断地让人进行批判，但不能使斗争结束。

**渡边康麿**：我觉得井上先生尝试从新的视点出发，开辟了一个崭新的局面，所以我基本上是赞成的。迄今为止我一直都在展开自我教育运动，一向都对既成的社会科学有所不满。说得露骨一点，没有一个社会科学工作者的发言能让我满意。今天总算找到了可以讨论的对手，从这个意义上来说，我给予高度评价。在此我

197

按捺不住自己的兴奋之情,忍不住要说几句,理由如下:

第一,如果不设定一个实质的价值标准,事情就无法解决。但是,我认为最大的问题在于,这一标准的适用范围有多广呢？对此,井上先生用最少限度的语言(正义)来进行定义。但迄今为止还没有这样的定义,实在令人着急。我想提的第一个要求,是想请井上先生用日语而不是英语来解释一下"reversibility"的概念。

按照我的解释,论理学的世界里至少有两个原理。一个是积极的定义,即自己想做的事情也让别人去做的原理;另一个是消极的定义,即己所不欲勿施于人的原理。我认为如果忽视站在对方立场上这一理论的一贯性,伦理的基础也就失去了。正是从这层意义上来说,我觉得井上先生的论点是很合理的,是尖锐且深刻的定义,我表示全面赞成。

当然,也可能会有其他不同意见,但我可以驳倒那些批判方。作为重视实践的人,我是从根本上赞成的,我想将我的焦点放在这里。我认为,深入到"正义的基础性"是很重要的。如果无意中成为多元主义、相对主义,对方那么说我方又这么说的话,最终"学习"一事也就不会发生了。

我对井上先生说的"学习"颇感兴趣。听了很多社会科学的议论,但总看不到"坚持学习"的过程,对于这点我深有同感。实际上,在我自创的一个人就可进行的自我发现法中,"自他人边界线"是很重要的。在具体的日常生活中,我创造了可以训练人格感觉的方法论。自他边界限同时又称"人格尊重线",这是在深入剖析自己心情的同时,认真理解对方心情的训练。父母们就常常对孩子们持有一种"是我把你一手养大的"的傲慢态度,或者不知不觉就将自己的意志强加给孩子们。要想自己受到孩子尊重,先要对孩子表示尊重。从心理学来说,其原理是一样的。

我一直都在做这样的训练,即首先将"自己"和"他者"的自他边界限严格区分开来,并以"我是这么想的"、"我是这么说的"等方式,将自己的一个个言论表达出来并加以掌握。这样就可以将"责任"明确化。我认为没有这一训练,"对话"也就难以成立。

比如我只举一个例子,妈妈们经常会说:"我家的孩子根本不爱学习,真让人着急!"我当即就问:"是谁着急?"妈妈回答:"我呗。"我再接着问:"那您孩子呢?"回答说:"一点都不着急!"不管是孩子们不愿上学也好,胡作非为也好,那么是谁这么规定的呢?也就是说井上先生刚才所说的"主体和主题的明确化",具有与教育接轨的可能性。

我总有种感觉,在迄今为止的哲学世界里,积累了许多有关实质性价值标准的讨论成果,但在社会科学领域,几乎没有被以正确的方法吸收过来。我认为这是社会科学和哲学分离的不幸。井上先生看起来是位社会科学家吧。

**井上达夫**:我是法哲学家,其实我自己也不甚明白。

**渡边康麿**:我作为进行现实教育实践的一员,觉得你的报告富有启发意义,为我开拓了崭新的视野。

**山胁直司**:刚才渡边先生提及"社会科学和哲学的分离"。我作为一名在东大驹场校区从事跨学科研究的研究人员,始终认为:"造成社会科学与哲学的分离,是可恶的东大本乡校区进行纵向学科体制的产物。"当然这又涉及以往和现今的日本教育体系与院系结构等问题。我觉得这是个牵涉面广的大问题,在这里就不再深究了。我觉得现在日本的哲学放在文学部里,本来就缺乏正当性。

另外,井上先生所说的"正义的基础性"是指"primacy of justice"(正义的优越性)吗?

**井上达夫**：和罗尔斯的理论既有共同点，又有不同点。

**山胁直司**：如果用英语表述的话？

**井上达夫**：是的，但我不太想用"primacy"这个词。

**山胁直司**：这个定义是，作为最小限度的意见一致，是"与他者共生"。这样说来，也就是罗尔斯理论中的第一原理和第二原理吧？

**井上达夫**：不是。

**山胁直司**：我想，"正义"概念常常有多个含义。对于何为正义，不同的人会有不同的回答，亚里士多德学派会说是"virtue"（德），托马斯主义者会说是"共同善"，现代的天主教徒则会回答说"人类的共同善"。从"权利"的观点来看待正义，则是近代自由主义者的特有构想。而到了共同体论者迈克尔·沃尔泽，则明确提出了与自由主义不同的正义论。我觉得井上先生在谈正义时，要点就是"与他者的共生"。但既然贯彻了自由主义的立场，若要制定能与不同性质的他者共生的法，也是以权利为中心来考虑的吗？

与此相关，刚才井上先生说自己是"法哲学家"，你是将"公共性哲学"等同于"法哲学"来考虑呢？还是将"公共性哲学"考虑成一种更为广泛的"政治哲学"或"社会哲学"呢？另外，井上先生还指出，若一方面强调"与他者的共生"，另一方面强调"超越国民国家"，就会产生误导的结果。我想请井上先生详细阐述一下这些观点的关联性或者一贯性。

**林胜彦**：在井上先生对此作出回答之前，为了有效利用剩余时间，请从小林先生开始，大家依次举手发问。

**小林正弥**：井上先生的报告开始谈到"liberalism 并非自由主义"。或许我的用词方法与井上先生有所不同，相反，我能从传统的"自由主义"那里得到共鸣,但对美国现今的"liberalism",却无法获得同感。比如,自由民主主义中,最近美国式的"liberalism"实际上是要将民主主义限制到最低程度,想以自由主义为中心。甚至出现一些极端的理论,说什么"民主主义与政治越少越好",或者是彻底贯彻相对主义,说什么"不再需要价值"。罗尔斯也在渐渐向这个方面倾斜。

与此不同的是,井上先生的报告中还是主张"需要价值"。在刚才激烈的辩论中,也谈到过民主主义。但即便如此,我还是感到了若干问题的存在,这些问题主要是与"民主主义"或是我自身感到共鸣的"共和主义"有关的部分。正像山胁先生刚才所提到的那样,这也是"法"和"政治"的关系问题。在法哲学领域内,井上先生刚才所说的确实是议论的中心,但在政治哲学领域里,却对此几乎很少议论。其实令我开始就感到疑惑的是,为什么在日本法哲学如此盛行,而政治哲学却几乎不存在。从政治哲学的观点来看,民主主义和政治都是非常重要的,不能简单抹去。基本法所设定的有关"人权"的"法"的部分,已相当程度包含在刚才的有关自由主义讨论之中。但是,不管是亚里士多德的正义还是中国的正义,都将传统的正义作为了政治哲学的中心概念,它包含伦理上的意思。所以,这是实定法领域内无法解决的问题,它也不同于当今自由主义者所说的"公正"。因此,我甚至觉得,自由主义者所说的"justice",与其译作"正义",还不如译作"法义"更好。

201

我认为在政治哲学领域,"民主主义"或"共和主义"的问题都是很重要的。我和斋藤先生所持有的问题意识是完全相同的,我觉得关于政治方面,先前的(关于不能简单达成一致的价值问题)问题是很重要的。政治问题,归根到底,是怎样调整与实质价值的对立等问题,或追求在调整过程中的政治领导权等问题。比如还有经济问题、环境问题等具有典型的问题,井上先生又是如何考虑这类问题的实质价值及价值调节的呢?

我本人对共同体论者的论调深有同感,还对都市人文主义的完美主义很感兴趣,其次还对"deliberative democracy"也深有同感。我认为,如果一概否定了这些思想的话,那就等于否定了"政治"的存在理由。

即使在"批判式民主主义"的概念中,关于"法"或"基本法"的消极的牵制被放在中心位置,但我觉得以实现实质公共性( = 公共善)为目的的讨论,或是关于政治本身的讨论未必是充分的。另外,因时间关系而被略过的"地方分权的扭曲"即"全球化的陷阱"等架构方面,我也想听一听井上先生的高见。

**金凤珍**:井上先生说公私二元论存在问题。那我觉得照此说法,岂不是"正义和道德的二分论"也有问题了? 井上先生所说的"正义的基础性"究竟是什么呢? 我也拜读了您的大作,但还是不太理解。因此,我总觉得"正义的基础性"的基础是不存在的。

我对"liberalism 并非自由主义"的主张深有同感。我觉得你是在构想一个非常有意义的"a Public Philosophy"(公共哲学),对于这一点应给予高度评价。正是从这层意义上来说,我的感觉是井上先生的议论并非自由主义本身,而是自由主义的再构成论或是对自由主义的再解释。

我在读井上先生著作的时候,联想起了和辻哲郎的伦理学。这也许是由于我认真读过和辻哲郎著作的缘故吧。井上先生与和辻哲郎的根本区别在于,依据和辻哲郎伦理学所构建的共同体,可以说是恶的共同体论。我自己也曾写论文批判过和辻哲郎先生,其中我提到的是"伦理道德"问题。或许井上先生也强烈地感觉到,其共同体论所导出的伦理道德还是有些牵强。

井上先生的论证方法也让我联想起和辻哲郎,但您好不容易得出的结论,却是再解释和再构成的"自由主义"。在此次报告中,井上先生自始至终所强调的都是"正义",而不是"伦理道德"。但井上先生以"正义的基础性"展开了缜密的论证,其推理性和正当性对当今日本社会,从这层意义上来说,我觉得应给予高度评价。这对日本社会来说的确是个大问题。

总之,我认为在讨论共同体主义者(共同体主义者)之前,必须明确"自由主义"究竟对日本社会具有什么样的意义。只是,在我的印象中,觉得您过分拘泥于"自由主义"。是不是对自由主义本身再进行一些解构会更好呢?也就是说,我的问题是,如果单是拘泥于以共同体主义者或自由主义者或新自由主义等形式而进行的辩论,并在这样的辩论过程中进行解构的话,岂不是"自由主义"的其他立场上的问题都会被抹杀掉了吗?

**小路田泰直**:我的问题比较简单。井上先生说万事的变迁都必须以确信正义存在为前提。但问题在于,"正义"存在时,能否通过民主主义认知到它?不可能认知到"正义的所在"也是一个问题。而民主主义的主体(subject)能否在其相互关系中加以了解,这也是一个一般性的问题。

还有一点,刚才井上先生说哈贝马斯在与尼古拉斯·卢曼的论争中失败了。正是因为体系的介入,所以古典式的民主主义几乎行不通,反而民主主义的规则至今仍然存在。在这当中人们能够认知到"正义"吗?毋宁说正义的认知反而很有可能导致独裁的出现。所以我想问一下,井上先生确信其自始至终都能保持民主的根据又在哪里呢?

**花冈永子**:我的问题与前面及刚才的问题一样。我的专业是宗教哲学或说哲学,对于政治一窍不通,如有错误,请给予批评指

203

正,我将不胜感激。我想请教的还是关于"公共性"中的"正义"定义问题。这是您基于康德的"绝对命令"、"正义"以及"与他者的共生"等方面来考虑的。而康德提倡"人格的尊严性",我想这还是属于不同层次的问题。

就是康德最终也归结到"自由"上。康德死于1804年,这正是人们可以真正信奉"理性"的阶段,他认为"恶"乃善之缺乏。而且康德还认为,并非使用所谓的"irreversibility"(不可逆)的思维方式,不管哪个种族哪个国家,其思维方式都是可逆的。这一点从常识就可判断。

但回顾康德以后的200年,人们并不是按理性行事,绝对命令也行不通。不许杀人本是作为理性的绝对命令,作为正义,现实中却屡禁不止。或上升到国家水平来说,国家的恶或政治的恶以及由此而生的人类的恶是现代社会的最大问题。康德所倡导的是人类的最高理想,如果它可以在世界上通用就好了,但此后的历史证明这是行不通的。

德里达倡导"正义",认为它是不可能解构的。同时也认为这200年一直想追究其责任,但最终还是得到款待。这并不是对缺乏体的恶(不正义)的正义,我想请教一下,井上先生认为现代社会"正义"是解决问题的基础,您的根据又在哪里呢?

**井上达夫**:我先回答山胁先生所提出的关于"正义"的定义问题。"与他者的共生"并不是定义。而正义又有概念和构想之分,我定型化的是"正义"的概念。我虽然承认正义构想的多元化价值,但我主要谈的是必须要有"正义的基础性"这一制约,这样才能使得"与他者的共生"成为可能。"与他者的共生"并非定义条件,不然的话就要陷入一种同语反复了。

另外,山胁先生说是"政治哲学"和"社会哲学"的概念更加宽泛,我很赞同。我曾在《共生的作法》一书中写道:"正义并非 nothing,它是重要的 something,但不是 everything。"从这层意义上来说,我也像康德批判理性那样,对正义进行了批判。我想划分清楚其可能性的边界限。我虽然赞成那些正义的可能性遭到不正当的忽视这种主张,但我并没有将正义看做是万能的。所以,作为立足于个体同一性的价值,另外还有"爱"和"慈悲"等。在自己决定的"自由"中,实际上也包含这一侧面。

我并不否定与正义相冲突、对其进行限定的价值的存在,也不否定政治哲学、法哲学家探求公正之外的可能性。但是政治决定的公正主义中,公正还是起着决定性作用的。

刚才有人说不必将"公共性"的意思限定在政治公共性之内,也许的确如此。"美观"问题就是这样,如果成为强制推行美意识的话,那就糟了。但是,我认为,如何整顿街道美观一事,既有所谓的公正问题,也有不属于公正的问题。

为了保护美观而发起反对建造高层建筑的运动,这时提出"日照权"和"景观权"作为公正的问题,还是很有危险的。先住在这里的人还有权利这么要求,但后来住进来的人就没有这个权利。为了保障先前住在这里的人的权利,而将成本转嫁到新入住的人们的身上。这样一来,获取新的住宅和土地的成本就会大大提高。对于先前住在这儿的人来说这样做或许很好,但对于新入住的人来说,却是一个很大的负担。这样看来,日照权这种主张算是公平吗?我觉得,要公平解决这些问题,还有其他很多方法,如在车站附近建造高层建筑,可以更好地利用空间,而在离车站较远的地区,则实行住宅低层化等,我们可以进行各种城市规划。总之,我们必须一开始就做好城市规划工作。

所以我觉得,将"日照权"说成是新的人权,而不断诉诸司法

205

手段是不太好的。日照权之类的问题远远超过了司法所能够解决的范围,它还关系到复杂的利害关系,还是应该依靠民主立法来解决。但还有一些问题,与基于正义的利害调整属于不同层面上的问题。比如有人在住宅区建立了古怪耀眼的粉红色建筑,在自家屋顶放上一尊离奇古怪的佛像,以信仰自由为名,完全无视附近居民的不满。出现这种情况,我们又该怎么办?

在这种情况下,如果是用法律来解决,其正当性必须遵循正义理论,而不能将保护"美观"本身作为正当化理由。特别是,如果这个人意识到自己是受歧视的少数派,就会说你们是在以保护美观为由,对我进行歧视,可能会固执己见。但是,如果不通过法律采取强制手段,通过相互间的沟通,去解除当事人的心理障碍,劝他说:"都是街坊邻居,还是协调一些吧!"引起他自发的合作精神,我想这时就可以使用超越了"正义的基础性"这一制约的词汇。

而且,世上还有很多事,即使可以通过公正的理论使其正当化,却不能仅凭公权利的力量使其正当化。如今盛行用多元主义集团模式,来说明市民社会。我认为,将诸多个人作为通向市民公共性的媒介,自发地结成各种各样的社团和网络,的确起到了一定的作用,但最重要的还是"每个人"的意志和意识。

作为典型的例子,我经常提到谷津海滩的问题。听说那里本是一片很美丽的海滩,生长着很多植物,聚集着很多生物。但因后来成了规划中的填埋区,所以人们都往那里扔垃圾。虽然后来停止了填埋计划,但这片海滩却脏得令人惨不忍睹了。一位在那里长大的出租车司机看到这一惨状后非常吃惊,开始了净化海滩运动,但却没人响应。

此后每逢休息日,这位司机就会去海滩捡垃圾。就像小说

《植树男人》中的主人公那样，真的是一个人默默地捡着垃圾。起初周围的人都对他冷嘲热讽："那个家伙在干什么呢？一个人在那作秀，是想出名吧！"而且他所捡来的垃圾也没有地方处理。他把垃圾拿到自治体去，自治体说："填埋地是由国家管辖！"他把垃圾拿到国家，国家又说："处理垃圾该由自治体管辖！"出于无奈，他将垃圾扔到自家附近的垃圾回收处，但却惹怒了街坊邻居。

就这样，他没有得到任何人的理解，这种孤立状态持续了好长时间。数年后，也许是他的坚持不懈感动了大家，附近的人们渐渐开始帮助他，说："虽然不可能每天都来帮忙，但一个月帮一两次总是可以的。"以此为转折点，捡垃圾的运动逐渐扩大开来。我将这里所体现的公共性称为"从我做起的公共性"。即便是想要依靠政府来建立公共性，但政府的统治能力毕竟有限。而且这样做，市民只会不断地依靠强大的政府，缺乏自发去做某事的热情。

即使想动员大家去做某事，但对于没有组织能力的人来说是很困难的。我不知道最后所剩的信念是否来自"宗教"，但个人的气概肯定是必不可少的。那位司机之所以净化谷津海滩，正是因为他一心想要恢复孩提时代所见到的那个美丽的海滩风景。但是别人却袖手旁观，他只能一个人干。而我认为，这时的"一个人"其实是很重要的。

这是法哲学和政治哲学应该面对的问题吗？或者这是刚才渡边先生所说的教育问题吗？或者这是从宗教学层面所指出的问题吗？对此我不太清楚。但至少我觉得，如何创造一个不去阻碍人们从事"从我做起的公共性"行动的外部环境，则是法哲学、政治哲学领域内的问题。谁也不受理垃圾，这当然是一个问题。总之，在公共性方面我是"理由的二元论"者，但这不一定意味着以公共性理由能够公正处理的事情，全都应该包给政府。

　　小林先生指出,价值对立的调整离不开政治,这点我也赞成。但问题是用什么样的方法来做才是公平的呢? 这里所说的多元主义与共和主义的对立也是政治学中的一大问题。达尔(Robert Alan Dahl)开始是一名多元主义者,但后来又在 *Dilemmas of Pluralist Democracy*(《多元主义民主的困境》)一书中进行自我批判,转变了立场。总之,如果没有对价值和规范的参照,仅仅依靠参加利益调整的过程和制造参加的途径等,是无法担保其公共性的,所以达尔自己也提出了"共同善"(common good)这一概念。价值对立调整的本质问题是无法通过"调整"来解决的。

　　领导权也很重要,但如果取得领导权,而没有问责性,就只能产生动员型的政治。保障领导权的问责性、批判统制可能性,已成为法哲学的问题领域。

　　由于时间关系,我的报告中来不及谈及集权和分权的问题,下面我就"地方分权的扭曲"和"全球化的陷阱"来补充说明一下我的看法。从"地方分权的歪曲"来说日本是三成自治,而从支出来说日本是七成自治。日本的自治体果真过于弱小吗? 大部分既不合算又没必要的公共事业都是在地方进行的。日本社会已经形成了如下结构,即将与中央有紧密联系的地方出身的政治家选为族议员,通过族议员再对官僚施加压力,尽量多地使用税金等。与"富裕的东京"居民相比,远在岛根县的居民所具有的政治力要更为强大。而这种地方的政治力未必就是健全的。由于其经济过多依赖来自中央补助而波及效果甚微的公共事业,所以地区的自身发展比较缓慢,且人口稀少化在逐步加剧,这样他们便更加依赖中央,于是就形成了一种恶性循环。

　　所以仅仅说"中央过于强大"是无济于事的。并不是只要"国家"强大,就能通过扩大新干线的预算支出。在这种公共事业中受益的,其实是地方的工商业者。虽然大型企业成为人们批判的重点,但中标的多是那些地方上的中小企业。先是地方上的中型企业事先商量好价格,在公共事业招标中中标后,将它"承包"给大型企业,有时甚至整个工程全部承包出去。自己却什么也不做,只管拿回扣。这就是对弱者的过分保护,这样的事在日本可谓屡见不鲜。这绝不是地方的弱小,反而充分显示了地方政治的强大,但是这种强大是很不正常的。所以我觉得还是应该结束现在的分权状况比较好。

为此,首先必须将收税权限移交给地方。国家必须实行最低限度的社会保障,应该保留一部分必要的税收来源,此外的其他税源都移交给地方,使地方早日确立财政的自我责任制。我觉得这对地方来说,也是件好事情。

现在,老年人伤病保险法所能提供的只是最低保障,剩下的经费就要各个地方自治体自行解决。但如果不将收税权限移交自治体,就会与这个政策相矛盾。若将社会保障分权,当然就必须推进财政的地方分权化。只有这样,地区利己主义才有可能消失。

人们常说,日本的官僚很强大,但是我觉得并不强大。用托克维尔的话来说,就是虽然中央政府温情地干涉地方固有问题的"行政上的中央集权"很强大,但从国家的公共性观点来看,制约地方利己主义的"政治上的中央集权"却非常弱小。

关于分权还有一个问题。就是分权必须与自我责任制及公平结合起来。有很多人批评新潟县卷町就反对建造核电站而举行居民投票,以及冲绳就反对美军基地而举行居民投票,说这是"地区利己主义",其实事实恰恰相反,实际上使用能源最多的是大都市居民。就像人们常说的那样,核电站本应建在东京,只有这样才能在方便性和风险性方面实现公平分配。但现实生活中,却是将核

209

电站建在政治抵抗最少的地方,并给这些仅仅拥有渔业权的老百姓们提供一些补助金,便可取得他们的同意。

对于这些不太受欢迎的设施,我认为应该给地方以否决权。迄今为止虽然给了原有的特定行业人士进行了补助,取得了他们的同意,但像在新潟县卷町,新入住的居民却对此表示反对,这与英语中的 NIMBY(not in my backyard,不要在我家后院)即"我享受生活方便,但风险却由他人负担"的任性态度是不一样的。住在首都圈的多数人在享受方便的同时,却将负担、成本、风险转嫁给政治抵抗力较弱的边远地区的居民,自己则采取 NIMBY 态度。我认为必须给予地区居民投票权,给他们对这种不公平现象说"不"的机会。

还有一个就是全球化主义的问题。现在,不仅仅是像欧盟那样,超越各个民族,将国家主权空洞化,而且通过全球化的市场力量,在政策上也趋向世界标准化,可以说国家主权从功能上已大为减弱。通过缓和国际资本统制,以及互联网的四通八达,转瞬之间就可实现资本流动。如今市场给我们提供了最合适的投资环境,所谓的"买卖国家体制"的时代已经来临。

不只是市场的力量,国际货币基金组织、世界银行、世界贸易组织等各种各样的国际机构也会左右各个国家的政策形成。国际性的非政府组织也具有巨大的资金及人员动员能力。让我们做一个假说,如果有一个不准捕捉南太平洋金枪鱼的运动,要彻底破坏依赖渔业生存的小国经济,应该说做得到。但这可能吗?因此,并不是只要全球化就可万事大吉。如果一个国家的政策由对其国民不具问责性的外部力量所决定,那只能导致民主主义基础的崩溃。

而且我认为,如果某些企业因为讨厌负担本国社会保障,而能轻而易举地将资本转移到海外企业的话,那么其政策牌的作用就有明显减弱。我们不能毫无保留地为全球化大唱赞歌,说什么全球化带来了世界人民的相互一体。对于强调民主主义和国家福利的重要性的人们来说,还不能断言:"主权国家已经落后了。"

下面,对于金凤珍先生所问的"正义的基础性"问题,我想再稍作补充。罗尔斯在向政治自由主义的转变过程中,将来自善生构想的正义的独立性转向了来自哲学的正义的独立性,我认为这是个错误。毋宁说,"正义的基础性"也需要哲学的公正性。

有时罗尔斯在区分完备性学说(comprehensive doctrines)和一般性学说(general doctrines)时,又忘了他们之间的区别。所谓的完备性学说,就是将人类所应有的生存状态进行总的概括;而所谓的一般性学说,则是关于在真理论和价值论等哲学领域的论争主题的理论。

我所说的"正义的基础性",是指必须将正义从完备性的哲学中独立出来,而其自身的公正,则必须由一般性哲学问题的探究来完成。从这个意义上来说,必须进行某种"人类学"和价值论的分析。

还有,金先生您说我的理论与和辻哲郎的理论有些相似,我想问一下究竟什么地方相似呢? 我自己曾在《走向共生的冒险》(合著)一书中,撰写过一篇"考察天皇制的视角"的论文,其中就提到过和辻哲郎。虽然他的"文化的天皇制"和"作为文化共同体的日本全体性的象征"的这种观点,乍一看带有自由主义的色彩。和辻哲郎主张:"特定的宗教势力与天皇制并不能画等号。因此,国家神道违反了天皇制的本义。"他认为天皇作为一种象征,具有超越一切特定的宗教、权贵及政治集团的全体性。

那么什么是"具有超越一切特定的宗教、权贵及政治集团的全体性"呢? 和辻哲郎认为,那就是共同拥有历史、文化和语言的

211

"文化共同体"。实际上照此说法,那么在日本的韩国人、朝鲜人以及阿伊努族等文化少数派就被排除在外。而且若问在此情况下的文化共同体究竟为何时,其内部的对立解释等就会舍弃掉,变成一种非常静态的模式。对此我是加以批判的。

**金凤珍**:我没有说"相似",只是说"联想起"。我的意思是,井上先生的理论与和辻哲郎的理论,有着根本不同的意义。

**井上达夫**:小路田先生问:"民主主义能认知到正义吗?"其实民主主义也会出现错误。无论什么权力总有其自身的局限性。因此,我反对将"正义"还原为民主的决定手续,它充其量只是个手续不完备的正义,必须使其能够不断地进行自我修正。在民主的过程中,甚至还会经常出现以下情况,如为了打败对立政党而不惜修改选举法,或者限制集会、结社自由,这当然是不对的。这时可以通过宪法的制约来加以调整,并将这一制约从"司法"的政治压力贯彻到相对自由的控制装置。自古就有人批判说"这是司法独裁",但我觉得,如果没有对民主制进行控制的装置的话,民主的自我修正功能也就无法发挥。

花冈教授所说"康德的绝对命令",与对康德的"绝对命令"第一条派生命令的解释有密切联系。虽然康德说第二条、第三条派生命令也与此"同义"(equivalent),但我认为,第二条和第三条派生命令稍微有些不同。第一条派生命令的命令形式是:"你要这样行动,就像你行动的准则应当通过你的意志成为一条普遍的自然法则一样。"只是,康德是将其作为伦理判断的一般性条件。

我所说的"正义",毋宁说是政治上的价值。由此意义而言,与其说是康德,倒不如说比较接近康德思想源流之一的卢梭的"公意"。卢梭本人是以古希腊的城邦,如雅典尤其是斯巴达作为模式,把它想象成一个非常封闭且同质的共同体,因此提出公意的一义性设想。但我认为这是错误的。虽说是"公意",但它也是多元的。但是,卢梭敏锐地洞察到,正义的普遍主义要求才构成其中的核心,所以他也提出"对象的一般性",而在其他地方更加巧妙而简洁地下了定义(foumulation):"自己也应遵守赋予他者的条件。"

我想,康德是在此基础上加入了很多深厚的德国观念论式的表现,那么它们在本质上有何区别呢?康德把它看做"一般性伦理判断",而卢梭则将其看做决定政治的正统性条件,并不是"一般性伦理"。在这方面,我不是康德主义者,更像是卢梭主义者。现代倾向于康德的哲学家有黑尔(Richard Mervyn Hare),黑尔从"一般性伦理的判断",到包括美学判断的一般性价值判断,都归结为可能普遍化。但是在"伦理"的领域,与"正义"相对立的"爱"和"慈悲"等价值,有时也会颠覆"正义"的要求。所以我反对将"伦理"还原为"正义"。我曾在《共生的作法》一书中论述过这一点。归根结底,正义有其局限性的价值。正是基于这层考虑,我对正义也进行了批判。

还有一个是"恶"的问题,有人说"正义是无力的",但这能作为否定正义规范妥当性的理由吗?正因为如此,我觉得更应该认认真真地思考正义。

另外,我觉得您的问题还间接涉及对阿道夫·艾希曼(Adolf Otto Eichmann)的审判问题,以此为题材的电影"The Specialist"最近正在公映,其中深受影响的乃是汉娜·阿伦特(Hannah Arendt)的"恶的平常"(the banality of evil)观点。实际上艾希曼只是个普通人,是位规规矩矩的官僚及专家。他从不考虑自己所做的事是否正确,只考虑怎样才能有效地完成自己手头的工作,并为此制订绵密的计划。正因为有这样的人存在,那场屠杀犹太人的巨大罪恶才会发生。不能说这是别人干的事，与我们无关，而是我们这些"普通人"自身的问题。

的确，或许有人认为，正义（justice）口头说得再漂亮，也没什么内容，但实际上"恶"就在这种平凡之中。如果在我们的平凡活动之中，产生出巨大的恶，难道我们不应该回到平平常常的日常生活中，不断审视自己的不正当行为，特别是那些腐蚀自我的不正当行为吗？

由此意义而言，我想借用汉娜·阿伦特的"恶的平常"观点，提出"正义的平常"概念。这时最重要的就是在抨击别人的不正当行为之前，要进行自我批判，看看自己有没有陷入自我欺骗的境地。筒井康隆先生曾在某个短篇小说中对一个正义汉子调侃说："他很荣幸地进入了天国，但那里无聊得要死。那里见不到任何不正当的事，也见不到什么需要抨击的人。"但遗憾的是，筒井先生并没有看到，所谓正义，就是"自己勒住自己脖子"的理念。

# 论 题 六

# 日本在高度信息化社会中的"公"与"私"

阿 部 洁

　　现代社会被称为高度信息化社会,这种说法是否属实? 在被称为高度信息化社会的当今日本,考察公私问题时,应将切入点放在哪里? 具体会出现何种情况? 还有人们常说,在此过程中会产生出与以往不同的公与私的形式,而这又会是些什么呢? 围绕这些问题,我并不想急于得出详尽的结论,只是把自己的所思所想,以问题的方式提出来,与各位进行探讨。

　　去年我出版了《公共圈与交往》(Minerva 书房 1998 年版)一书,对此有人批评道:"虽然该书是理论性和思想史的研究,却缺乏具体性。"但就我个人而言,最为关心的问题是怎样看待高度信息化日本社会这一点。为此,使用了以往研究的概念框架和理论框架。

　　我为什么要从"交往"(Comunication)的观点来思考"公共圈"问题呢? 这是由于最初我将批评理论应用于社会学理论的时候,我就特别关注:在思考现代社会时,媒体的作用对人们的交往究竟产生了何种好的或者坏的影响。

　　具体说来,就是我读了哈贝马斯(Jügen Habermas)的《公共领域的结构转型》后,在阅读相关评论的过程中,感到是否可以以

"公共圈"为线索，来审视现代社会。本书正是我在此方向的一种探索。我现在关心的问题是：从批判理论的视角出发，以"公共圈"为立脚点，来思考信息化社会的媒体／交往等领域的问题。我今天的报告也是属于这个方面的问题。

## 1. 拙著《公共圈与交往》中的尝试

### （1）理论上的课题

大致说来有两个传统的研究学派，众所周知，这就是德国的法兰克福学派与英国的英国文化学派。这是产生于不同时代不同地点的媒体／交往批评研究，以往它们各自独立发展，彼此之间尚未出现理论交流。我认为，"公共圈"这一重要概念可谓连接这两个理性传统之间的桥梁，毋庸置疑它属于理论性的桥梁。

无论批判什么，都要有其立足点，这被称为规范性基础。立足点过于随意，就难以构成批判，只能说是简单的意见不同而已。若用 A 意见批判 B 意见时，何种原因才可使其形成批判呢？当然我们必须探讨其立足点。社会学中遇到如此情况时，不仅要依据事实，而且如果没有规范的立足点——根据的话，就不能构成批判。拙著就是在这种认识的基础上，以"公共圈"作为规范的立足点，进行了探讨。

我在该书中也反复强调，我并不想把批判本身作为自己的目的。总之，我想通过自己的所作所为，尝试着通过进行这些批判性的研究及评论，介入当今的媒体和交往环境，如在媒体的作用中这些问题完全被忽视，即使得到信息也不全面，以及信息越多意见越单一化，等等，诸如此类的问题。

### (2)公共圈概念的再定义

其次,就是试图超越以往的"公共圈"概念。第一是"规范"和"事实"的媒介问题。这是个什么样的问题呢? 有人说:"这仅仅是规范吧。"也就是说,"规范"确实重要,但作为"事实",却不存在于这个世界上。好像是说:"这只是个题目吧。"但是我却不这样认为。仔细阅读哈贝马斯的理论就可发现,公共圈既是"规范",又作为"事实"和"史实"而存在。在近代欧洲市民社会的咖啡馆和沙龙中,人们谈论的不是有关各自利益的私事,而是探讨一些社会和公共事务。这样的场所确实曾经存在过,但在哈贝马斯看来,现在已经消亡了。这种说法是否妥当暂且不论,总之作为事实曾经存在的这些场所具有规范性,这是确实无误的。

也就是说,思考"公共圈"这一概念时,如果仅仅是作为历史研究,作出"这种公共圈过去曾经存在过,现在已经消亡了"的论断,显然不能成为思考现代规范的基准点。同时,无视历史的事实和现在的状况,仅仅宣扬"公共圈很重要,我们大家理性地讨论吧",就好像画饼充饥,只能是提供一个题目而草草收场。重要的是我们绝不能流于上述两种状况。

就我的直观来说,在谈论"公共性"和"公共圈"问题时,总有人喜欢偏向一边使问题简单化。也就是说,批判的人说:"那仅仅是理念而已",而另一方则说:"那不过是史实而已。"对此我深为不满。其实,只要我们仔细阅读哈贝马斯的理论就可发现,要接触"事实"与"规范"的紧张关系,为此提出的概念就是"公共圈"。我想将此称为"作为规范基准点的公共圈"。

第二,是"同意"与"差异"的问题。提起"公共性"和"公共圈",一般认为是大家相互讨论,达到"同意"状态。这当然是事

217

实，但在这种情况下重要的是到达同意的过程。即使大家在一起讨论，但有时可能无法得出最终结论。尽管如此，还是有些人将"同意"绝对化，认为所谓"公共性"，就是朝着谋求某种具有实体的同意而勇往直前，其他的东西都予以排斥。这无疑是很大的误解。

事实并非如此，"同意"与"差异"亦即"相同的事"与"不同的事"在同一过程中出现。因此，或许某个瞬间能形成暂时的"同意"，但它并不是永恒普遍的、无上下文关联的真理，而是经常具有批判、修正、变更的可能性，所以它既是"同意"也是"差异"。所谓"公共圈"，就是"同意"与"差异"同时出现的场所。

在日本，官员给人以"上级"的感觉，上级对下级说："这就是公共性啊！"用上传下达的方式来传达国家政策和国家目标。但是，若要采取由下向上的表达方式时，"同意"就显得非常必要。同时，已经达成的共识经常会遭到更为强烈的批判。某种力量在某种情况下拥有主导权，但它内部又隐含着另外一种相反的指导权。"公共圈"则是这些力量的碰撞场所。我想将此作为"主导权的公共圈"再定义。

那么，与此相关的人们又会如何呢？在社会学理论中，人们常常分为"自由主体"与"规定结构"两项对立结构，但我想以此为实体进行理解并不合适。是先有"公共圈"这一结构存在，然后人们仅仅是进入其中呢？还是仅仅只有单个"主体"，"公共圈"只是徒有虚名而已呢？我想两者都不是。人们通过置身于公共圈内，而了解其结构，社会构造是什么？规范是什么？传统是什么？这些不仅仅是简单的内面化及再生产，同时还需要经常地批判、改变它，由此而言，公共圈是"主体"和"结构"的媒介场所。我想将此称为"形成自我认同的公共圈"。

说起"自我认同",在日本特别容易使人误认为是坚固的自己、真正的自己。但是,我想其实并非如此。自我认同并非是在某处完成后,直至生命结束一直持续不变的东西。通常自我认同本身在改变、扩张、进一步加深,自我认同有着这样的过程。

上述三点就是我所谈的对"公共圈"概念的再定义,它们是非常紧密地联系在一起的,主要概念是将以往社会学中处于对立位置的"规范"与"事实"、"同意"与"差异"、"主体"与"构造"等相互对立的概念,作为连接双方"媒介"的概念,来探索"公共圈"的可能性。这也是拙著中最想表达的观点。

换言之,就是不能用一元或调和的社会空间来思考"公共圈"或"公共性"。在大家思考相同、信仰相同、没有斗争的社会空间里,交往仅仅是为了维持再生产秩序、传统而存在。然而,"公共圈"和"公共性"并非如此,它们是在多元的、竞争的社会空间里,围绕主导权的斗争过程中进行交往的场所。

其中包含着各种各样的价值观。但是,它并非像多元主义(Pluralism)那样简单地罗列,而是经常围绕力量的优劣来相互斗争。这里进行的交往其实就是斗争过程,但这种斗争过程并不是物理性的斗争过程。它是围绕这个含义所进行的象征性的斗争,围绕何为正义、何为非正义等问题所形成的竞争状态。我想在此形态下所形成的交往场中,再定义一下"公共圈"这个概念,拙著中所作的正是这方面的尝试。

219

### (3)未解决的诸问题

下面,我就谈一下该书中未能解决的一些问题。这既是我自己的反省材料,同时也希望在座的各位借此机会从各个方面多提批评和意见,与大家进一步探讨。

一是近代的"国民国家"与"公共圈"之间的关系问题。这个问题作为史实来看,几乎重叠在一起。无论英国、法国还是德国,"公共圈"产生的过程与近代"国民国家"的成立过程是平行的。那么,两者的联系是必然的还是偶然的呢?进一步而言,"公共圈"是否能够超越"国民国家"的框架?向外超越还是向内超越我们先暂且不论,"公共圈"究竟能否从"国民国家"的框架中挣脱出来,获得自由呢?

具有民族主义性质的公共圈确实存在,我们可以从史实中找到它。那么,追问民族主义的公共圈又怎么样呢?那些考虑日本人国家利益和日本人利益的公共圈,究竟是否存在?甚至,追问"日本是什么?"、"日本的国家利益究竟是什么?"等问题的公共圈到底有没有成立的可能性?关于这个部分,虽然也有一些我个人的思考,但并没有归纳到这本书中,这是需要反省的地方。

另外一个是"人种"(ethnicity)与"公共圈"(Public Sphere)的关系问题。我想这是更为根本的问题。这个问题当然与近代欧洲的存在状态有着密切的关系。

哈贝马斯思考的是阶级问题,亦即拥有一定教养和财产的人能够获得对公共圈的参与资格,也就是说中产阶级能够进入公共圈,那么无产阶级该怎么办的问题。迄今为止,以哈贝马斯为首的各种公共圈议论中都曾对此进行了讨论。

但是,现在我们必须追问的是,简单而言,就是那个公共圈的"颜色"问题。形象地说就是肤色问题。若非白人,能否进入近代西洋的白色公共圈之中?随着普通选举权的扩大,以往对中产阶级开放的公共圈也向无产阶级开放,与此类似,有色人种究竟有没有进入白色公共圈中的可能性呢?抑或,要用与之完全不同的方式产生对抗的公共圈,除此以外别无他法吗?这样说听起来很抽象,其实这也是我自身感到极为现实的问题,也是本书所未解决的问题。

另外一个问题就是所谓的电子空间,网络媒体所制造的电子空间和公共圈的关系问题。在电子空间中人们能够自由地展开讨论。现在有一部分人说,在这个空间里,不问对方的出身来历,看不到对方的脸,无论对方多么伟大,或是多么年长,都可以毫不介意地进行讨论。这个空间与公共圈究竟有着何种关系呢?换句话说,电子空间中究竟能否产生公共圈呢?若是能够产生的话,那么在哪些方面能说具有批判性、哪些方面能说具有解放性呢?

具体而言,电脑文化中所产生的讨论会不会向外反弹呢?反过来说,电脑空间之外所发生的事件进入电脑空间后,会不会再向外返回?电子空间的内外能不能够明显地区分、分离开来呢?本书在这方面也没有进行探讨。

以上主要介绍了一下我自己对"公共圈"概念的一些思考。


## 2. 对"高度信息化社会"的质疑

### (1)信息化社会论的"意识形态"(制度·政策层面)

什么是高度信息化社会?我认为现代日本社会就已步入高度信息化社会。当今的日本社会虽然既有工业又有农业,但称之为高度信息化社会是恰如其分的。但必须注意的是信息化社会在制度·政策层面的意识形态,那就是极具技术至上主义的思考方式,人们往往认为某种技术乌托邦的连续就是信息化社会。也就是说,新的技术产生使得某些东西发生变化,这里所说的某些东西是指文化和社会。

比如说,不久前,收音机的产生使人们的生活方式发生了变

221

化。随着电视的产生，人们的社会生活和孩子们的生活世界变得更加大了。当今社会，随着媒体、网络的普及，又会带来巨大的变化。这些说法听起来似乎很合逻辑，看起来似乎也像是那么一回事，但实际上却包含着很多虚假的成分。

为什么这么说呢？因为这些技术绝对不是在真空的状态下引入的。即使是相同的"技术"，如果地点不同、时代不同，使用方法也就会有所不同。另外，"技术"经常依存于社会文化的前后脉络。也就是说，新的技术产生，可能会导致一些变化。但也不是绝对如此，其中包含着值得思考的各种因素。

比如说，人们常说，最近孩子们喜欢玩新型战斗机电子游戏，使得其行为也带有暴力倾向。这似乎是极易理解的道理。但实际上事情并不那么简单。为什么这么说呢？因为并不是所有喜欢玩新型战斗机电子游戏的小孩儿，都会去围攻大人。尽管如此，我们还是在无意识地设定这种疑似的因果关系。因此，我想这里就存在着信息化社会、高度信息化社会这一设问的陷阱。

还有一点，只要回顾一下以往的信息化社会理论，我们就可发现，信息化主要是按照企业和行政的逻辑而展开。也就是说企业、单位或行政实现信息化，可这些多少与我们日常生活的现实有些出入。当然，我们日常生活中也能感觉到信息化。电子游戏司空见惯；在座的诸位肯定都用手机或 PHS；工作中都要用电脑上网。这些都已表明日常生活已经信息化，但是这种日常生活方式和信息化社会论及高度信息化政策之间，还是存在着一些差距。

### （2）信息化社会论的"意识形态"（民众意识层面）

若从民众意识层面的意识形态而言，信息化社会成为当今日本的某种自我存在证明。在人们的意识中，当谈到日本化、日本社会是什么的时候,极易产生的印象就是"信息化社会",这种说法用得非常普遍。"信息化社会"就是我们对拥有高技术信息通信功能的自豪感,最具有代表性的是家电产品等。这当然是由于"索尼"的品牌印象、"松下"的世界知名度带来的,即使自己不在这些企业工作,或是与自己相关的人不是这个企业的员工,但是只要说到日本是什么的时候,人们都会把"日本的技术"看成是这个国家的骄傲。虽然它有着极具两面价值的部分,但这种现象从八十年代起开始出现。

信息化社会论诉说着各种"变化"。企业在变,行政也在变。但是,这其中也有没有提及的变化,那就是关于国家的故事。日本是什么?日本国民是谁?日本文化是什么?这些事情大多都没有提及。这里我所说的"没有提及"并不是中立的含义。换句话说,我是这样理解的:正是这些没有被提及之处,在再生产着有关国家故事的信息化社会。但是,这个部分与今天的话题稍有出入,这里暂不展开。

## 3. 思考公私问题的理论前提

### (1)超越实体论的公私理解

那么以"高度信息化"为前提,思考公私问题的重点是什么呢?正如前面所说,我们必须改变如下思考方式:或认为它是"公"的实体、或认为它是"私"的实体,并且认为它超越时代与地点而永恒不变。

比如,如果把政治称为公的话,我想大家肯定感到疑惑。那么,政治是什么?政治只是存在于国会之中吗?其实政治绝对不仅仅是在国会中展开的那些事情。市民运动是政治,男女之间的性别政治(Gender Politics),如为防止日常生活中出现性骚扰而制定对策,在各个企业和组织实施推广,从某种意义上说也是政治。

因此,不应该用"公"是什么、"私"是什么这种思维,将"公"、"私"作为实体来考虑。其实,究竟什么是"公"?什么是"私"?随着时间和地点的变化,它的内涵也在发生着变化。这是第一点。另外一点是,"公""私"区分存在着历史文脉上的相互依存。究竟"公"的世界范围如何?"私"的世界范围如何?根据情况不同,都会有所变化。

### (2)构筑"公"与"私"的力量关系

更重要的是,"公"与"私"的区分是由力的关系所决定的。将什么看做"公",什么看做"私"?"公"的世界范围如何?"私"的世界范围又如何?这些并没有什么真理性的客观标准来衡量判断,而是由某地、某人或某种目的来决定。

关于此点,我想举出一个具体例子加以说明。比如,最近大学生的心理问题已经不容我们忽视。像一些大学生躲在家里不来学校上课,即使是录取分数线非常高的大学,这种现象也不例外。高中时期的优等生进入大学后可能会有所不适应,但过去人们称之为"四月病"、"五月病"的,通过一两个月的学习生活,就能渐渐适应。可是最近,完全不来上学的大学生在逐步增加,有时是半年或者一年,甚至不得已而休学或退学。过去,这被视做是个人问题,多数的解决方式是:大学生已是成年人了,应该拥有自己的目的意识,振作起来!但是现在这样处理并不能解决问题。

只要置身于大学之中就可明白,在大学设立心理咨询室、咨询中心已经成了势在必行的事。也就是说,这个方面的需求量很大。由于这样的学生接二连三地出现,已经成了大学方面难以忽视的大问题,再也不能将它视作个人的问题。若不在这方面增加预算、聘用专业人员、整顿体制的话,大学就很难以逃脱自身的责任。家长对学校要求越来越高,而在这方面体制健全的私立大学也受到很高的评价。可以说,大学生的心理问题,过去是私人的问题,现在已变成公共问题。

反过来说,有没有公共问题变成私人问题的情况呢？或许失业、就业问题就属于这种情况。过去工会组织很坚固,就不了业可能就是公共问题。现在虽然政府总说失业率是百分之四点几,似乎把它作为公共问题来处理,但另一方面,从 20 世纪 80 年代起有一种新保守主义的思考方式在宣扬有必要"自助努力"。也就是说,想要谋得好职位,需要自己去努力,这种风潮颇为盛行。他们将现在学生的就业活动都看做是个人的问题。

那么对于那些非大学应届毕业生、年纪稍大的人们来说,就职情况又是怎样呢？我也有些朋友,由于找不到工作而辛苦奔波。对于 35 岁至 50 岁而处于失业状态的人们而言,更多的是指责他们工作不认真、自己不努力,等等。总之,失业问题过去被认为是公共问题,而现在已变为个人问题。

想必各位都知道"The private is political"这句话,它成为某一时期女性主义的标语。意思是说,个人的事实际上就是政治的事。比如在家庭中,男女处于一种什么样的力量关系呢？具体来说,谁洗碗？谁去买东西？谁去挣钱？谁去照顾孩子？等等,这些虽然是个人的事,但也属于政治上的事情。女性主义运动的一个方向就是极力阐明,以前女性不得不忍受被关在家中,或让孩子一直忍受被关在家中。另外作为家庭成员必须解决的各个问题,实际上不仅仅是个人问题,而是社会的歧视和不平等的反映。

以美国为例,最明显的就是虐待妻子的问题。按照字面意思

225

来说,就是殴打妻子的家庭暴力行为。以前这是夫妇间的个人问题,说是丈夫性格粗野而殴打妻子就可了事。当然,虐待妻子是不对的。很长时间内,人们只是认为:"这种事也存在。"而按照女性主义者的话来说,这是社会整体中的男女歧视问题,是我们社会应该致力解决的公共问题。

那么,反过来又会怎么样呢? 如果出现了殴打丈夫的妻子,就会成为媒体炒作的丑闻。某一性别(男性)给另一方性别(女性)施加暴力虽然不好却被允许,反之则被看做丑闻,这难道不是说明我们自身对性别抱有偏见吗? 女性主义者从 20 世纪 70 年代到 80 年代将上述事情问题化。美国方面已经制定法律制度,从行政方面对此采取必要的措施。另外,为那些饱受家庭暴力之苦的人们还设置了救助中心,在那里有专职人员进行心理辅导。

这个过程就是私人问题被解读、转化为公共问题的过程。若要问起是谁在何处进行的话,可以说是以女性解放为目的的女性主义运动发挥着作用,在此运动中也可看出"公"与"私"的区分已经出现变革。

然而,这件事并没有就此结束。在当今的女性主义者们看来,现在又进一步跨越了这个阶段,出现了"再私化"(Reprivatization)的现象,这又是怎么样一回事呢?

家庭内的男女歧视是社会问题的表现。为了从根本上改变这个现象,女性主义运动由此兴起。但是,从某个时期开始,解决这些问题的主体变成行政部门,行政的力量逐步强大。结果,专业咨询师和社会工作者成了解决问题的主要力量。家庭暴力被害者的困惑(深入挖掘的话)成了社会问题。因此,必须改变这个社会。这就是女性主义者们的问题意识。但是实际上具有讽刺意义的是,从行政方派遣的专业咨询师、社会工作者,仅仅致力于表面上怎样使受害者的精神状态安定下来、怎样解决受害者所遭受的精神创伤，并没有触及问题的实质。

虐待妻子的事情过去被认为是私人问题。后来，受到女性主义运动的批判，成为行政、国家以及社会各界必须思考的公共问题。现在又将这个问题再度私人化，回归到如何救助个人的问题，可见在这个问题上还是摇摆不定的。

以上只是简单而言，其背景当然包括从 20 世纪 70 年代到 80 年代美国政治的保守化。我认为虐待妻子属于私人问题，应由个人来解决，这种看法与新保守主义的意识形态在某处是平行的。在此我想说的是，划分什么是公共问题、什么是私人问题的边界是由相互斗争的"力量关系"来决定的。从这个角度来思考公私问题也是极其重要的。

### （3）以媒体为媒介，进行"公私"境界的重组

以此为前提，下面我们来思考一下媒体与公私境界重组的关系问题。这里从历史的图示化来看，活字媒体发明以后，从某个时期开始，默默阅读逐步取代了发音阅读的方法。不出声地读、并在自己大脑中不断反思的这种阅读方式，确实很"现代"化。也就是说，现代产生了"默读的个人"。不用音读而用默读的方式来解读个人的内面性，通过自我反省、反映追求文字中的自我。不必和他人搭话，通过自言自语的这种装置阅读活字媒体，就产生了个人的私人空间。

之后就像本尼迪克特·安德森（Benedict Anderson）所说，阅读活字媒体的我们，使用相同的语言、相同的母语，通过同时阅读大量印刷的报纸、杂志、书籍、小说，产生了想象的共同体。这当然就是与民族国家（Nation State）无限接近。

也就是说,活字媒体的产生,一方面诞生了"私"的个人领域,同时另一方面也诞生了我们共同享有活字媒体的"公"的领域。

这种"公私"边界的重组,在媒体社会史中可以举出各种各样的例子来,比如收看电视节目就是如此。收看电视是在家庭内"私的领域"中进行的。当然也有不同情况,但基本上是全家人在客厅里聚在电视前收看节目。谈到过去欧洲家庭的"私的领域",人们的脑海中就会浮现出一家人围坐在壁炉边,一边烤火一边聊天的牧歌式情景。但是,现在电视与壁炉不同,并没有这样牧歌式的场景,在电视上同时播放着世界形势或者街上发生的各种信息。也就是说,公共社会性的东西正在飞入作为私人空间的家庭领域。

同时从反过来的角度说,过去公共的体验只在公共的场所中进行。但是,现在通过看被称为"世界之窗"的电视,在家庭这样的场所也可以消费公共社会世界。我们通过看电视新闻、纪录片,了解世界。这可以被看做在家庭私人空间中消费公共世界。在这里,以往的"公"与"私"并不能截然划分开。通过电视媒体,"公"与"私"频繁地交织在一起。

那么,在大街上又是怎样呢?Walkman 是索尼的产品,但是过去对于那些插着耳机带着随身听走在大街上的年轻人,路人都要投以一种奇异的目光。这是什么原因呢?这是由于都市公共空间里的个人空间化效果。他们虽然走在街上,但是通过听音乐,在他们的意识中比起走在大街上的行为来说,周围的空间成了个体空间的延长。因此,无论走在大街上还是乘坐电车,这些地方都可以是个体空间的延长。

像这样,以往向"公"方面一边倒的"都市空间"渐渐出现了个体空间化的倾向。反过来,从个人方面来说,以往个体空间向外迈出一步的话,就没有返回来的可能性。但是现在带着 walkman 就可以使个体空间展现于外。带着个人空间可以到大街上。通过"媒体"将以往的都市和个人、都市的公共空间和家庭的私人空间的境界重新组合,这是一个显而易见的例子。

那么,手机、PHS 又是什么呢? walkman 是个人的,但是手机、PHS 是更加"亲密的东西"。用手机谈话时的他或她,即使是都市空间群体中一个素不相识、未曾谋面的人,也会通过手机产生朋友一样的亲密空间。因此即使在物理上身处闹市之中,但在人们的心理上,仍然感觉与自己通话的人显得更加真实。这样说来,手机、PHS 促进了公私境界的重组。

这里虽然勉强用了"促进"这个词,但我基本上认为:并不是因为有了媒体才变得如此。导致这一现象的还应有别的什么因素存在,而媒体是很容易将其呈现出来的,甚至有时是以更加奇异的形式。因此,并不是说,有了手机、PHS,青年们就可以在都市的空间里扩展亲密空间,这不是一个因素就能决定的简单问题。

### 4. 高度信息化社会所产生的"公""私"问题

在高度信息化社会下,围绕公私具体出现了什么问题呢? 这里从精神层面、关系层面、身体层面三个层面方面分开来进行考虑。当然这三者之间实际上是相互关联的。

**(1)(精神层面)应对高度信息化社会中的信息过剩/信息威压感**

首先,在精神层面中我们面临着高度信息化社会信息过剩的问题,被迫应对信息带来的威压感。我在一份给大学生的问卷调查中问道:过剩的信息中,你究竟相信什么好呢? 反馈回来的大多数答案是：越来越难以分辨哪个是真实的，特别容易被信息所吞噬。这种情况是由于我们正在被日益泛滥的信息所压倒。我想其他很多人也会有同样的感觉。自己和外部之间的隔绝变得越来越大的过程中，作为生存者正在对"公"、"私"进行着重组。

①沉湎于"保身／保心"的私人领域→通过提高"内部＝私"的复杂性来划分界限

那么，在信息过剩的今天，要生存下去该怎么办呢？有人为了保护身心（保身、保心）而沉湎于内部的"自我"世界之中。通过将私人领域复杂化，以区分公共领域与私人领域的界限。比如就有人说："到此为止，是我自己非常隐秘的复杂世界，再往前走就是公的世界。"

如何理解这种沉湎于私人领域方面的问题呢？可以分为以下两种。

第一种是利己主义型（Egoism Model）。至今我们仍将那些只想自己、只关心自己的兴趣、只做自己喜欢做的事情的年轻人，称为利己主义者（Egoistic）。总之，我们认为，年轻人只考虑自己，为所欲为，放任自己的欲望。当然，这种看法不会有大的出入。但也不能一概而论。

我并不是想要否定利己主义型的存在。但是，为了对此进行补充，进而更加准确地理解这个问题，我还想提出一点就是自我认同型（Identity Model）的存在。也就是说，他们善待自己拘泥于某事的感受。那么，自己拘泥的事情到底有没有稳固基础的"核心"呢，其实并没有。

对利己主义型而言，从一开始，就把自己作为欲望的主体。正如黑格尔所言，欲望体系的中坚力量牢固地掌握在资产阶级（Bourgeoisie）手中。主体是存在的，想要这个，又想要那个，不断扩充开来。这就是欲望体系给人的印象。

然而时至今日，主体心里摇摆不定，一会儿想要这个，一会儿想要那个，其实并没有什么牢固的主体"核心"。因此，如何设法抓住这个核心，便成为一种目的。

不知下面这个例子是否确切。如今年轻人说"我所寻求的这种恋爱"时，是否就意味着实际存在一个想恋爱，喜欢某人，想和这个人亲近的"我"呢？据说现在年轻人的恋爱大多是：不管喜不喜欢，但都想继续和他（她）维持关系。不愿意被他（她）厌恶。像我这样非常传统的人总觉得（这样的恋爱）实在是太不可思议了。但是，他们好像也有他们自己的理由。

若是真有一个思考的主体，明白自己喜欢还是讨厌，当然很好。然而，在他们身上并没有这个思考的主体，他们在搜寻这个主体。作为一个证明的手段，就是试着和他人相恋、相处。我并不打算从道德上来批判这件事情，只是为了思考这种现象，我们必须改变一下原有的图式。这或许已经不是什么"利己主义"，我想是一种自我认同的摸索。

他们沉湎于保身/保心的私人空间领域，难道不是因为在试探感觉"自我本身"的存在吗？因此，这与利己主义多少有些不同。勉强套用鲁曼的系统论来说，对应外部（＝公共领域）通过提高内部（＝私人领域的复杂性）来进行境界的设定。这无疑是在这样的境界之上确保"私我"的一种战略。这里就有着"自我存在证明"。

这样的例子不限于恋爱。（尝试投身于某一事物）也是一种自我认同的摸索。最初并没有自己想做的事情，这一部分还很模糊不清。但是，为了从中获得一种实在感觉，将自身投入其中。

②埋头于"无心/无身"的公共领域→通过提高"外部＝公"的

复杂性来划分界限

那么,反之又会怎么样呢? 就是消除己心,以无心的状态,奋不顾身地埋头于公共领域,这与上面的例子正好相反。可以说就是通过提高外部的复杂性来划分界限。比如,志愿者恰好就能反映这个问题。各种报道表明,以阪神大地震为契机,年轻人之间涌现出一股志愿活动热潮。对于这一现象,可谓赞誉参半。有人批判这些年轻人非常不负责任,似乎有些玩世不恭;也有人评价说,这是新青年公共社会心理的表现。

这个判断正确与否暂且不论,仔细观察我们不难发现,这与前述利己主义型、自我认同型一样,都是先从"自我"出发来考虑社会。换句话说,也就是从与社会相关的事情中寻找自我。以前的自己是什么样的人呢? 是有用之人吗? 别人需要自己的帮助吗? ——怀有种种不安的青年人通过参加志愿者活动,才真正感受到自己的存在。当听到别人对自己说"谢谢"或者"谢谢您帮我"这样的赞誉之词时,才真切地感觉到了人与人之间的亲切交往。

一直以来,作为社会参加型的志愿者首先压抑了"自己",而为社会努力奉献,可谓是一种自我牺牲型的志愿者。即使是现在,这种因素依然存在。我并不是想否定这个价值。但是,现在很多志愿者或许并非如此。他们把重点放在了发现自我上。

这与前述沉溺于个人空间的情况正好相反,但我认为其功能效果都极其相似。在外部复杂性高涨的时候,通过投身于其中,在与这些社会性事情的对比中,发现了极小的自我,发现原来自己一直只考虑到自己个人。我想他们就是在与社会的关系中,逐步感觉到了自己。

听完我的叙述,或许在座的诸位头脑中已有印象,那么,为什么当今的年轻人会被所谓的新·新宗教所吸引呢？我想这种倾向与埋头于公共领域是有所联系的。也就是说，新·新宗教将上述第一条"保身/保心"、第二条"无心/无身"极其完美地结合在了一起。年轻的信奉者们对精神世界有很强烈的向往，读了大量的书。同时，也从事一些无偿的剧烈劳动。对旁观者而言，并不知道他们究竟在做些什么。一方面是执著于自己，而另一方面则是完全放弃自己。然而，仅仅通过"利己主义型"和"社会参加型"来看待这个问题，还是搞不清楚原因，倘若我们从"自我认同型"和"自我发现型"来考虑的话，或许就能看到首尾一致的连贯性。

### （2）（关系层面）电子网络导致"公"、"私"境界的动摇

下面我就谈一下因自身网络融为一体而导致"公私"境界的无化/暧昧化问题。

①公的"私"化→在网络上"曝光的人们"

那么，在"关系"层面上会发生什么事情呢？这就是公共事情的私人化（Privatization）。1999年4月的 *AERA* 杂志上刊登了曝光人物的特集，其中最为典型的就是在自己的主页上公开自己的日记。虽然印象之中，日记是潜在的读物，但是阅读对象仅限于非常有限的具有亲密关系的人之间。但是，现在这些纯属个人信息的日记，通过使用极为公众化的网络空间，向不特定的多数人公开、出示、发电子邮件。在主页上，像"我的日记"或自我告白型文章屡见不鲜。

233

以电脑为媒介的交往，产生了不同于以往的类型。在此会发生什么样的事情呢？那就是在过去相互交往的公共空间里，现在刊登着极其个人化的隐私。也就是说，以往的公共社会的场正被换成私人的世界。

这种现象不仅仅在网络中存在。比如杂志中读者投稿栏里，也会满不在乎地刊登一些平时个人很少涉及的经验谈、失败谈，等等。电视节目也是如此。特别在以民间电视台为中心的由观众参加的电视节目中，观众把极其个人的事情，比如出轨、破产、烦恼等事情都拿到电视机前面来细细述说。对于这些事，大家说说笑笑，共商对策，一期节目就这样进行着。这种倾向也是公私动摇的一种表现。这种将公共空间私人化的现象，不仅在网络上表现得极为显著，而且还在其他媒体上也有同样的表现。

同时，我们也可看到相反的情况。那就是将私人空间公共化，成为公共社会化的事情。这个很明显表现在工作/劳动问题上。比如说最近几年较为流行的，公司在郊区设立"卫星事务所"（Satellite Office），或者员工在家工作，等等，就属于这种情况。与以往每天要去公司上下班不同，现在坐在家里通过电脑终端，就可以完成工作。再也用不着像以前那样上下班，无谓地消耗过多体力。由此而言，舒适的人性化劳动终成可能，我们应对采取这种工作方式的公司赞不绝口。

然而，实际的调查报告或研究报告中显示，现在的趋势是：由于网络的扩大化，在家的时候也要被强制劳动。根据一项意识调查，倘若以前在下班后回到家里这个私人空间，就与工作毫无关系。就是来电话、呼机响了，都可以不去理它。但如果从一开始就在家里工作的话，可以说二十四小时都能够发送订单邮件。这样一来，我们的私人家庭空间就被扩展为公共社会化的职业空间了。

**（3）（身体层面）由于高度信息化/符号化而产生的"身体动摇"**

下面我再谈一下将"公私"分开导致身体的稀薄化→在"公"、

"私"夹缝中碰撞冲突的伦理性/性特征问题。

①移动化与自恋化的不协调→"公共场合中私人行为"的日常化

在高度信息化社会里,身体层面会引发什么问题呢?作为我个人而言,对这一部分最为关心。简单说来,就是会导致移动化与自恋化的不协调。其结果是,公共场合下的私人行为变得日常化。这是个大胆的假说,我将在下面的讨论时间展开论述,总之在现代社会,人的身体移动化大为提高。过去,身体的移动只能由步行来完成,而现在则可以通过自行车、汽车、电车、公共汽车等交通手段来完成。

同时,大众社会中,身上带的装饰品及发型等都逐渐符号化。符号化成为年轻人打扮的时尚,似乎由此可以产生品位的高雅感。在身体移动化、符号化提高这样的大前提下,信息化反过来又进一步促进了移动化和符号化。无论对方在哪里,都能通过手机进行联系,自己和他人随时都有可能接近。

那么,上述事情又将引发什么现象呢? 一方面,使得身体可以自由地跨越"公"、"私"境界。但是,其中就不会产生某种不协调的东西吗? 比如,报纸上的投稿栏或有识之士就曾指出,女性在电车上化妆的问题。不仅是女性,而且男孩子也经常在电车上梳头发、打摩丝,这一点并没有男女差别。他们所做的这个事情其实就是把全身符号化的一部分即脸部整理好。从批判方来看,可能这是极其不道德的行为。但是,对行为者本人来说,这是一种注重仪表的表现。打扮得整齐漂亮去赴约,是对对方的一种礼貌。而不修边幅、素面朝天去见朋友或恋人,则被看成非常失礼的行为。我想他们应该就是这样一种感觉。

但是,电车和公共汽车又是怎样的场所呢? 这无疑是公共场

235

所。这里能够指出的是，他们对自己在这种公共场所的所作所为意识比较淡薄。也就是说，以前社会中那样身体上严格区分公私的感觉正在逐渐失去。

以前，只要从家向外跨出一步，就属于公共社会环境。去车站、通过检票口、乘坐电车、和朋友一同喝酒，一系列行为的发生场所无意识地被划分在公共空间里。但时至今日，随着移动化、符号化、信息化的发达，人们在保持着私人空间与对方亲密关系的状态下移动着。因此，不像以前那样公私明显分开。也可以说，人们倾向于满足自身的欲望，做自己想做的事情，不断走向自恋化。如果把这种状况理解为他们身体上未能明显地区分公与私，似乎其中还带有一种价值判断。但我想他们大概并没有感觉到有必要进行这种价值判断。

也许这是我个人的特殊情况，大学课堂上讲课时竟然有学生用手机通话。从物理上来说，他的身体处于公共课堂的场所，或者乘坐公交移动的途中。在这些场合用手机通话，是一种"不正常"行为。但是，试想一下，为什么他们会有这种异常行为呢？我想这是因为他们的身体感觉或许已经回归到私人空间。学生就在我面前，身体确实在我的课堂上。而对于身体的主宰者自身而言，或许与通话人的联系更加紧密。对此我也毫无办法，只能如此看待。公共场所下的私人行为，在一定意义上已经变成日常化。

另外一个最近的例子是，孩子随处都席地而坐。从大人的角度来看，在公共场所一屁股坐下，简直是不成体统。但对于那些听惯了随身听，或是拿着手机坐下的孩子而言，无论是在过道中央，还是在大学的走廊边，或许并没有什么不同。为什么呢？这种区分自身就没有什么意义。

从某种意义上讲，这是伦理性的问题。那么，区分公私的伦理性标准又是什么呢？它是否已经摇摆不定了呢？

②"私密化"与"公然化"同时进行→"私的场合下面向公的行为"逐渐抬头

在面向年轻人的杂志广告中，各种各样的瘦身广告、健康产品以及整形美容产品层出不穷，不胜枚举，由此可见，现代社会中生存的人们对"我/身体"的关注意识已有很大提高。在当今高度信息化社会中，这种关注度还在不断提高。因此只要不是那种逍遥超越派，或过度自信派，就很难做到不去关注自己的身体。自己健康是否有问题？自己魅力是否不够？自己长相是否难看？……也就是说，根本不问自己知道什么、思考什么、感觉什么，而是关注别人如何看待自己，由此规定自我。在这一点上，身体对于大多数人而言，可能是感觉"自我"的最后据点。一方面，"身体"是个人极其隐私的领域（身体是对自身而言"不可取代的珍贵的东西"），另一方面又可看到"身体"向不特定多数人公开展示的倾向。

例如，将自拍裸照投稿给杂志社，或通过互联网、摄像头等将夫妻、恋人的极为隐私的性生活向他人公开，这种做法变得越来越不稀奇。以前性生活属于个人领域，应该隐蔽，如今借助信息技术（数码相机、数码录像机、互联网等）由当事者自己公之于众。我们可以将其称为"私的场面下面向公的行为"。

以往只限于夫妇间的性生活，一下子就如此公开化。为何会造成这种不平衡的现象呢？如果人们无止境地沉湎于"个人"、洁身自好的话，身体的私人秘密化就会不断发展。但另一方面，身体这种东西不被别人看到，很明显就会失去意义。必须有人出来对其进行欣赏评价。即使是你在自己房间里偷偷减肥成功，有一副魔鬼身材，没有人欣赏你，你就无法得到满足。私人秘密化的身体对外公开，如果是在海滩、游泳池、街上，那么将会引来周围不特定

237

多数的视线。

一个有趣的现象是,中间领域一片空白。一方面身体极其私人秘密化,但另一方面又向不特定的多数人公开。因此,并不是想为特定的某个人展现自己的美呀,希望他或她说自己瘦呀,或说自己酷呀,并没有一个特定的对象。虽说前文所述自拍裸照是一个极端的例子,但我认为它与现代社会中普通人的感觉本质上并没有什么不同。我们是否可以说,身体中最为隐私的性的部分,对公私方面的区分已经崩溃并发生动摇?

## 结语：通往公私问题的政治学

高度信息化社会的公私重组,是各种力量相互碰撞所产生的结果。如上所述,以往社会中坚如磐石的公私区分,已经发生动摇,其背景是存在导致这种变化/重组的经济、社会、文化等各种力量。随着日常生活层面信息技术的发展,近年来这种公私动摇变得更加显著。但是,如果仅仅是从技术对社会文化的影响来理解这种重组过程,或许看不到问题的本质。另一方面,对道德、伦理上公私境界的动摇徒然叹息,也对问题的解决无济于事。

那么,制约公私重组的力量究竟是什么呢? 对抗这些支配倾向的势力又潜藏在何处呢? 我想,在设定这些"批判理论"后,从媒体/交往研究的视角出发,对照信息技术带来的两面价值与围绕公私的具体变化,这在思考"高度信息化社会的公私问题"时是很有必要的。

另外,正如本论题四的第3部分"身体层面"中所述,在与信息技术相关的各种层面的公私重组的过程中,"身体"问题被进一步引起关注。基于这种动向,以往在考虑公私问题时单纯地将

"分开公私的身体"作为默认的前提,现在看来有欠妥当。公私重组不可避免地必将引起我们的"身体"在公的领域/私的领域的重新组合。这样的话,今后的公私问题,从分析视角归纳跨越在公私领域双方的"身体"之后,再考虑公/身体/私之间将产生什么样力的关系,这是必须解释说明的问题。这只有致力于研究围绕"身体"和"公私"关系的政治学了。

### 围绕论题六的讨论

**沟口雄三**(大东文化大学教授、东京大学名誉教授):我想从不同的角度提出几个问题,不知是否妥当。刚才阿部先生在发言中举出了一些具体事例,我想就这些具体事例,谈一点不同的看法。

比如,您说家庭中丈夫对妻子施展暴力属于公共问题,的确如此。这种思考方式的前提是把家庭作为一个领域单位来看。但也可以换个角度看,这个问题就可理解为"原理的公"对"领域"的"公"的监督机制。这里所说的"原理的公",是指"男女平等"或"女性人权"等。

比如现在南斯拉夫的事例就是如此。对于南斯拉夫的国内问题,外来的干涉是借"原理"之名进行的。也就是说,这不仅仅是"公"与"私"的转换问题,而是(国家的)"公"与(原理的)"公"的冲突问题。如阿部先生所说,家庭领域里也应该有(原理的)"公"。

还有电视问题。刚才您说,如今在属于私人空间的起居室放着公共世界的电视节目。在没有电视的时代,一家人团聚在一起,存在着一种共同的公共关系。自从有电视后,这种关系被切断了。

而且我们还可以这样理解,比如天皇驾崩后电视对葬礼进行长时间转播的同一性或同质性,破坏了以前个别之间相互维系的"共同的公",这里不是"公"与"私"的转换问题,而是"公"与"公"的相互碰撞问题。

或者说,如果我们对"公"的问题进一步严密思考,是否可以笼统归结为"沉溺于私领域、埋头于公领域"呢? 阿部先生举了阪神大地震时,神户志愿者踊跃活动的例子,其中最大的问题就是,这种情况下公领域的指数究竟是什么? 我想这不能笼统地概括为"埋头于公领域"吧。

另外,阿部先生在"公共圈"概念中,举出了哈贝马斯关于规范和事实的媒介的例子,并说哈贝马斯在著作中所写的东西是事实。但从历史学的角度来看,历史学家所写的事实,是历史学家所选取的一种虚构,只能是事实的一部分,从资料中把某种东西和某种东西拿来组合起来,形成所谓的历史事实。因此,哈贝马斯在某个时期认为"存在"的事实,应属于哈贝马斯自身所持的规范概念,与中国的规范概念完全不相符合。因此,今天阿部先生所说的"公与私"中的"公",究竟是何处的"公",又是何时的"公"呢?

今天您的发言中出现各种各样的公,既有原理的"公",又有同一性的"公"、相互联系的"公",或共同的"公"等。另外,中国和日本历史上也可见"公""私"、"公家""私人"的历史变迁,公私观本身也发生变化。我想这些都与先生所说不能固定理解"公"有所联系。我想问的是,现在您是如何理解"公"所面临的局面呢?

**阿部洁**:我想先来回答您提出的最后一个问题。关于我发言中对"公"的定位问题,首先需要申明的是,这次给我的题目是"高度信息化社会中对日本公私问题的展望",正如刚才的发言中所说，我认为"高度信息化社会"是用来表示现代社会的关键词，至少我对当今日本社会中"公私问题"中的"公"的范围进行了阐述。虽然我并没有采取这属于公、那也属于公等简单的定位方式，而是采取了从现象中探讨问题的方法。沟口先生理解为"公"与"公"的冲突问题，我想是完全可以的。

就刚才所举电视的例子而言，家庭关系这一非个人的社会关系，随着电视的出现而被挤压，被替代，我想这种认识也是可能的。但对于当今日本社会的家庭成员来说，家庭关系既不是一种公的关系，也不是一种社会关系。或许应该理解为私的领域。由此而言，在讲电视问题的时候，我是将家庭理解为"私"的领域。

而作为具体的"公"的内容，我想参与志愿者活动与根据《日美防务合作指针》，作为美军的后方基地进行支援，出兵亚洲，这是完全不同的。读了漫画家小林善范所画的《战争论》以后，我感到头昏脑胀。书中反复地阐述道："公共性"与"公共心"已经渐渐丧失，你们（指年轻人——阿部洁注）必须重新认识历史，你们不要为爷爷辈的所作所为感到羞耻，而应感到自豪和骄傲。可以看出这明显是一种对战争的赞美。

通过在现场与年轻人的大量接触，我绝不认为被《战争论》所吸引而开赴战场的年轻人，与参加志愿者活动的年轻人属于完全不同的人群。确实，从我们的标准来看，从事战争的"公"与救助困难人群的"公"是完全不同的。今天的发言并不想对此深入探讨，我想说的是：为什么现在的年轻人不考虑自己所作所为的具体内容，而去寻求超越自己的东西，在某种意义上甚至可谓放弃自己。我将这种现象称为无心/无身，为什么会有意识地放弃以往那种自我中心主义的自己，而积极投入其中呢？我只是想用公私重组的形式，对其中所表现出来的心理状态进行分析。

在规范和事实的问题上，可能是我说得不很清楚。正如哈贝马斯在《公共领域的结构转型》序文中所述，他的研究一方面采用了社会学的方法，另一方面又采用了历史学的方法。当然，在历史资料的妥当性和选择随意性等问题方面受到历史学的批判。正如沟口先生所说，其并非"作为事实已经存在"，而是哈贝马斯在阐述欧洲历史时，特别是在阐述欧洲特定语境时所设定的一种事实。

在进行理论研究时，当然必须考虑"公共圈"的讨论过程、问题的焦点所在、自身的立论之本等问题。特别在现代社会中，一提起"公共圈"，批判之声就不绝于耳，有人说它任何地方都不存在，也有人说这简直就是痴人说梦，哪有这等美事，等等，总之完全被认为是一种理想状态，在历史和现实的状况里完全没有立足之本。因此，作为我自己，为了补充这一点——其实也不能这么说，也许这是我自身的一种解读，我想哈贝马斯原本的意图是，为了在历史的事实即历史中汲取寻求"公共圈"存在的根据，才强调了规范和事实、理念和史实的媒介。这是第一点。

还有一点，这是我个人内在的一点认识。哈贝马斯在发表《公共领域的结构转型》以后，更趋哲学化和思想化，很少正面阐述"公共圈"，而是作为交往合理性的理论基础。可以说是用疑似超越论的形式，将言语哲学精致化，认为只有从语言中才能看出这种潜在的合理性。我个人认为，用这种方法进行阐述，初期阶段所谓的规范和事实的媒介，最终还是偏向于规范，这是我个人对哈贝马斯理论的评价。以此作为切入现代、解剖现代时的刀刃来说力量还是很弱的。虽然之后哈贝马斯并未具体展开，我还是想回归他早期的作品与思想，汲取其营养，希望再一次规范和史实媒介的紧张关系。

**沟口雄三**：对于阿部先生的基本立场，我也产生了强烈共鸣，对此谨表敬意。听完您刚才的回答，我能够理解您现在为什么要思考公私问题，以及最初设置的主体问题。另外，对于您所指出的问题，也就是最近的青年们，一方面把家庭作为"私"，另一方面又将"国家"等同于"公"，向民族主义越陷越深的危险性，我也深有同感。

作为我个人来说，如果说从哈贝马斯那里学到了什么的话，那就是在欧洲文明中探求历史的事实，并以此为根据的他的某种主张。

阿部先生没有从其可行的方面来整理公私概念，而是在（通观东西南北的）历史中，进一步在日本范围内进行整理。但是，把"家庭"作为"私"、把"国家"作为"公"的公私概念自体，实际上是（仅限于）日本语境中的事情。

比如，在中国，"家庭"绝不是"私"。把"家庭"作为"私"的先验前提在中国并不存在。当然"国家"会有"公"的这一面，但同时"天下"作为"公"已经超越了国家。从这些方面来说的话，与其说在中国把国家作为"公"是特殊现象，倒不如说以天下为"公"是普遍的、一般的现象。

比较来看，日本是把"国家"为"公"、"家庭"为"私"作为前提的，同时脑海中也会浮现出：只有日本才会有这样的情况。明确指出这个的是福泽谕吉。他做了这样的规定，想旅行就旅行、想午睡就午睡、想吃饭就吃饭，职业的选择也一样自由，这些都是"一身的私"的事情。

而且，他还提出了把"国家"规定为"公"，不许说"国家的公"的公私观念。这个规定是承揽历史的规定。这种规定又在很大程度上肩负着历史语境，直到现在还一直有效。我觉得，如何超越日本的公私呢？它在当今的信息化社会里，经常会以各种各样的形

243

式忽隐忽现。以上是我的一些意见。

**板垣雄三**(东京大学名誉教授、东京经济大学名誉教授)：我曾饶有兴趣地拜读过阿部先生的《公共圈与交往》。我想今天的报告，从围绕我们身边的具体现象、具体言论出发，并进行分析思考，提出了一些非常重要的问题。

本论题一的第3部分中的"未解决的问题群"，您说是今后必须考虑的问题，其中的人种/Ethnicity 与"公共圈"的关系部分，设定了"在白色'公共圈'中能够产生有色'公共圈'吗？"这样一个问题。我想这个问题，与刚才沟口先生所说的问题有一定的联系。虽然刚才您的回答，谈到现阶段所设定和限定的问题，但我想，如果要说您这个报告中还有薄弱地方的话，也可能就在这点上。也就是说，一方面您提到"有色人种"问题，但后来却说现代日本社会中也有些"公"的要素，至于它和"白色'公共圈'"有没有什么不同，报告中对这一点阐述得未必明确。

使用"Ethnicity"（种族）一词当然可以，但我反对使用"人种"这个词。我非常在意用"白色"和"有色"这样的表达方式来展开论述。我认为，倒不如使用广义的"Ethnicity"之意，在与多种文化相关的事物中，去思考公共性。但您在报告中，一开始就构筑一个"白色公共圈"，然后再从中发现一些独自的或者别的什么东西，这样做究竟好不好呢？

刚才还谈到哈贝马斯理解的问题。既然今天来参加这个研究会，我感到自己有责任从伊斯兰教研究者的立场，来谈一下自己的看法，以供大家参考。就您括号中所用的"白色公共圈"来说，这实际上也可理解为伊斯兰世界的扩展中所产生的现象，其后又被欧洲化。应该说，西欧人把这种情况下的某些东西，作为非常具有"西方典型的"或者"普遍的东西"推出来。因此，将"白色公共圈"作为理所当然的大前提，在此基础上提出各种变异模式，这种问题的提出方式，我觉得就好像给自己挖了一个很大的陷阱。

**阿部洁：**我先自我辩解一下。用括号表示"白色公共圈"，确实是自己的粗心大意，但更主要的原因是写得越多，就需要更多的辩解，因此我就简单地写了几句。至少对于我来说，对于"白色公共圈"，还是想得稍微复杂一些。首先我认为，"白色公共圈"产生时，肯定需要设定某种白色以外的东西，对其进行压制。如近代欧洲最开始猛然冒出一间"咖啡馆"，若问："咖啡豆从何而来？咖啡豆来之前有没有公共圈？"当然之前什么都没有。但若在力的关系对比下，将喝咖啡的一方、产咖啡的一方、运咖啡的一方进行区别，这就成了帝国主义的说法。的确，光写"白色公共圈"、"有色公共圈"，可能给人误解，好像一开始就有西方近代的意思。对于这一点不小心造成的疏漏，我是需要自我反省的。

在解释哈贝马斯的理论时，大多好像欧洲"公共圈"是从真空状态下突然产生的，但至少我在考虑人种／Ethnicity 与"公共圈"的时候，对于近代西方诞生的大前提，还是牢牢把握着全球性的人、物、资金的流动问题。我说的就是这个意义上的"白色公共圈"。因此，先说我自己的观点，那就是"有色公共圈"的诞生是非常困难的。即使会产生，我想也会被"白色公共圈"所笼罩。

这个结论并不是什么观念性的思考。所谓的多种文化共存的思考方式，在某个时期是一种极其激进的、开放的看法。但从某时期开始，却又变得非常顺应体制，并非从根本上改变现状，相反而是为了将当前的政策正当化，才使用"多种文化共存"这个词。

在此基础上，我对于以下问题非常关注：如在掌握主导权的（白色）"公共圈"中能否产生内在的（全球化的）"公共圈"？抑或在迄今被压抑的历史文明中，通过解读以前误认为并不存在，但实

245

际上却存在的历史,能否产生"新的公共圈"?对于伊斯兰教中的"公共圈"问题,我非常关注,还请您在这些方面多多赐教。

**板垣雄三**:简单地说,压抑或者主导权的问题,主要是作为近代的问题而被论及。就"咖啡馆"而言,并非最初在欧洲诞生出这样的公共场所。"咖啡馆"其实完全是外来货,在伊斯兰的世界中被称为 maqh 或 qahwa,很久以前就有这种大家一起喝咖啡、喝茶的地方。欧洲的咖啡馆正是由此模仿而来的。因此,如"公共圈"诞生于咖啡馆的这种观点,就好比一匹被蒙上眼睛的马,用非常狭窄的视野,只能看到自己身边的事情,而完全看不见外面的广阔世界。你刚才也说过,将这种讨论与多文化共存联系起来,究竟好不好呢?这就是我的回答。

当然不仅仅是咖啡馆的问题,还有"公共浴场"、"广场"、"供水站"、"喷泉",或公众礼拜"场所"等问题,很多很多。总之,日本的知识分子总是立足于狭窄的欧洲中心主义(Euro-centrism)来进行讨论,仅仅将西洋的书籍翻译过来,就以为自己懂了。对于这些概念,如今我们必须作出大幅度调整。而这个问题与当今年轻人的公私概念的动摇又有何种联系?有没有什么可能性呢?我对这些讨论很有兴趣。

**金泰昌**:下面我就谈一下在设定本次共同研究"高度信息化社会中的公私问题"这一题目时,我本人所考虑的问题点。

那就是,现在讨论的"公"与"私"的问题,是从产业社会开始凸显的一个大问题。当然这是在古希腊时期就有的课题,但特别到了近现代社会,在与产业社会、资本主义社会、自由主义等意识形态相关联的部分,"公"和"私"就成了大问题。另一方面,社会结构发生根本性变化,公私问题也就会发生变化。这个问题在各处都会碰到。比如在产业社会或资本主义社会,"公"、"私"问题常常被提及、讨论；而到了信息化社会，这些问题又会发生怎样的变化，或者讨论的方式又将发生怎样的变化？这些部分，我们都需要进行重新梳理。

具体举个例子来说，对于被判定为脑死亡的人进行脏器移植，因为事关个人身体器官，因此某种意义上属于隐私问题。但如是最近在日本发生的事情，许多媒体争相报道，趋之若鹜。然而脏器提供者方面并不想让大众知道这方面的情况。这样就引起了个人隐私权与媒体知情权、媒体的义务与责任范围等激烈争论。这个问题以前不可能成为问题，但现在却成为了一个大问题。

这些问题随着社会信息化的提高而出现，以前可能不是什么大问题，或者可以避免成为问题，但如今却成为我们必须应对和处理的问题。这样的案例还有好几个，随着社会信息化的进步，我们是否有必要从不同角度，重新审视一下以往的"公"、"私"问题？我们主要想对这个问题进行一些思考。

另外，今年（1999 年）5 月，我们在中国北京召开了第十一届公共哲学共同研究会。开始我们试图共同思考对下一代有用的公共哲学，但到了具体的讨论阶段，发现"公共哲学"这种说法，必然导致一些复杂的问题纠缠在一起。最终，我们决定使用更加中性化的说法，那就是"公共空间"。

说起"公共圈"，好像成了哈贝马斯的专利，其实我们并非以哈贝马斯为中心进行讨论。我们并不从规范或价值的角度来看待"公共性"问题，而是同意使用"公共空间"这个词汇，来表示规范或价值通过形成、考察、批判、再形成的场所。以往，学者们有时使用"sphere"、"domain"、"realm"等带有领域含义的词汇，但为了进一步普遍化，我们决定用"空间"（space）即"公共空间"（public space）一词来进行讨论。当然这是由于我们会议是用英文进行讨

247

论的缘故。

阿部先生的书中,使用了"公共圈"这个词汇,当然有其意义。不管怎样,提起"公共圈",总给人以特定的学者使用,具有特定含义的印象,为了能够更加自由地进行讨论,我使用了"公共空间"这个词,这是我首先必须强调的。

我有两个问题。一个是阿部先生所说的"公共圈",给我的感觉是所谓的"媒体圈"和"媒体空间"为中心的公共空间的意思。当然对此各有各的说法,比如汉娜·阿伦特(Hannah Arendt)的"Public realms"即"公共领域",我就感觉政治空间的含义更强一些。不同的人把不同的含义融入词汇之中,我想问的是,阿部先生所说的"公共圈",可以理解为"媒体空间"吗?

还有,阿部先生谈到"公"与"私"由力的关系来定义、来决定的问题,确实这样的事占据多数。但另一方面也有一种情况,那就是在公共场所,通过"讨论"并"公开事实",将"公"和"私"的问题进行再定义。

在我们韩国,当对前总统全斗焕执政过程的激烈讨论出现相互对立的分裂状态时,一个电视剧的播出为公共舆论的形成提供了契机。它的影响力实在是太大了。在该电视剧放映之前,即使大家觉得大概如此,但还没到一般社会民众持有共同认识的地步。一位作家将相关事实的一部分(当时所能知道的部分)改编成了电视剧,在全国放映了一年半时间。

由于它公开揭露了多数国民并不了解的军队内部的明争暗斗,以及在镇压光州事件的过程中滥用暴力,以致侵害人权等事实,结果民众将此当成某种共同认识,最后导致现任总统作出了重新认识的政治判断,改变了历史潮流。最终,全斗焕总统企图进行自我辩解的道路被堵死,不得不接受司法的审判。

从"力量"的强弱来说,虽说他已不是现任的总统,但在强大的军部和保守势力的社会舆论形成方面还有着巨大影响,发挥着重要作用,仅凭现任总统和改革势力的"力量",是难以进行历史清算工作的。可以说,正是通过媒体的舆论化,才使"公"与"私"的问题得以重新确立。今后的时代,特别是信息化越进步,社会构成就会发生越大的变化,"公"与"私"的界限大概也会随着"力量"、"议论"等不断公开的事实而决定。

当然对此也有各种形式的议论。一方面,问题就是议论能不能成为"力量"、"力量"最终是不是在起作用。但是,在韩国实际上发生的事件表明,拥有"力量"的一方反而处在不利的位置,无法拥有"力量"的一方更容易展开议论,这个议论又更容易被公众化。而拥有"力量"的一方只要稍作辩论,马上就会成为攻击对象,从而陷入僵局。

我说这些,并非是要反驳阿部先生的意思。即使是现在,很多时候还是由"力量"来决定。今后,信息化不断发达,有没有向相反的方向上发展的可能性? 根据我个人的体验,我觉得今后能够感觉到这种明显的倾向。阿部先生的想法又是如何呢?

**阿部洁**:首先就"公共圈"与媒体空间的关系而言,正如我开始的报告中所说,我本人所接受的学术训练就是媒体/交往论,这也是我研究的一个支柱。因此,我的报告整体内容确实偏向媒体,给人一种较深的印象,那就是通过媒体媒介的交往是如何形成"公共圈"的呢? 您说我思考的主要是与媒体的关系,在这一点上的确如此。

不过我自己还是认为是以媒体为起点,来思考相关事情的。这不仅发生在媒体中,像金先生刚才所谈到的例子,不是看完电视剧就完了,而是以此为契机,人们怀着怎样的意识和家人聊天,和

249

朋友谈话,或是进一步拥有更强的自发力,向政府申诉,形成市民运动。这些都是我思考的问题。

因此,从一开始我就没有仅仅作为政治空间来思考"公共圈"的问题。以媒体为起点,在日常世界、教育场所围绕公共事件的讨论不断扩展,反过来又将如何影响媒体? 它们之间的相互关联才是我最关心的问题。

其次是关于"力量关系"的问题,我认为"力量"之中还包含"议论的力量",也就是最近常说的"discuss power"。其实,近代理性提倡协商解决,因此,与以前所采用的暴力压制明显不同。如果这样用对立的概念进行理解的话,对现代力量所发挥的作用就不能得到很好的把握。当然,哈贝马斯本身并没有这样(两项对立)阐述。

我认为即使是在理性的对话中,也将不可避免地出现"力量关系"。我并不是将由力量关系导致的再定义和由议论导致的再定义分开来进行考虑,确实是通过人们议论对事物进行再定义,这里面还是有某种"力量"存在。也就是说,究竟给什么人以发言机会,或者进一步说,用什么方式来讲话,提供怎样的场所,等等,对于这些问题都必须引起高度重视。我认为,要先思考这些事情,再去重视"力量关系"。

还有一点,正如您所说的那样,在信息化之中,比起赤裸裸的力量或者政治权力,议论的力量会导致对某事进行再定义,我想的确如此。这种情况下,正如我在报告的最后所说,我们必须认真思考信息技术的两面性(ambivalence)。也就是说,拥有"力量"的人,总是希望报道一些对自己有利的政治和社会问题。

然而,"影像"其实还是很有雄辩性的。有时我们会觉得,电视里的画面怎样看也和解说词所说的不一样。如解说词说道:

"警察开始镇压胡作非为的暴徒。"而现场所播放的画面,怎么看都像是治安部队已经沦为暴徒,而被称为暴徒的游行队伍,却是在非常和平地举行示威游行。只要这样的画面播出,哪怕只有短暂的一瞬间,立刻就能将观众的认识改变过来。因为画面中的影像告诉人们的,是警察部队向游行队伍进行挑衅。

从这点也可看出,通过"议论"进行再定义,这种事情今后还会越来越多,但并不是有了技术才会如此。反过来说,也会出现这种情况,那就是拥有力量的一方更加巧妙地运用技术,用更加巧妙的形式来操作舆论、掩盖事实真相。因此,我认为,在这些地方的相互争斗将会成为非常重要的问题。

**金泰昌**:我说的基本上也是同样的事情。以往,说起公共空间,几乎是被政治空间所独占。为了改变将公共空间与政治空间相等同的观点,我们必须认识到媒体空间要发挥最为重要的作用。

还有一点,正如阿部先生所说,不能单纯地说:"因为技术发达了,所以产生了变化。"比如,尽管交往技术取得飞跃发展,但通过交往技术所叙述的内容,仍是法国大革命时期所提倡的"自由、平等、博爱",一直沿用至今。无论作为印刷品、出版物的交往技术多么发达,使用这个发达技术所阐述的内容,迄今为止并没有发生什么变化。正因为有这方面的因素,因此我们必须防止单独用"技术"来讨论事情。

那么,对于非"政治空间"的新"公共空间",我们应该如何进行思考呢?

251

一个是"含义空间"。迄今为止所倡导的"自由、平等、博爱",应该具有赋予这些含义的别的空间,在这个空间里人们认识、再认识、再确认,直到现在还在继续。含义空间是指丧失含义或含义再生产空间的意思。

而我所思考的是"媒体空间",个人的隐私含义通过媒介相互关联,在公共意义上进行发展、转换和形成,这种含义生成空间就是"媒体空间"。人的认识和行动不是往隐秘方向上自我封闭,而是在保持平衡的情况下向公共方向上转化。这样,就会出现提供、交换、取得必要信息的场所即"媒体空间"。

另一方面,正如阿部先生所说,还有一种作为媒介空间的"媒体空间"。以往的"政治空间"即使存在,但如果这些空间不通过某种程度的媒介作业,也只能各自发展,互不关联。而"媒体空间"则将他们联系起来,将以前政治空间所发挥的作用,作为公共空间承担了起来。

很多时候,国会里的讨论未必具有公共性。但媒体将讨论的情况直播给国民看,由国民来做判断,我想这正表明媒体空间在发挥着重大作用,开创了以前几乎由政治霸占的公共空间。

**薮野祐三**(九州大学教授):用现在学生的话来说,大人们即使在公共空间中,也非常私人化。比如在电车中喝醉的人又呕吐又喧哗,与年轻人没有什么太大的区别,只不过这些人不用手机或随声听罢了。新干线上,那些喋喋不休的老太太们一直在说个不停。特别是中年以上的公司老板在公共场所发表连篇累牍的讲话,简直就是把公共空间当做了个人的私用空间。

而现在的年轻人虽然在表象的形式上有所不同,他们主要使用机器产品,但本质上都是在将公共空间私人化,这种想法超越世代和年龄结构,只不过形式不同而已。我认为,近年来所谓的"年轻人论",对这些小孩儿的批评实在是太多了。其实,对于公共空间的私人化介入问题,如果我们仅仅从"世代"不从"文化"的方向来考虑,像前面所举出的事例,我想会遭到他们强烈反对的。

回顾一下我们的学生时代,在课堂上有的写情书,有的望着外面发呆,只不过没有在下面窃窃私语罢了。跟现在相比,主要是课堂上会不会发出声音的问题。家庭主妇们在去百货商店之前,在路上东家长西家短地瞎聊,这也是一种将公共空间私人化的方法。由于媒体的出现,这种公共空间私人化的现象,是体系发生了质的变化?或者仅仅是形态上发生了变化?我想对于这个问题,应该进行进一步的讨论。

第二点,以前的"公"和"私"是比较封闭的,固定的。但是,我在进行政治学研究,去印度尼西亚调查时发现,在看起来极其清贫的家中竟有电视,尽管没有通电,但他们使用简单的汽油发电机,就可看电视。虽然身穿耐克牌衬衫、手带卡西欧的手表、骑着山地车,却没有自来水。由此看来,对于现代化问题,我们再也不能用以前的老一套去理解。

看一看当今社会的发展情形,很多事情都是同步进行的。根据政治学原理,要实现国家的现代化,首先必须从硬件方面的基础设施建设开始,然后按部就班地发展下去,但现实情况并非如此,实际上是从可以移动的东西开始,不断涌入。我觉得,"公"和"私"就像镶嵌似的跳跃性进入我们的生活。

接下来是我的一些简评。"private"(私)本来在英语中含有"夺取"的意思,自己夺取的权利当然不希望有人从外部插进来。然而,政治空间的公共性是在消除差异,正如"构建男女能够共同参加的社会"、"平等"等所宣传的那样,政治家从这些宣传中获益,当然我们也希望这种理想能够实现。另一方面,经济空间则是通过制造差异而获得赢利,正因为有"女人味"、"男人味"的差异,才会有市场化的差异而获得利益。也就是说,寻求差异的空间和寻求平等的空间,在"公"之中激烈碰撞。如果能从这个角度来理解当今的社会状况,不是也很有意思吗?

阿部洁：您说的第一点，我只是举出简单的例子而已，并不认为年轻人使用技术，就会简单地导致私人化。虽然说社会全体都如此，是否妥当，但薮野先生刚才所举的例子，从年轻人到大叔大妈所具有的私人化是相通的。因此，并不是高度信息化社会的某种逻辑导致了这种现象的发生，而是通过信息技术，以更加丑陋的方式凸显在我们面前，对此我的认识我也是相同的。

只是我还想补充说明一点，确实我们的学生时代，虽然坐在课堂上面对老师，但也总开小差，一会儿胡思乱想，一会儿做些小动作。但我们那时，总还有一种愧疚感，觉得自己做了不该做的事情。还是自觉认识到，本来应该公私分明，自己却是公私不分。这时，要是有人提醒你，肯定会说"对不起，我改过来"。也就是说，在我和我的上一辈眼里，自己为何惹人生气，当然是非常清楚的。

然而，现在的年轻人，在课堂上用手机打电话，却不明白老师为什么生气。挨老师批评后，就说"对不起"。但接下来又问："为什么？"老师说："你这样做，会影响别人，对不对？"这时又会来一句："啊，我知道了。"

而我们的学生时代，当然也会有开小差的时候。内心不愿意听讲，特别到了高中，会觉得上课很无聊，这时就自己看看漫画，或做一下别的事情。当然，在此我们也能看到学生与老师的对立结构。但我在教现在大学生的过程中，有时感到束手无策的是，这种认识（与对立结构）是不一样的。

这里请允许我谈一下自身经历的一件事。有位女生在课堂上惹恼了老师，却不明白究竟是为什么，于是跑到我这里来倾诉。她一说我就知道，百分之百是她自己的不对。为什么这么说呢？因为她在上英语课时窃窃私语。于是，英语老师对她说："All you have to do is to shut up"（你要做的就是闭嘴）。这位女生怒火中烧,气冲冲地跑来对我说:"为什么要让我丢人现眼？凭什么说我?!"当然,进行道德评判是件很简单的事,我也对她说:"这当然是你的不对,课堂上是不许窃窃私语的。"

但是,她的这种"感觉",让我这个社会学研究者有了新鲜的发现。上课时为什么不能窃窃私语呢？……我总有一种感觉,或许对她来说,要让自己的身体,严格区分公与私的不同场合,未必是一件理所当然的事。

第二点就是近代化的不均衡,涌入的东西不均衡的问题。今天,虽然我在报告中没有使用"不均衡"这个词,但从某种意义上来说,全球化就是不均衡化。在不断推进全球化的过程中,就会产生不均衡。

关于第三点您的简评,或许造成这种差异的经济作用非常强烈。因此,尽管往这些地方引自来水、通电有益于公共利益,然而旨在追求平等、均等的政治力量,与经济全球化的力量相比,还是显得弱小得多。我认为,在所谓的第三世界里,这种倾向尤其明显。

**金泰昌:**最后,我想说的是,通过今天阿部先生的报告和刚才各位的讨论,我们大家一起对于"作为媒介的公共性"以及"作为媒介空间的公共空间",有了一个重新认识。此外,阿部先生对"作为规范和基准的公共圈"、"作为主导权的公共圈"、"作为确立自我认同的公共圈"进行了探讨,以及"以规范与事实、同意与差异、主题与结构为媒介"对公共性和公共圈进行了定位,为我们进行了很好的整理分析。关于这些媒介以外的很多问题,我们曾在以前的研究会中,直接或间接地讨论过。

我想,探讨作为媒介的公共性,在考察高度信息化社会中的公私问题时,比其他任何观点,都显得尤为重要。

255

# 特 论 一

# 日本的"公私"问题

本文首先将对公、私、公共、共同等概念作一简单的整理归纳，并论及日本的公私问题。进而探讨一下德川时期对此思想的认识。

## 1. 围绕公私的诸概念与日本

所谓"公共性"，我认为首先是一种"在超越一对一关系的开放层次上，自己与他者或自己本身产生关系时所寻求的存在方式"（这种情况下的自己与他者，不仅指个人，也包含集体）。比如，仅仅是作为个人的我和作为个人的 A 产生一对一的直接对面性关系时，就不能说具有公共性。当然，我和 B 亦是如此。然而，当产生"我和 A 和 B"这种超越直接性层次的关系时，才有可能出现公共性问题（无须多言，虽然属于"我和 A"的个别性关系，但若这种关系对"我和 A 和 B"甚至更广的范围产生影响时，也同样会产生公共性问题）。也就是说，公共性是在我们超越一对一的个别性交涉交换关系的"复数场合"成立时，才会出现的问题。

公共性既可以是朋友关系，甚至我们还可以将家庭中父母与孩子之间的关系看做原始的公共性（这种原始的公共性，与家庭在公共性中的外部定位,以及外部公共性以某种形式渗入到家庭内部的情况不同)。话虽如此,公共性能够成为一个显著问题,与其说是"身边"的关系,毋宁说是在非直接性关系的情况下。在身边的关系中,容易产生关系密集、共同所有的"共同性"。这时,如自己、他者这种认识就会溶解、融合或包含在一起,未必会产生开放的复数性状态。与此相对,如在一个脱离家庭关系以及个别性人际关系的、更"大"、更"广"、更"外来"的领域展开的话,公共性问题就会在孕育着种种差异的复数性中显著地浮现出来。当然,即便是更"大"的领域,也会以相应的各种生活样式和媒介为基础,再形成"共同"(对于"共同性",后文将详加阐述)。

另一方面,我们可以用与上述认识完全相反的方向,来思考"私性"。亦即,我们可以认为"私性"就是"在自己与自我本身或他者的一对一直接性关系的封闭层次上,寻求内在统合时的存在方式"(这种情况下的自己与他者,不仅指个人,也包含集体)。自己在与自我本身或他人的直接性关系中,确保封闭的内部性和隐匿性,谋求其充实,这就是私性。私性在欲望、生产、生殖、创造、学习等自己所进行的各种实践生产方面具有重要意义,而这些都来源于私性所带来的具有内部性质的、浓密的认知与所有的同一性。

至于私性中较为显著的例子,首先我们可以列举出诸如(在与公共性无关的层面上的)个人、性、家庭、私人交友等直接性关系。再比如说,在一个企业,对于每个成员来说其"工作"的世界是处于公的位置,而各个成员之间的人际关系本身还是具有"私"的性质。话虽如此,这个对于其内部成员来说具有"公"性质的企业,作为名副其实的私人企业,不仅要受到社会、政府等在公的层面上的制约,同时还在与其内部深层的统合、生产性、创造性相关的部分保有其私密性,这也是一个企业足以"生存"的内部条件。我们可以认为，即便是国家（政府），对于外部而言，也具有同样的私性。

如上所述，公与私持有互相反面性的关联（对抗性）。公私还会在某个自我层面上聚集一处（与别的公私重叠在一起），某些公私又会形成如同叠加在别的公私上那样的层次，有时甚至还会呈现出阶梯状（以包含关系叠加）。首先就公与私的反面性而言，比如我们会经常感到在遇到公共性层面时，越是努力去调和公私的反面性，越会意识到自己本身和私性关系作为一个不被吸收的层次而存在，认为应该去充实它。也就是说，公共性与私性互相分段，相互对照地被要求、形成起来。二者的关系不是什么毫不相关，或者方向相反。提取出来的私性或者是某种程度的单独完结、存在，可以说是无去无从的状态。但是，它在另一方面，它又向（或别的）公共性展开自己保持的内容，由此公私内容形成环流。像这种私性活动作为媒介性质地去支撑公共性的例子也有不少。总而言之，公与私的层次虽然具有反面性，但是也时常具有相互关系。打个比方说，私性作为所有和生产的结合点，公共性作为流通和分配的地平坐标，其内容可以相互循环。

此外，就公私的聚集而言，就如同我在兴趣爱好的团体里，在职业上，在政治上都具有公共性质的那样，在自我方面公私可以重叠。这时，各种公私相互关联，持有各种层次的关系。如某人虽然有个人的兴趣爱好，但是也有可能和兴趣爱好团体运营产生公性质的关系。如上所述，企业对公司员工个人来说具有公共性，而对政府就有可能具有私性，或者即便是对国民和企业最具绝对公共性的国家，对于更扩大一步的外部国际性来说，它也具有私性，在其私性的牢固程度上比某个企业和个人更具有非公共性。诸如此类状况，都有可能发生。

当我们考虑到公私的聚集、层状关联及其内容的流程时，可以发觉实际的历史上、社会上的人类组织是以极其多样的形式构建在一起的。刚才所说私性的牢固，比如说某个人或者集团，都可能会断绝与外部的联系，仅仅作为一个自闭的个体存在，失去开放的公共性。与此相反，也有可能在毫不充实内部的私性，在完全处于公的开放性中失去自我。

这种公私相关的结构在历史上也呈现出各种颇有意思的状况。比如，德川时代的家产制国家及近代日本民法下的国家，以疑似性地延长家族性和个别性方式，而使公共性成立，就此而言，这两个时代都是一个私性蔓延的公共空间；但是从其私性属于家长式这一层面来看，公共性又渗透到家庭及个别的诸类关系之中，具有压抑、掠夺这些关系的一面。还有我们也可以这样理解，近代国民国家为了解放德川封建制度所有的种种自我和中间团体的私性，编成绝对的公共性和服务于它的公民，在另一方面，又分泌出了完全无法控制的个人以及国家本身这个"个人"〔（私小说中的个人）以及（集体的恣意）〕。

我们在考虑公私的结构时，常常如和辻哲郎的伦理学那样，把公私以"全体"和"个体"重叠起来理解。这种公私具有一种感受性，与其说是从形式上，倒不如说是从实质上来把握公私。同时，可以说这是一种欠缺横向的聚集性，其本质关系是以收敛于上下、全体与个体上下级性质包容关系的（即所谓"纵向型社会"）结构。日本史家指出，这种结构具有将"公"收敛于共同体或首长的"实体化"倾向性，以及被其上部组织"合并"的历史。①

---

① 参见吉田孝：《律令国家与古代社会》（岩波书店 1983 年版）；田原嗣郎：《日本的"公与私"》（收入沟口雄三编：《中国的公与私》，研文出版社 1995 年版）；水林彪：《我国"公私"观念的历史脉络》（历史与方法编辑委员会编：《日本史的公与私》，青木书店 1996 年版）等。

另外，也有日本史研究者指出："私"一般被定位于"公"的外部性界限，即被认为是所谓的不能成为"公"的残余，并不具有积极性（田原嗣郎）[1]。这是一个极其有意味的论述，当然，该论的反面也涉及"公"这一侧。如果"私"是消极的话，当积极的"公"有朝一日被重新定位于"私"的瞬间，其被消极化也是自然而然的事了。也就是说，看起来积极的"公"作为概念来说绝不积极。这种不定性最终导致我们对公、私（无论是共同体还是首长，还是私情）的理解是以实质性的势力为中心，建立起势力范围。

我们常说，自室町时代以后，"私"作为"第一人称代词"成为了重要的用法（这是比较史上鲜有的例子）[2]。为何第一人称不是由"个体"（individual）或是"我"，而是使用了"自己"或是"私"（private）这种所谓来自外部的、具有圣域性质的说法呢？这个问题最终与下列问题相关，亦与其说"个"是在"整体"与"个体"，倒不如说是从"整体"和"部分"的概念上得到阐述。"私"（watakusi）并不像在"我"这样一个开放性环境中主张而确立的自己，而是感受到某种形式的周围、整体，自己作为其一部分，感觉到难以完全向外界开放。这种"私"并非"立于外"，毋宁说更倾向于"缩于内"。

最后，简单地谈一下"共同性"问题。我们认为，"共同性"是"自己与他人共有私性的存在方式"。如用英语表述，刚才所说的公共是 public，私是 private，共同是 common。所谓 public，就是（某些内容）是开放式的、为人所知的、被分配的、且是可以参加的意思。但是，如果其内容皆被完全所有的话，就变成自他 common，亦

---

① 前述田原论文，第 101、105 页。
② 前述田原论文，第 108 页；前述水林论文，第 96 页。

即共通、共有的关系。另一方面，就其共有的限度之内，自他在使各个私性（的一部分）相互溶解的同时，对未能共有的他者而言又产生出私性。正因为它属于私性，所以才产生自闭的、排他的私（亦即使其他人陷入"私"）。然而，我们不能说共同体本身是妨碍其内部进一步向公共化开放门户的本质性原因。共同，即所谓闭其户充其内。由此既可封闭他人，也可排斥他人。但这又成为产生、孕育自我，以种种形式树立自我的前提。共同拥有知识和感情，有时反而成为将其面向他方而动的原因。公共的成立经常以共同拥有某种形式的资源为前提。没有公共的共同可谓是混沌的（封闭的充实），而没有共同的公共则是空虚的（空疏的开放）。我们可以认为，所谓的共同和公共具有被所有被内在化的一面和被分配被外在化的一面，两者紧密地联系在一起。而且，这两者相互在动态的均衡中运动时，是可以保持其健全的。

## 2. 德川思想的"公"与"私"

在立足于以上认识的基础上，我想就怎样再度认识江户时代思想中的公与私，对有关问题稍作探讨。

近世以前，公与私围绕政治势力争执不休。在佛教、神道等宗教性质文脉中，"私"被观念论地视作应该予以扬弃之物。对此，朱子学（宋学）则提供了在社会性空间中与主体性实践相关联的有关公私的基本框架。具体问题在此不再赘述，总之，朱子学将"天理之公"与"人欲之私"对立起来，求"道"于前者，要求人们存天理，灭人欲，通过抑制、排除"私"之情欲而探求"公"，试图使主体自身确立"公"，从事社会改革。这种自我变革、社会变革的主题鼓舞了德川时代的年轻知识分子。朱子学是一种律己主义（严格主义、理性中心主义)学说,但是通过引进情欲而扩大理论的外延,或扩大参加政治者——更多的人自己标榜天理和公,从而孕育出以他们为主体的活动的可能性。

话虽如此,在日本接受朱子学影响的人群里,并非像中国、朝鲜那样的士大夫、两班阶级,而主要是浪人、武士、浮游文化人、町人等所谓的中间知识分子。于是探求"公共性"的结构也就发生了微妙变化。第一,比起理(或者不仅是理)而言,还将气、欲、情等导入进来,这种动向非常明显(但是,这种情况下的情欲与其说是我欲,毋宁说具有很强的共感侧面)。第二,并非阐述"直接从自身内部体现公共性的'我'",毋宁说是阐述"参加已经体现在外部的公共性的自我",这一构图更加明显①。无论如何,如前项所述,我们可以从思想的世界里看到向"实体"、"全体"、"共同"收敛的倾向。当然,我们也可从中看到各种各样的尝试。

伊藤仁斋(1627—1705)不愿将道纳入中世的那种宗教性境地、观念论世界,而主张道不过是人们交流的社会性时空,致力于将其定位在日常性("人伦日用")的范围内。这样的道,用他本人的话来说,就是公开于"光天化日"之下,无论是谁皆行"天下同然之道"(《童子问》)。仁斋在此构想的正是公共空间,令人颇感兴趣的是,他所构想的不是所谓的政治空间,而是试图从市民生活的日常性角度加以理解。而且他并不以这种公共性作为"理"的问题,而是更倾向于在对自己以及他人的"生"进行再认识,同时不断地去扩充它,在此过程中去实现公共性。从这一点来看,伊藤仁斋的公共性可谓具有浓厚的共同性色彩。然而,虽然他将这种共

---

① 关于这种自己构图与知识分子社会存在方式相关联而产生,请参见黑住真:《德川前期儒教的性格》,载《思想》第 792 期,1990 年 6 月。

同性作为一种日常生活，另一方面他又将其作为一种可以逾越的超越性理念，阐述不要陷入自我同一性的方法。而且，他既关注不易与他人合一的自我，又不将此视作值得否定的"私"。总而言之，伊藤仁斋从律己主义的结构中得到了解放。

荻生徂徕(1666—1728)指出，伊藤仁斋所进行的公共性探求的主场面，最终在其对共鸣性道德的实践之中，尚有不足之处。在徂徕看来，仁斋终究与朱子一样，仅限于观念论的世界，或至多只是停留在直接性自他关系的世界里。若仅仅如此，则"治 ＝ 安民 ＝ 仁"这一道的根本目的就无法达到(《萱园随笔》)。徂徕试图将公共性领域扩大到所谓的政治经济空间，思考其中的有关道的体系。与"公"的扩张相对应，徂徕的"私"也带有独特的含义。他叙述说："众之所共谓之公，己所独专谓之私。君子之道，有与众共者，有独专有者。……公私各有其所。虽君子岂能私耶。唯治天下国家贵公者，人上者之道也(《辨名》)。"徂徕在此一面指出"天下国家"层面上"公"的重要性，另一方面也认为"私"的存在是理所当然的。

在社会组织论中，徂徕也指出位于上位的"公"具有优先性，同时也应尊重下位集团的"私"的存在。据徂徕的社会论，庶民阶层是为了整体养成良好风俗而被制度和上位所领导(某种意义上的操纵)，而君子阶层则非如此。当时的主流思想是追求"同"的结构，亦即［上位者("君"等)完全根据自己的意向独断专行，下位者("臣"等)对此尽忠］，而徂徕却认为，因为人类具有多样性，这种想法难以实现，这样做将最终导致社会由于追从和专断而引起腐败和对立。其实应该追求的是"和"的结构，亦即(上位者基本上握有主动权，并尽可能委任各种各样的下位者，谋求多元化的统合)。只有这样做，才能使人们协调而充满活力(取意自《政谈》、

《太平策》)。徂徕在此构想的是一种新的模型,即承认各种各样的"私",但它们却在作为整体的"公"之中,得到多元化的配合,堆积而成。对于五伦五常等个人伦理,徂徕把它们视作"仁的小分子",在基层参与大的公共性("仁")。此外,他将包括庶民阶层活动在内的社会整体,视作面向公共性的"官员"行为(《答问书》)。

徂徕的这种组织论,其实并非单纯的专制论。纵观历史,毋宁说它属于一种社会统合论、形成论,即在集团中,汲取下位意向,重视众议而进行意志决定;根据不同人的作用进行组织,在政治社会中形成累积而成(或将累积而成)。这有与中世至近世所具有的传统的思维方式——由和"公"相对的各种"役"、"职"(职务)积极参与——相结合①,也与笠谷和比古所指出的那样,武士重视众议和下意上达的组织传统相对应②。众议、下意上达的体质在幕府末期,作为一种"公议(舆论)"、"横议"等,不久发展能成一种所谓的对话公共性③。徂徕的组织论,正与这种倾向是一脉相承的。

① 有关江户时期形成的组织论、作用论,参照尾藤正英:《江户时代的社会与政治思想的特质》、《江户时代的个与集体》,收入尾藤正英:《何为江户时代?——日本史上的近世与近代》,岩波书店 1992 年版。

② 笠谷和比古:《近世武家社会的政治结构》,吉川弘文馆 1993 年版。笠谷从历史角度加以验证,武士的组织原理实际上不是单纯的自上而下的专制论,而是具有体现其多元性及成员的主体性这一侧面。

③ 对于维新期前后的"公议"、"公论"已有诸多研究,如苅部直:《"利欲世界"与"公共之政"——横井小楠、元田永孚》(载《国家学会杂志》第 104 卷第 1、2 期,1991 年 2 月);松泽弘阳:《公议舆论与讨论之间——福泽谕吉的初期议会政治观》北海道大学法学部编:《北大法学论集》(41—46,1991 年 10 月);尾藤正英:《明治维新与武士——由"公论"之理念尝试构筑新的维新观》(前述尾藤书所收);三谷博:《明治维新与民族主义——幕末的外交和政治活动》(山川出版社 1997 年版);三谷博:《明治维新的"王政"与"公议"——以横井小楠和大久保利通为线索》(载三得利文化财团生活文化研究所编:季刊 athteion 50 期,1998 年)等。

话虽如此,至少身处德川中期阶段的徂徕构想的是"公"体制的重建,即如何应对町人们的动向,以及在都市化、流通经济中逐渐流动兴起的"私的东西"。面对当时的危机,他一边反对单纯的独断专制式的"公"的形式,另一边提倡一种能够吸收人们私人欲望的有机多元性组织。这种组织既包含了成员的多样性和自由,同时它又收敛于上位的公共性。这时的公共性,本非自下而上或横向积累而成,而是以自上而下为前提,而且又吸收下位的一种形式。由此而言,"整体包容性"、"共同体"、"首长"都在此发挥作用。然而,这里的全体者——"礼乐"、"圣人"等并非君临的绝对者或者法律,亦非直接的共同性。它(如同仁斋所说的"日常"、"孔子"),是一种"外部"、"他人"的理念化,通过这种理念化,寻求难以回归于同一性的公共性的发展及再组织化。

仁斋、徂徕等人被称为"学者",而这些儒学家及"学者"们的活动,主要是在以印刷及交通为背景的文化、学术的媒体共有的公共性、私性空间中展开的。仁斋、徂徕等人的思想正是在"学问"的公私空间中开花结果。很明显,仁斋是在面向以记录为基础的一种公共空间,试图以实证性的、公开性方式提倡《古义学》。而到了徂徕的《古文辞学》,则不仅限于学问性,在文坛以世间出现细说文运的意识的同时,也展开了文人性的私的内向性及其交流的世界。面向江户后期,这种"文学性东西"不久就在国学和汉诗文中,掺入着民族主义发展成为不可忽视的公共性探求运动。此外,"学问"作为再生产装置,和面向年轻人和社会人的"教育"联系在一起,构筑起围绕公共性的知性的政治性运动和体制。

最后,我来谈一下对庶民阶层不可忽视的一种动向。仁斋、徂徕的话语主要是面向上层町人和为政者周边的知识阶层,而石田梅岩(1685—1744)则通过讲演及出版,面向从事商、工、农业等庶民,以唤起他们的觉醒。他说:"商人之买卖利润与武士俸禄相同","商人之买卖有助于天下……商人之买卖利润乃天下允许之俸禄"(《都鄙问答》,以下同),以此来肯定对利润的追求。又说,如果通过买卖可以"缓和万民之心"的话,"虽富至山积,亦不可称之为欲心"。也就是说,只要天下百姓乐意,没有必要以获利为耻。梅岩对积蓄自己利润的承认,是通过商业行为等最终回归于公共性,并为此作贡献这一逻辑而正当化。"农人草莽之臣也,商工市井之臣也,臣相君者臣道也"等句,说的也是同样的道理。

对于"公共性商业行为"的成立条件,梅岩认为必须做到"己立人亦立"。而且主张抑制奢侈、私欲,倡导"俭约",做到没有行为上、内部的不正当行为,和净化后的"正直"。所谓正直,就是"我物即我物,人物即人物,人借于我之物必取,借人之物必还,虽如毫发,亦无私心",无论是人还是神,都应接纳(《齐家论》)。我们可以说,这种"正直"可谓一种面向公共性而没有丝毫隐瞒的敞开的心扉和态度。这种正直也与一种宗教性的清静观和信仰相连。

对于作为当时社会体制("公仪")的既存公共性,梅岩并没有否定的意思。毋宁说,他认为"商人亦为君之助",将庶民的行为纳入政治里面,试图以参与者的逻辑从内部赋予其意义。然而,梅岩的公共性坐标又是超越性的,并没有完全和既存的体制结合在一起。在其理论坐标的远方,我们隐隐约约可以看见一种带有"神国"观宗教性的整体性①。即便如此,他在将此与自己相关联的同时,并没有在表面上主张这种具有超越性的东西。而且梅岩

267

---

① 关于这一侧面,田尻祐一郎在《某个转向——德川日本与"神道"》(百川敬仁等编:《江户文化的变容》,平凡社 1995 年版)一文中有明确论述。

的心和行为,集中于对外界那种坚韧不拔的待机性变化的影响和对自己的修养。如此,对公共性的志向不是对天理的直接性参与,而是一种从"自己"的一侧开始,采取一种内向的、渐进方式的修养论形式。他的这种态度,作为近世、近代的通俗道德,体现了极其普遍性的原型。①

## 结　语

以上我主要以德川中期之前为主要对象,简单地考察了在思想中体现出来的探求公共性的各种形式。进入德川中期以后,商人传统的展开,学术、文人传统的扩展,对话、公论礼节的形成等,在思想史上应该探讨的问题还有不少。

公私内外,是使得我们主题空间得以生存的隔板、断面,其结构本身是在我们的实践历史中不断生产与变化。现在我们在此讨论公共性,这件事本身就表明 20 世纪末以后,国家掌握的公共性相对淡化,其主体更加暴露于外部。与此同时,各种各样的"私"的流动更加活跃,这就是我们的现状。为了探讨将来的公私发展方向,并不断在实践中完善它,我们还有必要进一步考察其来源及其一般理论。

---

　　① 　安丸良夫:《日本的近代化与民众思想》(青木书店 1985 年版,后作为平凡社 library 再次刊行,1999 年版)指出了与公共性相关的这种自律性传统;此外,还有中井久夫:《执著气质的历史性背景》(中井久夫:《分裂病与人类》,UP 选书221,东京大学出版会 1982 年版)从精神分析学的观点切入此命题。

# 特论 二

# 横井小楠的"公共"思想及其
# 对公共哲学的贡献

源 了 圆

## 1. 幕末应对外来压力的诸类型

在讨论横井小楠(1809—1869)的"公共"思想内容之前,为便于对当时的社会背景有所了解,我想先简单地介绍一下幕末应对外来压力的各种类型。所谓幕末,即指德川幕府(1603—1867)末期,时间跨度较长,其间人们的认识变化迅速,在此我想将时间限定为 1842 年至 1867 年。

自 1853 年培理(M. C. Perry)率黑船舰队来到浦贺海边,逼迫日本开国之后,日本的国论分为两派,"攘夷、尊皇"及"攘夷开国、佐幕开国"之声此起彼伏,国内一片骚乱。

我们先看一下攘夷论方面的情况,主要可以分为以下几种:

(1)真心主张攘夷论者,提倡"尊王(皇)攘夷"的大部分武士(许多开国论者开始阶段多属此类)属于此类。在参与政治运动的人群之中,此类人数应属最多。

(2)积极主张攘夷论者,许多血气方刚的武士为此所动,而当事者本人的心声却是,以此作为鼓舞国民"正气"的方便之物——

德川齐昭及水户藩一派即属此类。

（3）大多儒学家遵从其所信奉的朱子学，或为了捍卫儒教立场而主张攘夷论。其中最为尖锐者是大桥讷庵，在其所著《辟邪小言》一书中，阐明了攘夷的立场。他首先站在义的立场上批判站在利（便利）的立场上的洋学研究家。这种批判可能主要是针对身为儒学家却开始从事洋学研究的佐久间象山等人。大桥称，所谓研究洋学有助于富国强兵这一想法，简直是在学和狗吵架互咬一般。他又称，朱子学的穷理与洋学的穷理在本质上不同。朱子学说的"道理"上自宇宙之大，下至个人日常生活之小，而洋学则是使用分析的方法来研究道理。因此通过主张二者道理相同而将学习洋学正当化的做法，如同在显微镜中探索"君臣父子之理"。

（4）站在国学、神道的立场上彻底排斥西欧文明论者。如广为人知的岛崎藤村的《黎明前》的主人公"青山半藏"（其原型为岛崎藤村父亲）、熊本的神风队员等，多数神道学家、国学家均属此类（相当于汤因比所说的"狂信徒"，zealots）。

另一方面，就开国派而论，其情形如下：

（1）相比之下，主张"开国"的人数虽然不多，却决定了时代的方向。幕府的立场是尽量减少与外国的摩擦，建立起外交关系。在幕府中除少数开明官僚外，没有人抱有主张开国的强烈信念。

（2）赞成开国，其意图是通过吸收西洋文明的优秀之处，以增强国力，从而在不久的将来称霸世界。其代表人物是佐久间象山，他对西洋的军事力以及作为其基础的科学技术特别感兴趣，并且为了学习这些知识而开始学习荷兰语（日本式希律党，Herodians），他对现实存在的政治权力——幕府采取支持的态度。

（3）在对待西欧问题上几乎与佐久间象山持有相同的看法，

但却是热烈的尊王论者,站在一君万民的立场上,最终主张讨伐幕府。但是他主张:"尊崇天皇"是日本"独"有的,而非亦可通用于其他国家的"同"(吉田松阴)。

(4)对开国表示赞成,基于自己坚强的信念,即不必战争而使世界自觉服从于"天之御中主神"之子孙——日本天皇。代表人物是大国隆正,他从《万国公法》(庆应元年翻刻)中找到了论据。他称,由于格劳秀斯的《万国公法》①是在没有统管万国的君主这一前提下编成的,所以将来天之御中主神的子孙——日本天皇就会自动成为世界的君主(大国隆正称之为"大攘夷")。

(5)主张积极的开国论者。其理由是开国乃天下公共之道。同时,开国不仅意味着:(a)与外国保持通信、通商关系,(b)而且还要成为"开放的国家"(横井小楠)。

在此,横井小楠批判了以"德川家族的存续"作为至高无上的命题而运营下来的"私营政治"——幕府政治,而树立了以建立立足于为"人民"(民生)的"政治"这一政治原理的、形成作为"公"的国家的目标。然而,那样的国家如果站在国家利己主义(局部观)的立场上来看,则成为"一国之私"。而世界列国都应站在"公共的立场"上思考实现世界的和平,并批判任何事都站在"一国之私"的立场上的思考方式。

此外,还有一批静守沉默,等待将要来临时代的"沉默的开国

271

---

① 原文有误,应为"惠顿的《万国公法》"。《万国公法》(*Elements of International Law*)为美国人惠顿(Wheaton)所撰,由美国传教士丁韪良(William Alexander Parsons Martin,1827—1916)汉译,1864 年(同治三年)京师同文馆刊行,对近代日本产生巨大影响。另,胡果·格劳秀斯(Hugo Grotius,1583—1645),荷兰人,近代西方资产阶级思想先驱,国际法学创始人,代表作有《战争与和平的权利》等。——译者注

论者”的洋学家们。

## 2. 国际关系的成立与“公共”思想：经济的世界

横井小楠首次使用“公共”一词，是在嘉永六年（1853）所著的《夷虏应接大意》一书之中。该年，美国人培理（M. C. Perry，1798—1888）率黑船舰队来到浦贺，俄国人普查金（E. V. Putyatin，1803—1883）作为政府使节出使长崎。

在文章开头部分，横井小楠指出：我日本之所以胜于万国，被世人称为君子之国，是因为我国以天地之心为教养，重仁义之故。因此，接待美、俄两国使节的要领在于，全凭以天地之心待之。他说：“凡我国之接待外夷之国策也，有道之国则许之通信、无道之国则拒绝之，不外乎此二者也。不分有道无道，而一切拒绝之，则暗天地公共之实理，遂至失信义于万国者，必然之理也。”①

可见，当时的横井小楠还是个攘夷论者。然而，在此，横井小楠不以“开国、锁国”作为参照系，而是以“有道、无道”这一特殊标准来捕捉问题。亦即，对“有道之国”则允许通信，对“无道之国”则不允许。那么，这里的有道、无道的判定基准又是什么呢？那就是看其不仅是否失信于我国，还要看是否对他国有侵犯、暴虐之行为。如是有道之国欲与日本通信交易，则没有拒绝的道理。

对于上述观点，也有人会提出反论：“美国不仅对日本，而且对其他国家亦未实行冒犯暴虐之行为。”对此横井小楠反驳道：“培理来时，不就是犯我日本之法，率军舰逼近浦贺吗？”

---

① 山崎正董编：《横井小楠》遗稿篇，明治书院 1938 年版，第 11 页。以下引用该文时仅载明页数。

在横井小楠看来，"有道之国、无道之国"的对待基准乃是否按照"天地公共之实理"在国际社会行动。国际关系的成立导致小楠思想中出现限制天底下任何国家的普遍性"公共"概念。

我们无从得知横井小楠从何处得到了"公共"这一概念的启示。但在当时，小楠除坎培尔的《锁国论》译本外，未见阅读过其他西洋著作的痕迹；而且该书也没有提及"公共"问题。因此可以推测，他是从中国乃至受其影响的日本人著作中，知道此词的存在的。

我们也不知道当时横井小楠对"公共"作何理解。按常识性的理解，"公"是"公正、公平"之意，"共"则是共同精神（在小楠晚年著作中，经常出现"与天下共同"、"与天下百姓共同"之句），而在国际社会的水平上，他表现的是产生"公正、公平"的一种社会精神气质的心理态度，横井小楠一定考虑到了该词来源于超越国家范围的"天"、"天地"、"天下"吧。

之后，在小楠的言论中再次出现"公共"一词，是在万延元年（1860）所著《国是三论》中的《国富论》中。在此，围绕"交易"问题他展开了论述。从小楠的"公共"概念产生于国际社会中这一方面来看，此乃《夷虏应接大意》的提升。请看以下两处：

（A）如此诸国来日，以公共之道开日本之钥匙，而日本犹锁国，执旧见，勤私营之政，不得知交易之理，何其愚也。（第40页）

（B）天地之气运与万国之形势皆以人为，若不得私事，勿论以日本一国之私而锁闭，譬如开交易而持锁国之见之故，虽开而形如闭，有弊害，难得长久之安全。然乘天地之气运，随万国之事情，以公共之道经纬天下则万方无碍，今日所忧之处亦不足忧也。（第32页）

特论二　横井小楠的"公共"思想及其对公共哲学的贡献

在(A)中,将"锁国之见"="私营之政"相对"交易之理"=
"公共之道"图式化,在此基础上,又将遵从"交易之理"的"公共之
道"=公,将执"锁国之见"的"私营之政"=私,集约成了这一"公
和私"的图式。而且,在此应该注意的是,反映日本已经开国,并
和外国建立起了通商关系状况的"交易"这一概念的登场。

和(A)中"锁国"是唯一的否定的契机相对,在(B)里表现为
"以日本一国之私闭锁",即持"锁国之见"的开国也是被否定的。
对此的分析不仅限于对开国、锁国形式的分类,而进一步追究开国
的样子,开国的实质,阐明了只有基于以"公共之道"经纶天下的
开国才是真正的开国。真正的开国通过交易使双方都获得利益,
相互变得富有,即石田梅岩所说的"我立人亦立"①这种以共生为
目标的开国论。这才是真正的以"公共之道"经纶天下。

(A)和(B)的共同之处在于,都阐述了在日本从锁国走向开
国,与世界建立新关系的过程中,作为交易这种行为的正当化论
据,"公共"为人们所要求。在多数情况下,交易的实现呈露出人
类的欲望的俗恶的一面,然而小楠却仍将交易和公共同一化,他希
望交易成为当事双方都共同获益,共同富裕的真正的交易,在其理
想下交易才首次真正持有了"公共"这一性格。

## 3."公议·公论"与"公共之政":政治的世界

### (1)从"讲学·讲习·讨论"到"公议·公论"

下面先讨论围绕"公议·公论"这一政治世界的"公"的思想,
一起看其被逐渐统一成为"公共之政"这一政治世界的新理念的

---

① 参见《都鄙问答》。

过程。问题首先在于,存在于"讲学·讲习"这一共同学习过程中的"讨议·讨论"成为了"公议·公论"形成的基础。

在横井小楠的思想中,磨炼"心法"这一自省性契机是极其重要的。即便如此,他并不满足于仅仅磨炼自己的心,他还意识到"公论"是自己和持有与自己不同意见、见解的"他人"通过讨论、对话而形成的。换个角度来说,小楠以前持有过将没有通过讨论的"众论"作为公共意识的想法,但是即便到了幕府末期,他仍是意识到"公论"是以讨论为基础这一事实的先驱者,且在公开的场合和他人的自由讨论、对话是"公共性"这一思想的重要契机。

小楠在与熊本的长冈监物、下津休也、荻昌国、元田永孚等人进行实学研究讨论时,以讲学、讲习会的经验为基础,发现了在思想形成过程中和"他人"的对话、讨论的重要性。元田在会上重视"朋友意识"的形成,而"讨论"这一契机的重要性无论是元田还是其他成员都没有觉察到。

小楠在这个"讲学"集团的基础上,认为应该成立"学校"。而且还认为必须使在学校的讨论、对话中形成的"公论"成为政府的政策决定的基础。为此,政府内部也必须成立讲学集团,还有尽可能使政府的构成成员参加学校的讨论。①。

在实学研究会中,小楠虽然已经有"公论"的意识了,但是却不知道"公论"这个词。可以认为,他是从《海国图志》(美国篇)的日文译本——广濑达的《通俗海国图志》(墨米利加篇)中学到这个词的。

且不论小楠是如何学会"公论"这个词的。已经完全掌握"公议·公论"这个概念的小楠,在落款为安政三年(1856)12 月 21

275

①　参见《学校问答书》,嘉永五年(1852)。

日,给福井藩田氏寿的书简中,写下大意如下的话:据说在俄国,如果政治上要起什么变化,则先下放至学校(彼得堡大学),在那里首先讨论,如果众论没有一致,仅凭国王和行政官员们的想法是绝对不会施行的。而且执政大臣等要职官员的人事评价在于"一国之公论",这些成为其宗教戒律的第一义务。小楠在这里虽然有因通过"政教一致"这一过滤膜而引起的对事实的错误认识,但是在此写到的,也是他的《学校问答书》中写到的,似乎是在现实的俄国所实现的情况。

在这里写到的是教育应该知道政治这一"学校民主主义"的想法,这种想法在中国明末的黄宗羲《明夷待访录》的"学校篇"中也有与其相呼应的东西存在。黄宗羲受东林学派"义塾"教育的触发而写了《明夷待访录》中的"学校篇"①,仅我所知,小楠并没有对黄宗羲的《明夷待访录》持有何种形式的信息的痕迹。在没有影响关系下而发生了思想运动层面的类同关系,这是因为小楠在没有接触过儒教的急性日本化的情况下,在幕府末期的思想状况中追求以朱子学为中心的宋明儒学内包的美点,直至自己认为自己已经理解。

小楠最终也没有舍弃"通过讲学·讲习中的讨论而形成公论"这一想法,但是由于对手还有状况的原因,不能很好地形成"讲学·讲习·讨论"的过程,最终使那时没有通过"讲学·讲习"的彻底讨论成为了公论形成的条件。如,文久二年(1862)在幕府政治改革之际,德川庆喜、老中板仓胜静和其他幕府阁僚的讨论;受到长州抵制的桂小五郎(木户孝允)等人的讨论;还是抱着被刺

---

① 小野和子:《黄宗羲的前半生——特论〈明夷待访录〉的成立过程》,《东方学报》第 34 册,1964 年,第 183 页。

杀的觉悟而到访的坂本龙马,还有高杉晋作等的讨论,均属此类。这些情况使彻底的讨论成为了形成公论的条件。经过这些事件,"公论"由原来的独自个人乃至集团内容的讨论,进一步形成为在公共性会议上的讨论。施行基于"公论"的政治必须成为"国策",这成为了幕府末期政治状况的舆论,终于在明治元年(1868)的《五条誓文》的第一条结出了硕果:"广兴会议,万机决于公论。"

### (2)公共概念的展开和"公共之政"

自《夷虏应接大意》(1853)中出现"天地公共的实理"一语以后,在经济界,1860 年的《国是三论》中"公共之道"一语多次被使用。但是,在政治界中却很难找到在小楠的著作中的"公共"一词,使用的是文久二年(1862)7 月的《国是七条》的第五条中的"大开言路,于天下为公共之政"(大大地广开言路,和天下一起为公共之政治)的表述形式。("天下为公"出自《礼记·礼运篇》)

"开言路"本意为尽"公议·公论",后来引申为"公共之政",只有在尽"公议·公论"的前提下才能实现。至此虽有"公共"这一概念,亦有"公议·公论"的想法。但是,这两个词都分别被使用于不同的脉络之中。在此,两者首次被理解是共通的。这大概是因为小楠成为了政事总裁松平春岳的智囊团中的一员,在现实政治的经验中自然产生了基于"公议·公论"的是政治世界的"公共"的概念这一想法。而且,这个"基于公议·公论的公共之政"也是小楠政治理念的完成形。

之后,"公共"一词,即便不加上"……之政",无论在他自己的思维世界里,还是在其同志们的政治世界里迅速地被使用起来。如:"天下公共之正理"(文久二年 10 月 23 日,嘉悦市之进宛书简),"正大公共之王道"(《海军问答书》元治元年)等。我们可以发现,这些说法都是和天、天下、正大、王道等的超越性乃至普遍性概念结合在一起。还有,像这样的"公共"的用例在松平春岳、胜海舟还有坂本龙马等的著作中也频繁出现。

然而,表示"公共"这一概念性格的词还有——"公共之明"。该词作为"私情"的反义词使用。通过这个词,我们可以看到小楠的"公共"里面有"知性的性格",也就是说有一种不为私情所动的聪明,小楠称之为"尊随条理"。还有,他还对"正大公共之王道"作了乍看起来如同和上面的用例相反的注释,即"通过天下之人情,举天下之人杰而尽天下之众致"①。这种对待"情"和"人情"的表述正好相反。也就是说,前者的"情"是个人的情,是"私情",不能为之所动;而后者的情是"天下的人情",在通过它的前提下,"举天下之人杰尽天下之众致"②。在此,我们可以理解为,这是"日本国全体规模的公知",更是一种"为纵横宇内,而以公共的天理,解他等之纷争,为无限之物"③的理念,这就是小楠的"公共"所持的"世界规模的公知"之意。

此外,和"公共"这一概念相关联的表述还有"至公至平之天理","共和一致之政","公平","和平",等等。但是我们可以知道,对于小楠来说,"公平"、"共和"、"和平"这些概念都是从"公共"派生出来的辅助概念。

"公共"一词是小楠思想成为国家核心的概念。"公共"原理普遍存在于伦理、经济、政治这些基本领域,同时无论是在内部构造,还是对外关系中,都必须贯穿这一原理。换言之,国家一方面

---

① 这里的"众致"一词也可解释为"众知"的误用,但是也可解释为"众致知"的缩略词,我根据原文意思选择了后者。

② 《国是三论》,第23页。

③ 同上书,第911页。

要有其独立的完整这一性格,同时又必须是一个"开放的国家"。借用哲学家田边元的话①来说就是,既要保持"种"的性格又要保持"类"的性格。

在此,我们首先要看得是开放的公共性。关于小楠的"公共之道"记录如下"有公共之道不分天下国家"②,这强调了"公共"这一观念在天下、国家均可通用的普遍性性格特征。且上文的"公"的国家,在紧接着的下文中成为了如"日本一国之私"(同上)的"私"。在幕末的政治世界里,最高的"公"的实体——国家,一旦陷入国家利己主义的时候,也将被视为"私"。这种普遍性的、批判性的性格存在于小楠的"公共"概念中。

国家之"私"不仅仅是日本一国的问题。任何一国都有其各自的"国家之私"。小楠称:"方今五大洲中之势,不归英则归俄。英俄难两立,其势不可当。于此我邦一视同仁,明确以天地之大道,深入说破彼之私,则万国自示安全之道也。"③此文章写于鸦片战争后,日本海成为英、俄两国角逐之地,怀有日本心的人们以非常的紧迫感关注着其局势的发展趋势的背景。当时,与英、俄中哪个超级大国结盟,成为了关注外交问题的人们的重要话题,但是小楠认为不应该和任何一国结盟,并批判了两国立足于国家利己主义的"私"的行为。

还有,在昔日年轻时和井上毅对谈中(《沼山对话》),井上认为开国有三种方式:(1)正大国本,播"神圣之道"于宇内;(2)为"横行"宇内而建海军、开航海;(3)赞成西洋的"四海皆兄弟"之

---

① 田边元:《种的逻辑与世界图式》,载《哲学研究》1935 年 10—12 月,后收入《种的逻辑的辩证法》,秋田屋 1947 年版。

② 《国是三论》,第 32 页。

③ 《说海外之形势并论国防》执笔年不明,第 64 页。

说,打开心扉与彼通交易之利。对(2)的"横行"说,小楠断言道:"横行非己之公共之天理。为纵横宇内,而以公共之天理,解他等之纷争,为无限之物。如徒然张显威力,则后来必招致祸患。"(第911 页)此论,小楠对日本的国家独立能否保全尚且不明之际,一边说以日本的国家独立为基础(《国是十二条》庆应 2 年),而国家又倾向于横行主义,这一井上的言论一言以批之。

如果说打破幕府中心主义的自我闭锁性显示了时代的革新思想的公约束的性格,那么小楠所拥有的是,立于那个时代新动向的尖端,突破当时日本的时代精神——国家的"独立主义性横行主义(帝国主义)"——并对此进行批判的精神和普遍性志向。

### (3)小楠的西洋把握和"局部观"

在此所说的对西洋的把握和对西洋的认识不同。所谓对西洋的认识,是指客观地了解西洋的情况。而在此所说的对西洋的把握,是指首先判断西洋是什么样的一种存在,然后来决定应该和它持有何种关系。初期的小楠信奉朱子学,认为西洋人长于武力和科学技术,是不断地占领亚洲诸国的"丑夷",所以没有必要积极开国去和它交往。但是如果他们积极地威逼、强行要开国的话,除拼死一战以外别无他法。

为小楠的"锁国肯定"思想提供支持的是,他在天保十年(1839)在江户游学中所读的志筑忠雄翻译的坎贝尔(Engelbert Kaempfer)著的《锁国论》(享和元年、1801 年翻译完毕)(他的主要著作《日本志》的附录的翻译)。由此小楠学到了如下几点:(1)我国的"山海险绝";(2)"士气之刚锐";(3)物产丰富,可以自足,没有必要特意开国,进行交易。同时,他也产生了在国土相互邻接的西欧诸国互相开国是有道,而在日本闭关锁国是有道的判断。

如前所述，在1853年当时还是攘夷论者的小楠著《夷虏应接大意》一书，站在"有道、无道"的参照系上，一边在现实中拒绝开国，一边在理念中形成他走向开国之路的理论。

在1855年小楠以阅读《海国图志》为契机，转化成开国论。其根本理由是，他知道了什么是"有道之国"。他举美国、英国、俄国三国为例，各国有各国的做法，都是实施"政教悉据伦理为生民"的政治的"有道之国"。这样的国家来到日本，以公共之道打开日本的钥匙时，如果不知道"交易之理"，则除了称其为愚昧之外别无他言了。

在此西洋诸国成为了有道之国，而日本的地位则发生了逆转，成为了无道之国。但是，应该注意此时判断有道、无道的根据发生的变化。在《夷虏应接大意》中，被问及的是西洋列强的对外的，特别是对亚洲的态度；而到了《国是三论》问及的则是其国家的国政的存在方式。在那二三年间，在小楠的头脑里对西洋充满理想化。

但是，邻国中国的被英、法、美、俄占领天津和强行缔结《天津条约》（1857），英法联合军占领北京和《北京条约》的签订（1860），同年俄国对沿海洲的占领等一系列事件不断发生，文久元年（1861）俄国占领对马，后由于英国军舰的到来而俄国撤退等事件不断。小楠对除美国以外的西洋诸国的对外行为的看法变得严厉起来。特别是看到超级大国英国、俄国的割据，他考虑在不久的将来两国之间就会围绕日本海的制海权而展开一场惨无人道的战争。小楠说，"可以和美国协议而除去战争之害"，又对其身边人说，"如有用我者，则先至美国投之以诚信，想大大的与其协议"。①

281

---

① 元田永孚：《还历之记》，《元天永孚文书》第一卷，第68页。

自 1855 年起,小楠将西洋理想化了,到了 19 世纪 60 年代,特别在国际关系上,小楠变得非常现实。据他说,西洋人所谓的国际正义没有"至诚恻怛的根本",是没有"以天为心,法至公至平的天理"的根本的霸术。但是,在世事变化中,他们能看清"利害的终始",深知不仁不义最终会招来祸患的道理。因此,最近变得不但不犯极端的暴虐,而且似乎洞察到了夺取他人国家的时代已经一去不复返了,从而不做那样的行当了。这种变化体现在印度的统治方式的变化上。他们的做法都出自于利害关系,不过是"变相操纵"(事件的处理)而已。在小楠的眼里,对西洋世界的 19 世纪现实主义外交性格看得如此透彻。他现实地看待国际形势,洞察西洋诸国出自于国家利益观点的国际行动,但是并不肯定其"局部观"。

人类无论是个人还是集体,都有保护自己本能的"自我中心主义"。小楠将其中的集团性利己主义称为"局部观"。对此断言道:"全体皆为局部观者则皆难幸免……(中略)……以真实公平之心,法天理,超越此局部观者近世来惟有美国华盛顿一人也。"① 就连生育华盛顿之美国,自南北战争以后华盛顿的遗志也被丧失殆尽。其间日本应该如何对应诸外国,小楠答道:"抱以何样何种心意申请之皆严峻,惟有据理,以道理应之外无他法,故虽彼筑二重三重城府,我以至诚恻怛交之,必可通世界。所谓烟管一支事足矣"②。这正是对日本人最合适的建议。但是,明治以后,虽然也曾有过胜海舟那样的反对中日甲午战争的人,但在抵抗西洋的帝国主义、增强实力的过程中,逐渐自觉地成为了一个"局部观"的国家。在近代日本历史中,小楠的存在也随岁月流逝而被逐渐遗忘。

---

① 《沼山对话》,第 908—909 页。
② 同上书,第 909 页。

要成为道义国家,则要有以"四海皆兄弟"立场的、谋求互相共生的交易思想,还要有基于此的"实现和平"的基础,以及提倡发于"至诚恻怛"之念、立足于"真实公平之心"的外交。小楠被遗忘的理由之一就是人们认为上述原则的批判,认为这些都是"理想主义性质的",这样天真的事在贸易或外交中是做不到的,国家会因此而不保。

但是,小楠的和平论是以为了保护和平、保持独立而必要的国防论为支持的;立足于公共的大道的外交论,是以他的四海皆兄弟的理想为论据的。当我们认识到,这种理想主义的外交论其实已经洞察了认为保护国家利益是最高政治价值的西洋的外交理论的本质,并娴熟地考虑了其对应方法之时,就会发现乍看过于乐观的小楠的理想主义,其实是一种实质可以承受非常严峻考验的思想。我认为,小楠的理想主义是充分包含现实主义要素的理想主义,是Ideal-real的理想主义,是一种作为政治思想存在的、有价值的思想。

作为本节的总结,介绍一下小楠在 1857 年接受越前藩士村田氏寿提问时,对日本这个国家的存在方式的一段叙述。

> 道乃天下之道。无我国、外国之分。道之所有者,虽外夷仍可为中国也,无道者,虽为我国、支那即夷也。不得初云中国、云夷也。……在此,日本应起仁义之大道,而不为强国,明此道,为世界服务。一气战死一万两万之事必须避免。于是,我日本要么成为印度(成为殖民地),要么成为世界第一等的仁义之国,除此二者外,别无他路。①

283

---

① 此文出自村田氏寿《关西巡回记》中的"横井氏谈话"。本文引自山崎正董:《横井小楠·上卷·传记篇》,第 381 页。

　　诚然,小楠说明了"富国"、"强兵"的必要性,也著有《陆兵问答书》、《海军问答书》。这是为了"明此道,为世界服务"这一大目的作贡献。借用他以后的话说,即为了"布大义于世界"。

### 4. 小楠的"公私"观

#### (1)《海国图志》"美国篇"的冲击与"公私"观的建立

　　如前文所示,小楠同感于《海国图志》"美国篇"①,又从中学到了很多东西。他认为美国的第一优点就是和平主义——不仅是本国的和平,还希求万国之和平("平息宇内之战争")。第二是积极引进世界的知识智慧,在谋求本国知识水平和产业的发展向上,致力于人民生活水平的提高。第三是美国不采取总统世袭制,而是一个能让位于最优秀的贤者的国家。在小楠看来,美国在当世实现"尧舜之治"的理想,在这个国家里,"政"和"教"是一致的,政治是依伦理、为生民的。

　　从美国的政治体系中体现的"公"的意识,以及构成"公"意识的公举、公撰、公议等基本概念,和这些概念社会化后产生的公会、公堂、公会所等公共机关,以及基于公观念而运营的中央、地方的议会和国政以及存在其中的三权分立的理念等。虽然没有明言,但小楠一定从中获得了新的知识和见解。

---

　　① 《海国图志》的中文版里包含"弥利坚国·总记",东路20部,西路11部,等等,但是基本上都表记为"弥利坚国",总记部分里也有记录为"育奈士迭国"。在原典上标注了训点的中山右卫门版里,全部总结为"墨利加州部"。广濑达的日文翻译本表记为"亚米利加总记后篇",正木笃表记为"美利国总记和解","墨利加州治章总记补缀和解"等,形式多种多样。在此为了避免混乱,统一为《海国图志》的"亚美利加篇"。

以这样的美国形象来对照、考虑日本时，小楠发现至此所谓"御公仪"的幕府政治，只不过是仅仅为了谋求幕府的安定和德川家族永续的"私营"之政，其中没有"安天下，以民为子的政教"思想。诸侯仿效之，仅仅为了谋求自国的方便安全，而将邻国视为"壑"（谷间）。其结果，是小楠觉得美国的角角落落都浸透着公的理念，而在德川幕府统治下的日本，则是一个角角落落为"德川的私人统治"原理所支配的国家。

### （2）小楠"公私"观的特色

从那以后，在小楠的言说中经常出现"公"和"私"的观念。大部分问题集中于，对站在公的立场上的人的责任重大的觉悟。小楠生存在一个变革的时代，他认为作为变革主体的"为政者"的姿态，需要磨炼心术，如果这种修炼不够，则不能进行政治性行为。因此，小楠尤为重视为政者的"讲学·讲习"。

小楠的公私观的第一特色是，将重点放在了作为支配者的君主和辅佐的武士阶级上（当时一反上层武士辅佐君主的惯例，也为下层武士提供了机会），而不追问作为被支配阶级的人民的"私"。在此所提及的支配者的"公"是，以不挟"己我之念"，不谋私利，对民"恻怛至诚"为基本原则，公开信息（《国是三论·富国论》），为作正确判断而从多数人中收集信息（文久元年正月 4 日致荻、元田的书简），作为主君以"明"这一字对应臣下之争，"以至诚为本，去城府"而对臣下。而这就是小楠追问为政者阶层的存在状态的主要内容。

小楠"公私"观的第二特色是，多以动词形表示为"不谋私利，而是公众"，他最起码把"公私"理解为政策中的动的原理。

第三个特色是，针对性地提出了人类集团的利己主义问题，即存在妨碍为政者"公"的东西,如"朋党之祸"(仅限于国内政治),"局部论"(以国际场合为主,也包含国内的一官一职的问题)。

这里体现的小楠的"公私"观和近代日本国家和企业中,为被支配者所提倡的"灭私奉公"中的"公私"观不同。小楠的"公私"观针对站在"公"的立场上的人的"公的存在方式"而言,具体说就是,他所追求的公私观是,站在公的立场上的人本身彻底的成为"公",而此时他的"私"便成为了"无私"。这可以说是一种 noblesse oblige。

## 附 记

小楠此外还说过"天下之治平乐天下之民,天下之至美养同为天下之人之气象(《国是十二条》,第 92 页)。"对此,苅部直氏指出:小楠只不过没有使用"公私"一词,但是他将"天下之治平""天下之至美"这一"公"和"天下之民"、"天下之人"这一"私",这对在日本本来是垂直的关系,建立起一种"水平的关系"。苅部直氏的见解非常重要。①。这种"公私"关系的成立,基于小楠认为"天"下的人们都各自存在于现在,而和"天"帝相对的思想(《沼山闲话》)。

虽然留下了没有使用"公私"一词的难点,但是从小楠的思想来考虑的话,这当然是可以解释的。而承认这种解释,也就大致消解了小楠的公共性思想的"社会"侧面的问题。小楠的经世论出发于"为天下之(生)民",而升华于"与天下之民与共"。为政者和人民零距离。剩下的是,西洋近代的"人权"和小楠的立足于儒教立场的"尊重人类"思想的关系问题。

---

① 《"公论"的周边》,2001 年 8 月 12 日,第 30 回公共哲学共同研究会《探索横井小楠的公共性》。

## 5. 小楠对公共哲学的贡献

研究横井小楠的"公议·公论"的研究者大有人在,但是从"公共"这一观点出发的研究人员却非常少①。更何况把小楠的公共思想和"公共哲学"一起考察的人我是第一个。其原因就在于小楠的公共思想立足于作为一名经世家,而非从一个市民的立场来思考。对于关注"公共性"这一题目的人来说,恐怕不会想到,以儒学统治者立场的经世为自己课题的思想,会和"公共哲学"发生如此之深的关系。

我起初也是那么想的。但是随着研究的深入,我发现小楠的"公共"和"公议·公论"结合在一起,又当把他的公议·公论的思想和在实学研究会的五个人的武士的"讲习讲学会"这一开放的场合进行彻底的"讨论"联系到一起时,我感到有必要从"公共性"的观点来考察小楠的思想。

小楠认为,在决定政策的时候,尽量地从多数人中收集信息,进行判断、决断,然后实行而不公开结果,这是"私心"的表露。当我接触到他这一想法时,我更加确信了。而且他的弟子门人不局限于武士、富农,还渗透到医生的世界,在福井还扩展到了町人。更为重要的是,在女性层中也有他的支持者②。而且在 1869 年

---

① 最先提出横井小楠具有"公共"思想的是苅部直的《"利欲世界"和"公共之政"——横井小楠、元田永孚》(《国家学会杂志》第 104 卷第 1、2 号,1991 年)。其次是源了圆的《围绕横井小楠的"公"的思想及其"开国"观》(《亚洲文化研究》第 27 号,2001 年)。

② 很多女性——妻子们和母亲们——支持横井小楠和他的弟子们的思想其最重要的理由是:小楠的思想在对待女性和男性一视同仁。这和儒教思想不同,横井希望女性们和他们的丈夫共同并肩学习。小楠认为学问不是男性的专有物,女性并不是只能被动的接受男性的教导。无须多言的是,女性们当然和盲从朱子学的教条式解释的其他儒者不同,她们知道小楠在他的时代,向诸多问题抗争,并向这些问题突进。

（明治2年）他提出要在熊本地区设立上下两院制的议会，主张投票权应该由除寺院、神社以外的四民平等分享。他着眼于"四民平等"是明治政府的先驱，在四民平等享有选举权这一点上，更是比《普通选举法》（1925）早了56年。

上述内容是被人们认为小楠的思想中比较落后的社会层面，在经济方面，它的思想充分地带有"公共性"。这体现在，他认为以"锁国之见"开国和以"一国之私"锁国同样有弊害，为了寻求相互的利益，相互富裕共生的交易道路，他主张开国，并认为这会乘天地之气运，随万国之事情，以"公共之道"经纶天下。

小楠的经济思想的卓越之处有两点。第一，他认为通过积极的共存交易而实现"四海皆兄弟"的理想，创造出实现世界和平的现实性条件。第二，他所谓的"开国"，不仅仅是发展和外国通信通商这一外在的开放关系，而要在国内政治上破坏"封建锁国"的体制，将一国变成"开放之国"；同时又重视地方的自治，不使地方经济变得闭锁，扩展中央和地方、地方和其他地方之间的关系。小楠认为，只有那样做，为政者才可以"免于祈求自国（藩）丰熟而他国凶歉（不作）的不仁，实施真正的仁政"。这种想法使得地方和世界其他地方的交易和交往成为可能。

在政治层面上，小楠的思想中不含现如今在思考"公共性"必须的重要条件的"人权"思想。但是，他的政治思想是以为人民的政治，进一步说是"与天下之民"共同实施的政治为宗旨的，完全没有对他人的人权去积极否定的契机。如前篇所述，在国内政治中，小楠以施行基于"公议·公论"的"公共之政"为目标，拥有建立以"三权分立"为原理的中央、地方的议会制的构想。他的弟子们所提出的明治初年的熊本藩藩政府的地方分权的思想，也是和以大久保利通威中枢的中央政府中央集权思想针锋相对的。

对国际政治的看法是小楠的思想中最出色的部分。他有着复眼式的构想，一方面他干预国家，另一方面与此同时他又站在人类、世界的立场上来思考国家间的问题。今日的全球化是追求国家利益的国际战略，而在当时，小楠就能认识到国家利己主义是"私"，是"局部观"，并立足于此，构想基于"天地之公道"的国际政治的存在方式，希求人类的和平。像这样在国际政治水平上展开思考"共公性"问题的思想，不得不说在"公共哲学"领域到那时为止是非常罕见的。

从上文中我们可以认识到，统一诸思想的是学问体系。也许人文学科、社会学科的统合、统一会形成将来的"公共哲学"，而小楠的思想正是就此问题向我们展示了两种可能性。

第一，立足于朱子学的"修己知人"，以伦理思想为基础，统合性的、复合性的、多层次的构成在政治理论、经济理论以及其他各领域中的政策论，从中才能担当起伦理思想的价值侧面，政治、经济思想的社会的事实认知和政策这两面吧。小楠正是统一了所有，是"真正的学问"意义上的"实学"。他晚年称之为"三代之学问"。我想我们可以把它当做是包含社会科学思想的社会哲学的一种萌芽形态①。

"公共哲学"是一门综合研究人类以及社会的存在状态，以及其将来应有的状态，还有为了实现那些理想应该怎么行动等问题的学科。因此，撇开"价值"问题谈"共公哲学"是不成立的②，当然，也必须避免歪曲事实下价值判断的做法。为了解决这个问题，

289

---

① 据山胁直司：《公共哲学体系的再构想——为了学问性的展望》，山胁直司等编：《现代日本的公共哲学》，新世社1998年版。

② 同上。

马克斯·韦伯这位伟大的思想家提出了"没价值性"（Wertfeiheit）这一观念，但是这并不充分。然而，小楠的"诚意→致知→诚意"的思想，可以说是为公共哲学的社会认识的基本思考方法指明了方向。

我认为"诚意→致知→诚意"的想法非常具有现代意义。对前半中的"诚意→致知"的"诚"和"知"关系问题的提起，程明道早在古代就已经提及，但其意义后来并没有为人们所理解。我认为，小楠在和西洋近代文明接触初始，就透彻地理解了程明道的想法，并由加上了从"致知"到"诚意"的一环，在近、现代的哲学的历史中是有非常巨大的意义的。

我们可以认为，近代哲学中的认识论是把认识过程抽象化，纯粹的知性过程。康德如此，马克斯·韦伯亦如此。他们之所以采取这样的态度，是因为在认识过程中混入了伦理性的要素、价值的要素，也就是说为了避免在事实判断中混入价值判断。这种思维方式在保证认识的客观性方面是非常有意义的。但是，自从量子力学成立以来，即便是在自然科学的世界里，那样的认识论也失去了其普遍妥当性。更何况，人类的社会性行为的认识过程，撇开伦理问题，价值问题是无从谈起的。但是，必须避免事实判断中混入价值判断。这样，今日就要求我们，在不断追寻着认识过程中的伦理性存在方式的同时，还要做到不使知性要素和伦理性要素混同的情况下，对认识和价值的关系进行重新思考。可以说，小楠的"诚意→致知→诚意"的思维方式，给今天我们所面对的学问性课题以很大的启示。这是因为我们可以理解为，他的思维方式要求人们以"诚意"这一道德的态度给事实认识制定方向，并且在"致知"这一狭义的认识过程中，想方设法地避免混入价值判断，进一步，把初得的结论——理论的结论和实践的结论——进一步以"诚意"这一道德的态度进行讨论，实行实践层面的社会性认识的必要步骤。在现在的日本来思考这个问题的话，我们可以发现，在朱子学方面，小楠的思想因为在物理和道理中以优先道理的方式加以连接，因此被否认。我们在接受这一批判的同时，同时也看到，他的思想在继续保持在朱子学中被放弃的道德、价值意识和知的结合的同时，具有兼跨理论性认识和实践性认识两面的社会性认识论的构造。可以说，正是小楠的这种"诚意→致知→诚意"的思维方式，对解决今日所要求的"公共哲学"的学问性构造的存在方式问题给予了很大的帮助。

我对横井小楠的"公共"思想和其对"公共哲学"的贡献的报告，大致就到此结束了。最后我想简单地谈一下我对把小楠的想法变为可能的思想根据的思考，那就是内在于他儒学中的普遍主义。具体地说，就是"理"还有"道"的观念的普遍性，"天"的观念的超越性，还有从内面作支持的"至诚恻怛的诚"、"诚心"和具备"人是性情相投"的小楠对人类的感觉。他将"天"和"理"结合在一起称之为"天理"，更将其和"公共"结合，称之为"公共之天理"。小楠的"公共性"既和"理"结合，又和"道"联系在一起，可能在他心中和"天"的结合①是最根源的东西吧。但是，小楠的普遍思想运用于实践的时候，在时空的限定下，"对他人的关心"也作为必要的契机而存在②。这使他的普遍主义避免陷入原理主义

① 小楠的天和天人结合的存在方式，参照于平石直昭：《主体、天理、天帝》（一）、（二）（《社会科学研究》第25卷第5、6号，1974年），《横井小楠——其"儒教"思想》[《江户的思想家们》（下），研究社]。另外，同氏还有单著：《天》（一语的辞典），三省堂。此外，我在《横井小楠的"三代之学"中的基本概念的讨论》一文中也提出了小楠的"天"的问题。

② 就此问题，小楠在《北越土产》中表示的"和顺"思想是其中一例。比如，关于"理"的概念在概念层面的装置上下工夫，同样的"理"的概念里，除"条理"以外，还考虑"活理"等。

式的教条主义中。

## 参 考 文 献

1.《横井小楠"三代之学"中的基本概念的讨论》,《亚洲文化研究》1990 年,别册 2。

2.《围绕横井小楠的学问、教育、政治——"讲学"与"公议·公论"思想的形成的问题》,《季刊日本思想史》1991 年,第 37 号。

3. "Confucian Thinkers on the Eve of the Meiji Restration-Sakuma Shozan and Yokoi Shonan", *Asian Cultural Studies*, vol. 19, 1993.

4.《王道论社会观的大成》,源、花立、三上、水野编:《横井小楠的全部》,新人物往来社 1998 年版。

5.《横井小楠从攘夷论到开国论的转变》,《亚洲文化研究》2000 年,第 26 号。

6.《近世日本的"实学"的诸形态和"诚心经世济民的实学"》,《第 6 届东亚实学国际研讨会论文集》2000 年。

7.《围绕横井小楠的"公"的思想和其"开国"观》,《亚洲文化研究》2001 年,第 27 号。

### 评论:横井小楠的当代意义(山胁直司)

对于身处幕府末期这一文明的大转换期,以儒教(朱子学)为精神支柱,独自进行知性、政治性活动的横井小楠,迄今为止占支配地位的见解是将其定位为从前近代到近代的过渡期思想家。然而,如今这种想法必须被打破。原因在于,随着冷战体制的结束,人类突然进入到一个不安定的全球化时代,究竟应该基于何种理念来构成何种国际公共秩序呢? 还有,能够应对新的危机形势的公共哲学又应具有何种内容呢? 种种迫在眉睫的问题已经摆在了我们眼前。源了圆先生的这篇论文鲜明地告诉我们,横井小楠的思想能够为我们提供其他日本近代思想家所缺乏的那种优秀视野及现实性。

源先生在阐述横井小楠有关国际公共秩序的思想意义时,主要探求的是他构想了基于"天地公共的实理"所应有的国际关系。在横井小楠看来,所谓"天地公共的实理",意指超越国民个人而为万民所承认,限制各国利己主义行动的公正公平的原理。将他这一思想与西洋思想对比,我们可以说,他沿袭了起源于斯多葛学派的自然法、万民法传统。在国家主权体制逐渐确立的近代以后,康德认为格老秀斯流派的国际法思想并不健全,于是将斯多葛学派的传统作为世界市民体制的理念继承下来。其实,早在横井小楠开始活跃的半个世纪以前,康德就在 1795 年出版的《永久和平论》中,提出其著名的思想,即建立基于理性的法治国家联合的世界市民体制,是实现整个地球永久和平的必须条件。值得注意的是,我们不能忽视康德在那时强调的有利于和平的"交易"的意义。但是,法国大革命后却背叛了康德的这一思想。当时的法国,西耶斯(Emmanuel Joseph Sieyes)的思想有很大的影响力,他认为代替贵族、神职人员的第三等级乃是国民(nation)。而在抵抗拿破仑的德国,自诩为康德继承人的费希特则提倡封锁性的国家论和近代主义国民思想。横井小楠所看到的 19 世纪中叶的国际形势,与康德所构想的国际秩序相距甚远,是一个以国家主权和强权政治为前提的欧美列强争夺殖民地的时代,横井小楠洞穿了这种形势,对于深陷国家利己主义(局部观)的列强,逐渐采取了批判态度,这可谓是一个非常自然的趋势。

实际上,横井小楠死后的日本知识分子代表——福泽谕吉的国民国家思想,也是基于 19 世纪后半期的强权政治的现实。他的

"一身独立,一国独立"的思想就属于近代国民主义思想,《文明论之概略》的最后一章所反映的正是这种近代国民主义思想。与福泽谕吉的近代主义思想相比,横井小楠的思想往往容易被定位于前近代色彩浓厚的过渡期思想。然而时至今日,康德那种超越国民国家的思想,已经是国际关系中的又一个近、现代思想复苏,而上述横井小楠的思想,恰恰具备福泽谕吉近代思想中所欠缺的超越国界的公共哲学之端绪。我们应该将它作为符合 21 世纪潮流的思想,进行重新定位和再度评价。源先生这篇论文的意义,就在于阐明了这一点。

横井小楠还强调,为了实现超越国界的公共之理,日本必须成为一个"有道之国"。而为了实现这一目标,他将政治上的最终正统性根据,建立在通过与他者讨论、对话所形成的"公论"上,而这也是他被称为在日本提倡公共哲学第一人的最大原因。然而,虽然这种理念曾被纳入明治元年公布的《五条誓文》中的第一条,并对明治初期的自由民权运动产生重大的影响,但随着其后民族主义思潮的迅猛发展,不得不遭遇空洞化的命运。如今,源先生的这篇论文再次唤起我们,在超越一国主义的跨国主义、国际主义、全球化的过程中,我们应该实践基于公论的国内政治。

不仅仅如此。横井小楠还尝试着努力将哲学与政治学、经济学,理论与实践,"有(事实)"与"应该(当为)"及"能(实现可能性)"不要进行人为分割,而是尽量地统合在一起。而这正体现了公共哲学的根本理念,日本自 19 世纪后半叶建立起大学制度后,学问的细分化已使其失去了生存空间。在深受朱子学影响的横井小楠看来,游离于政治经济的哲学,游离于政治经济的哲学理念,游离于实践的理论等,一定都会显得毫无意义。在此前提下,横井小楠还提倡扩大民富,我们可将其比拟为西方的亚当·斯密的政治经济学。然而,今日的经济学失去了以往的道德哲学色彩,陷入了琐碎的形式主义。虽然横井小楠身处严重的经济危机,但他还是从公共哲学的观点出发,摸索出重建当时经济的道路。这究竟给了我们什么样的启示呢? 我想,源了圆先生的论文一定为我们提供了有益的帮助。

# 特 论 三

# 日本宗教的"公"、"私"与"公共性"①

稻垣久和

## 1. 日本思想的坐标轴

在日本,思想并未作为一种传统而被积累。究其原因,是因为日本具有毫无规范地接受其他任何思想的"无限抱拥性",并且日本"既无绝对者的存在,又未形成以自我方式对世界进行论理规范的秩序整顿的'道'"(丸山真男语)②。

本论文就是从"绝对者"且"持有否定论理的绝对者"的视点进行考察,给日本思想引入思想性坐标轴③的一种尝试。所谓"持有否定论理的绝对者",并非指承认绝对君主,而是指否定绝对君主而具有"超越性"的绝对者。我想从这一点出发,构想出一种新的"公共哲学"。

297

"绝对者"乃至"超越"的思想与宗教有一定的关联。说起宗

---

① 在《公与私的思想史》(《公共哲学》第一卷)"后记"中,金泰昌先生指出:"日本与美国情况不同,我觉得与以往的宗教信仰相比,似乎更加适合建立立足于健全的生活感觉基础之上的公共哲学。"本论文正是为回应这一见解而作。

② 丸山真男:《日本的思想》,岩波书店 1961 年版,第 21 页。

③ 同上书,第 4 页。

教,日本自古以来就有很多宗教。构建以日本宗教为坐标轴的思想史也是可能的。但是,日本的宗教虽说很多,由于与处于宗教中枢地位的万物有灵心性的神道互相折中调和,使得在思想上产生了"糊里糊涂任其耽搁下去"①的"无限抱拥性"。日本宗教的特征是"内在"而不是"超越"。这样说,可能会招致反驳:不对,日本宗教的特征不是内在的,而是"内在即超越"(西田几多郎)。那么,"即"是什么意思呢? 它能够保证不被日本神道的"无限抱拥性"所同化吗?② 在日本,如果割裂了日本思想与宗教的融为一体的关系,是无法论述公私问题、公共性与私事性这一问题的。因此,我认为,想要在日本构筑"公共哲学"的时候,必须首先认识到这一点。

对大部分日本人而言,宗教信仰是私事性的这一感觉非常强烈。但是,这只是日本历史中造就出来的一种感觉,并不适用于世界史的一般情况。日本宗教的私密化、对宗教的不关心乃至宗教蔑视的倾向,是日本近代史上,由为政者人为制造出来的。相反,在迎来了全球化的当今世界中,无论是好是坏,宗教在公共场合都发挥着巨大作用。21 世纪已经拉开帷幕,宗教给国际形势带来的诸多不安定因素,是我们有目共睹的。在这种情形下,我们应该抛弃迄今为止的那种压制宗教的做法,而应积极地探索一条道路,在公共场合争取把宗教转化为有益于世界和平的动力。基于此,我想尝试将日本宗教史中的某种要素提取出来,看其能否贡献于今后人类的和平共存。

有研究指出:在日本历史上,"公"大致是指天皇、朝廷、政治

---

① 丸山真男:《日本的思想》,岩波书店 1961 年版,第 11 页。

② 西田几多郎的"场所辩证法",在其《日本文化的问题》(1940 年)中指出:"无的场所是皇室。"这一言论很简单地表明了其思想并未能逃出神道的无限抱拥性。

权力,与此相对,"私"则是指服务于上述权力的一切。① 但是,随着历史向近世的演进,私＝个人开始走到前台,这在西方也是如此。西方的个人主义也并不是一开始就存在的。个人走到前台是在文艺复兴和宗教改革以后,而个人政治自由的实现则是近代即16—17世纪以后的事情,这与新教信仰有很深的关系。

经历了马丁·路德的95条论纲(1517)、加尔文的日内瓦宗教改革(1541—1564),为了追求个人内心的信仰神圣、良心自由以及政治自由而进行的斗争逐渐显现出来。内心的、私密化信仰不再如从前一样仅仅停留于内心,毋宁说已经不能再停留于内心,而是向外,即作为一种公共性存在显现出来。荷兰反抗西班牙的压制及其独立宣言(1581)中,加尔文主义的信仰是一个很大的原动力。② 另外,还有英国的清教徒革命(1642—1649)和名誉革命(1688)。这样,西欧社会中,以民众的内面信仰为基础,并伴随着外面的政治自由即民主主义思想的发展乃至市场经济的发展,市民社会和公共性逐渐发展起来。这样,私事性与公共性就无法二元论地被割裂开来,而是以宗教信仰为媒介紧紧地结合在一起。那么,在日本究竟有没有这种思想萌芽呢?

16—17世纪这个时代,在日本正处于战国时代,经历织田信长、丰臣秀吉统一全国,并向德川幕府政权过渡的时代。这个时代发生的一项宗教暴动,使当权者领悟到了宗教信仰所拥有的力量及其对当权者统治的威胁。对于"拥有否定论理的绝对者"思想的形成及民众政治自由的实现而言,这个时代是一个分水岭。但

299

---

① 例如渡边浩的《"公"、"私"的语义》(《公与私的思想史》)、水林彪的《日本的公私观念的原型及其展开》(本书论题一)。

② A. Kuyper, Lectures on Calvinism, 1898, W. B. Eerdmans( reprint), 1981. 另可参见拙著:《着眼于构筑公共哲学》第三章,教文馆2001年版。

是,遗憾的是,在镰仓时代曾经一度高涨过的民众的自由阔达、创造性的宗教心理即"灵性"①在这个时代遭到了无情的扼杀。那么,究竟是谁扼杀了这一思想呢? 正是日本的"公"即统治权力,亦即当时的为政者。

织田信长烧毁比睿山的延历寺是在 1571 年(元龟 2 年)。从这个时候,世俗权力开始对宗教露出狰狞可怕的面孔。随后,丰臣秀吉禁止基督教传播(1589 年、天正 17 年)并烧毁京都的教堂。德川幕府在长崎对基督教徒施以极刑(1628 年、宽永 5 年),高高竖起了禁教的布告牌,彻底消灭了日本国内的基督教徒。从那以后,直到 1873 年(明治 6 年)解除禁教令为止的 250 多年的漫长历史中,日本统治者不断对基督教实施镇压。岂止是基督教,连具有强烈"超越"者思想的日莲宗不受不施派也受到了连续的镇压。江户幕府可以说是世界上少见的实施思想统治的极权主义的警察国家。

## 2. 不受不施派与反抗的论理

与基督教徒一样,日本近世历史上带有殉教色彩的还有被称为不受不施派的日莲教门徒。他们被谴责为"天下之敌、万民之恨乃基督教、不受不施派"②,与基督教一同成为江户幕府的禁制宗派,直到 1876 年(明治 9 年)为止,不断遭受着残酷的迫害。他们遭受迫害并非因为他们在政治上要发动武装起义或革命。单纯

---

① 铃木大拙:《日本的灵性》,岩波文库 1972 年版。

② 田村芳朗:《法华经》,中公新书 1969 年版,第 147 页。另外,关于不受不施派,请参见宫崎英修:《禁制不受不施派之研究》(平乐寺书店 1959 年版)、《不受不施派的源流与展开》(平乐寺书店 1969 年版)、影山尧雄编:《日莲宗不受不施派之研究》(平乐寺书店 1956 年版)等。

地讲,是因为他们有"拥有否定论理的绝对者"的思想,并明目张胆地标榜凌驾于政治权力者权威之上的权威的存在。他们的信仰并不像佛教其他诸派那样仅仅属于"内在"的,而是在"超越"这个方向上有所表现。

所谓"不受",是指不接受来自不同信仰教徒的供养,"不施"是指不供养与自己信仰不同的僧侣。教祖日莲(1222—1282)的激烈对决主义、其面向权力者的"谏晓"①、促使权力者革心的行动遭到了数次镇压,日莲逝世以后也曾因此而遭受数次镇压。这里,我想以日奥(1565—1630)的情况为例做一番考察。

不受不施的教义自身,本来是为了保持信仰纯正性而制定的对个人的一种制约,但是随着日莲教团的发展初具规模,个别制约的不受不施制度便转变为教团制约的法度。室町初期(1412年)制定的"妙觉寺法式"中就有如下规定:

> 一、禁止参拜谤法之堂社。但观光、游览、兵役等除外。
> (第一条)
> 二、禁止供养谤法之僧侣。但世间仁义、爱礼等除外。
> (第二条)
> 三、来自谤法之香火钱,众僧应一同舍弃。(第九条)②

严格训诫不参拜其他宗派的谤法堂社、不供养其他宗派的谤法僧侣,并规定对于那些不能判断是出自信顺、恭敬还是轻蔑的香

---

① 谏晓:佛教用语,指出对方的过失,破除其迷惘,将其导入正途。——译者注

② 宫崎英修:《关于不受不施派的世·出伦理》;日本佛教学会编:《社会伦理与佛教的功能》,平乐寺书店1983年版,第176页。

火钱要舍弃。当然,此后还出现了一些妥协方案,即把将军家和幕府的佛事祈祷会作为例外,从不施对象中加以排除。

1595 年(文禄 4 年),丰臣秀吉为供养京都东山方广寺的大佛,想举办千僧会,命令各宗派的僧侣参加。当时,日莲宗的其他教派大多已采用了上述妥协案,倾向于参加,唯有妙觉寺的日奥不承认上述例外,拒绝参加千僧会。但是最终,绝大多数人还是追随本满寺长老日重提出的比较温和的提议,作出了参加的决定。为此,日奥将本山大寺管长的职务和名誉弃如敝履,离开寺院,开始了流浪、隐居的生活。[1] 虽然丰臣秀吉对此非常愤怒,但并没有追究主动隐居的日奥的罪责。

1598 年(庆长 3 年),丰臣秀吉去世,德川家康掌握霸权,继续召开大佛供养会。1599 年(庆长 4 年),德川家康得知日奥没有出任供养会,便利用新国主的权威,令其出席供养会,接受布施供养。但是日奥仍然拒绝了这个命令,对此德川家康命人如下转告,以示让步:"这次参加出于朝廷命令,只要参加一次就可以了。如果顾及遭到后人批判,那我可以给你颁发一个证明,上面的文字可随你意填写。另外,如果你讨厌与其他寺院的僧侣同座,我可允许你在别处诵经。如果接受饭食令你感到麻烦,你只要朝饭菜举一举筷子就可以了。"[2]但同时,德川家康也不忘显示自己强烈的权威意识,称:"如果这样,你仍不能同心协力,则作为天下政道之始,为儆戒万人,将施以严厉惩罚。不仅你自身要受罚,你的亲属、施主等都将受到惩罚。"即便如此,日奥仍然拒绝参加。于是,德川家

---

① 宫崎英修:《关于不受不施派的世·出伦理》,日本佛教学会编:《社会伦理与佛教的功能》,平乐寺书店 1983 年版,第 178 页。

② 同上书,第 179 页。

康将日奥召到大坂城,令其与日重辩论。这次辩论,凸显了日奥的宗教思想,亦即国家权威与超越这一权威的宗教权威之间的关系。

辩论中,德川家康谴责说,如果你将参加国主举行的大佛供养看做谤法,那么为什么还要生活在这个国家,衣食住行都靠它呢?"不受普通人之谤施,尤有其理。然普天之下,莫非王土,山海万物,莫非王有。如嫌国主供养,则不可须臾处国王之地上,亦不可受一粒一滴土地所产之物也。"

对于这一谴责,日奥指出,王法的权威不能成为压服佛教徒的权威。普天下的一切是否尽归国王所有,"此事万人之所疑也。此当家之行者所最应觉悟者。世间学者或惧世而不宣,或不辨其理,应悉显此义"。也就是说,这是世上一般人所持有的疑问,世间的学者虽然明白这一道理,却出于对国主权威的恐惧,而不敢论述这一疑问。日奥为明确说明这一道理,将其分为三段进行论述:①

第一,若能免除"与其同罪",则住其国土、食其土地所产之物亦无碍。

也就是说,《法华经》的修行者即使遭遇种种迫害,仍不惜性命,一心求道,"谏晓国主则可免谤法之失也。因此,虽住其国土而无碍,虽食其土地而无失"。自祖师以来,一宗的修行者坚持上奏谏晓的原因正在于此。但是,这只不过是全世界所有佛坛的共同道义而已。

第二,由于三界之主均为释迦一佛,因此妙法的弘通者衣食无碍。

日奥进而从强大的宗教世界观出发,称 "此世界自五百尘

303

---

① 宫崎英修:《天皇制与不受不施派》,见户顷重基、丸山照雄编:《增补·天皇制与宗教》,传统与现代社 1980 年版,第 152 页。

点劫①以来，均为教主释尊之领地也。故而述门曰今此三界皆是我有，本门曰我安稳于此土。诚如文中所言，则此世界决无二主，本主惟释迦一佛也。……若十方恒沙之国土，犹释尊之领地也。扶桑国为法王之分国，岂有遗漏之理？"从中可以看出，日奥将全世界都归为释尊所有，将日本看做法王释尊的分国。日奥这时，受法王的派遣传播如来的言说，从而受法王护卫的法华经的修行者住在这个国土上，食该国土的产物又有什么妨碍呢？

第三，这个世界的依存与矫正正是释尊的功德显现的缘故，因此于衣食无碍。

日奥站在佛教的世界观上，确立了国土的真正主人，并在此基础上阐述"此上犹有深意，佛经云（中略）然我等今以天之三光暖身，以地之五谷养命，此皆释尊之恩德耶？"也就是说，这个三千大千世界皆为释尊显身，或显其己身、他事，或显为现世，我等所住、依存的国土、作为生命而生存之正报的众生，无一不是佛祖的功德显现。既然这个国土上的所有众生都是释尊之普贤色身三昧的显现，那么我们现在受天之三光之恩而暖身，受地之五谷之恩而养命，这些也都是佛祖的恩德。三界均为一个佛祖所有，咫尺之地亦非他有。"以此国土赐予楚王、帝释等，则应养正法之僧，使其成守护神。"《法华经》的修行者正是这样遵从佛祖敕语，保护正法并弘扬正法。住在本师释尊的国土之上，食其国土之物，又有何顾虑呢？

---

① 五百尘点劫：为《法华经》卷五"如来寿量品"所举释尊成佛以来久远之劫量，又作五百亿尘点劫。即粉碎五百千万亿那由他阿僧祇三千大千世界为微尘，每经东方五百千万亿那由他阿僧只之国土而下一尘，如是东行，至微尘净尽，而其所经之世界皆化作微尘；以其一尘为一劫，而释尊成佛以来，复过于此百千万亿那由他阿僧祇劫，由是显示世尊成佛以来劫量之长远不可算计。参见《法华经文句》卷九下、《法华经玄义》卷一上。——译者注

承认法王释尊,按照佛祖敕语弘扬正法,并不拘泥于一个小国王的统治。不畏惧权势、站在争议的立场上,坚持超越性的本主观、世界观,一步也不退缩的日奥的言行,听来令人禁不住肃然起敬。身为权力者的德川家康异常愤怒,认为"说出如此强烈教义的人必将发动天下的大事,应将其立即流放"! 于是,下令将日奥流放到对马。日奥的言行中,阐述了佛这一绝对者拥有的"超越"性权威,以及由此而导出的对世俗权力者的否定,和包括权力者在内的所有众生被相对化的平等的世界观。

日奥于 1612 年(庆长 17 年)豁免流放罪而回到京都,但是由于不受派与日重等人的受派的论争不断扩大,1630 年(宽永 7 年),经幕府的判决,日奥再一次被流放到对马。

然而,以日奥为派祖的不受不施派的信仰却反而日渐兴盛。因此,幕府制定了彻底的禁制及压制政策,规定寺院领地、饮水、道路等所有地方均为国家供养,迫使各寺院承认自己的受领身份,若不遵从,则要么禁止寺院申请,要么处以流放等。不受不施派的寺院申请一旦被禁止,那么只要信徒仍抱有信仰,就拿不到寺院申请证明书,因此不得不作为无户籍者、登记账外者而面临被社会抹杀的命运。僧侣中也出现了离开寺院到市井说法的人,幕府对此都予以禁止。1691 年(元禄 4 年),日本全国发生了大检举,有僧侣 63 人、信徒 11 人被流放到三宅岛、大岛、神津岛、新岛、八丈岛等地。这样,不受不施派在 1876 年(明治 9 年)得到公认而再度兴起之前的200 多年历史中,一直都是在国家权力的管束、镇压及迫害中度过的。

处于寺院申请制度这一国家管理模式下的其他佛教诸宗派,可以说都被纳入国教化,从而失去了民众的生机勃勃的创造性信仰,称其沦落为葬礼宗教,恐怕也不为过吧。

就在日本元禄年间对不受不施派进行大检举的时候,在英国,

光荣革命获得成功,从流亡地荷兰归国的约翰·洛克(John locke)
出版了《论宗教宽容(第一封信)》(1689)、《政府论》(1690)等。
洛克在此叙述了清教徒各派因为其信仰而遭受镇压的经过,并在
此基础上指出,国家为政者必须对宗教拥有宽容的态度。国家是
什么? 洛克说:"国家仅仅是人们为了确保并促进自己的市民利
益(生命、自由、健康、身体安全、土地等外物的所有)而建立起来
的社会。……为政者的权限不会超越这些社会性事件,政治的权
力、权利及支配等只是为了考虑到要维护、增进这些权益才被制定
并予以制约。它绝不能延伸到灵魂的救赎,也不应该延伸到灵魂
的救赎。这些,我们可以通过以下的考察得到证明。"[1]洛克的论
述将宗教信仰置于委托给为政者的权限之外。他进而论述道:
"为政者根据与政治无关的理由,即宗教理由从某个人、某个党派
那里夺取现世的财产给予他人或改变臣民之间的所有关系,这样
的行为(即使在法律上)也不被允许。因为那个宗教是真的还是
伪善的,这一事件不会对臣民的现实利益造成任何损害,而国家所
关心的正仅仅是与现世利益相关的事情。"[2]从而论证了国家为政
者干涉宗教信仰的不正当性。

身处"公"的为政者——丰臣秀吉、德川家康等人要让僧侣参
加大佛供养,日奥对此表示明确拒绝,这种对"私"的自由主张,正
是近代市民社会的出发点。至少同时代的洛克论理指明了这一
点。日奥等的信教自由、对内面与良心的自由的主张及其反抗,在
那个时代正是一个全球化的课题。日本人在此之后,应该把这种

---

① 约翰·洛克:《论宗教宽容》;生松敬三译:《世界的名著·27》(中央公论
社 1968 年版,第 354 页)。
② 同上书,第 388 页。

反抗的论理作为一种反抗权力的思想，超越日莲宗、佛教领域而更加普遍地加以发展。但是，此后推行的锁国这一孤立化政策，使得日本人深思熟虑、继续发展"信仰这一私事性与公共性相互联系的普遍性课题"失去了可能。

　　250 年间对宗教的彻底镇压和怀柔政策，抑制了日本人好不容易培养起来的丰富的"灵性"，妨碍了"拥有否定论理的绝对者"的思想的进一步发展，导致了日本人思想的贫弱。250 年间的锁国政策，更进一步加深了日本人的"岛国根性"，剥夺了与不同性质的他者共存时所必要的训练，最终形成了不擅长与不同文化进行交流的国民性。


## 3. 国教会 Vs. 自由教会

　　日奥与德川家康间有关国土与王土的争论，很像英国的洛克与王权神授者间的争论。日奥在与德川家康的争论中，提出了一个疑问，即国土的所有者究竟是谁（统治的正统性）？ 德川家康说是国主所有，而日奥则说是佛所有。

　　日奥在陈述佛的恩德时说："我等今以天之三光暖身，地之五谷养命，这难道不都是释尊的恩德吗？"他还说道："全世界都为释尊所有，日本为法王释尊的分国。"这些陈述，让我想起了《圣经》中的以下内容："正是神，才是天、地、海以及蕴涵在其中的一切的造物主。神在过去的时代里，让所有国家的人们都按其所想走自己的道路。但是，神无处不在证明它自身的存在。神赐与你智慧，让天降雨赐给你丰收的季节，施给你食物，让你的心灵充满喜悦"①。在基督教

307

---

　　① 《使徒言行录》或译为《使徒行简》14：15—17。

神学里,这种恩惠被称为神的一般恩惠,认为它与通过信仰获得救赎的特别恩惠是相辅相成的。在日奥那里,我们可以解释为,它论述了下述宗教思想,除来自"《法华经》的行者"这一信仰的特别恩惠以外,作为一般恩惠,佛令"所有国家的人们按其所想"住在国土上。

　　洛克的上述内容不是作为神学思想,而是作为政治哲学加以展开。具体说来,主要在《政府论》中,作为反对王权神授论者罗伯特·费尔默(Robert Filmer)的言论而展开的。神将其创造的世界委托给人类之祖亚当管理。那么,委托给"大地的管理者"亚当的权限在英国这块国土上,又被委托给了国王呢? 还是人民呢? 族父统治论者费尔默爵士选择了前者,而洛克则否定了这一选择。洛克认为,神赋予每个人的作为自然权存在的所有一切又在"同意"、"信托"的基础上通过社会契约委托给了为政者(王)。但是,社会契约是遵照自然法的,而自然法的定义在洛克那里与卢梭有所不同,其最终意味着"神的法"①。这样,同日奥一样,对洛克而言,国土以及在其上形成的国家归根结底都不是人类所构想出来的。国家的存在通过相信神的法、相信神的意志这样一种信仰而得到证明,为政者必须遵守基于这一神的法的约束。② 为此,当为政者超出委托而实行邪恶统治时,由市民的良心生出的抵抗权便以"向天控诉的权利"③而发动。这就是人们常说的革命正当化

---

　　① 　洛克:《政府论》下篇,第 135 页。

　　② 　洛克:《政府论》,第 200 页。"因此,所有正当的国王在已经确立的王国里,根据为编辑与其国土相适应的自己的统治所制定的法律的规定,必须遵守与国民间缔结的约定。那一约定是按照神在大洪水之后与诺亚之间缔结的约定而缔结的。即'我决不再做我之前所做过的那些事情,对所有的生物绝不打杀。只要大地继续,播种与收获、寒暑、夏冬、昼夜永不停息'。因此,统治着已经确立的王国的国王,如果放弃遵从神法的支配,就会迅速失去其国王的资格,堕落为专制者。"

　　③ 　洛克:《政府论》,第 168、196 页。

（类似于孟子以来的易姓革命中常出现的"天"〈儒教的超越者〉）。包括国家在内的市民社会归根结底并不是人类自身的构想物这一思想,对于看不见神、佛、天等超越者(此外,仅仅把洛克的自然法当做理性法而继承的启蒙主义者)的现代人而言也许是很难理解的,即便如此,在今天,我想我们仍有必要以一种新的形态重新思考这一问题。

因此,我想我们的议论也就不得不从社会哲学转到今天的宗教哲学(后述第6节)。

洛克的主张还有一个侧面,那就是确保"私"的"信教自由"。也就是禁止与国家教会一体化的国家权力镇压与国家教会信仰不一致的信徒。内面自由(信教自由、良心自由、言论自由)的确保,作为一种制度论,促成了与国家教会相对的自由教会的形成。自由教会的形成则意味着宗教团体脱离国家而实现自律。自由教会并非通过税金,而是通过信徒的自由捐款和布施而得以维持的宗教团体。宗教团体仅仅应该立足于自身提出的真理性。它存在的根据只是因为神的恩惠,而绝不是君主的恩惠。国家绝不应该干涉信徒的信仰内面,而应该尊重各个信徒的信仰,只要这种信仰不是非人道的、不会对他人造成破坏,国家就应该从外面保护这一"信仰自由",并制定保障集会、结社自由的法律约束。这就是"教会与国家分离"的构想。脱离国家而自律的宗教团体是一种自由结社。在西欧,自由结社这一制度,是从西方教会的宗教改革中,特别是伴随着加尔文派传统的自由教会的形成这一方式,在历史中发展起来的。①

---

① E. Troeltsch, Die Soziallehren der christlichen Kirchen und Sekten, 1912. 另外,本书的扼要论文请参见日文版《特洛尔奇著作集·7》(基督教社会思想)(约旦社 1981 年版)。

当江户幕府制定寺院申请制度的时候,全国的寺院就注定要被国教化,变成作为绝对君主的王施予恩惠。如果这时,有佛教寺院公开宣称:"不想接受来自国家的布施,因为寺院存在的基础只能来源于佛的恩惠",这就意味着自由教会的形成。相应地,如果不受不施派信徒的行动意义能够从思想性上得以深化和发展的话,"国家与寺院(教会)的分离"这一构想就会成为可能,明治近代社会中的宗教镇压无疑也将避免。但是,明治时期的国家为政者并没有借鉴过去的历史,而是再一次利用了宗教团体,只不过这次利用的不是佛教(寺院),而是神道(神社)。

### 4. 近代日本的"否定论理"

神道的国教化在枢密院举行的帝国宪法制定会议上、伊藤博文所作的表明信念的演说中已很明确:

> 说来,欧洲宪法政治的萌芽,已有一千多年的历史,不光人民对此制度已很熟悉,而且宗教人士也以此为轴心,其宪法政治已经深入人心,人心亦皆归于此。然而,在我国,宗教者的力量微弱……①

正如前文所述,在日本宗教之所以微弱,是由于身为"公家"的为政者对其进行抑制和扼杀。而伊藤博文的结论是:"在我国应该成为轴心者,唯有皇室。"这样,皇室神道与神社神道结合起来,神道被国教化,沦落为国家祭祀的仪式宗教。这时,与国家神

---

① 丸山真男:《日本的思想》,第92页。

道的国家教会相对立,作为自由教会而发展了充满生机的神道信仰的是天理教、丸山教等众多的民众宗教,它们在幕府末期、维新时期,打着"改造世界"的口号而纷纷登场。但是,国家为政者将这些神道系统的民众宗教,以"教派神道十三派"的名义统一纳入国家管理体制之下。对于不服从这一管理的民众宗教,政府同样毫不留情地予以镇压。江户时期的宗教政策以及反抗这一政策的抵抗运动,并没有在人权思想的发展中有所积淀。

历史学家家永三郎曾论述道:6 世纪传到日本,经圣德太子得以加深理解的佛教精神,逐渐渗透到民间,到镰仓时期,已经达到了顶点。"真正的净土不应在现世寻求,而应从对现世的否定中去寻求,这一事情变得很明确,我们可以从中看到一种严格的立足于非传统的二维世界观的来世主义思想的形成。"[1]由此我们可以看出,"拥有否定论理的绝对者"的宗教思想已经露出萌芽,它与"无限抱拥的"的宗教即肯定现世、认为彼岸与此岸具有连续性的世界观恰恰相反。但是,中世时期的这种发展轨迹在进入近世以后,由于织田信长之后所推行的政治强权主义而遭到扼杀,宗教差不多被利用为统治民众的工具,沦落为葬礼仪式宗教。但是,到近世末期,这种现世内的具备"否定论理"的思想又出现在民众要求改造世界的宗教思想中。幕府末期、维新时期的天理教、明治前期的丸山教、明治后期的大本教等皆属于此。

在近代日本,被称为"天皇制的派生物"的诸多新型宗教中,大本教被称为具有开拓性的存在。该教开创于 1892 年(明治 25 年),将出口直(Deguchi Nao)神灵附体时所说的神谕,直接作为本

311

---

① 参见家永三郎:《日本思想史中的否定伦理的发达》,新泉社 1983 年版,第 96 页。

教的开教宣言：

> 三千世界同时梅花开，艮之金神时代已到来。唯有艮之金神才能实现现世之改造。天理、金光、黑住、妙灵先行于前，关键时期艮之金神现身，三千世界之大清洗即至。[1]

从以上教义中很容易看出，大本教具备了与明治政府的"公"意识形态相对抗的"否定论理"的思想。赫尔曼·奥姆斯利用中世纪欧洲的圣经解释学手法，进行了耐人寻味的分析，指出近代日本的"公"意识形态早在江户时代前期，在山崎闇斋的儒教与垂加神道之中，就已以完成形式出现了。并且，同样的结构在出口直那里，以一种相反的形态显现出来。[2]

---

① 伊藤荣藏：《大本》，讲谈社 1984 年版，第 12 页。

② H. 奥姆斯：《山崎闇斋〈神代卷〉中的解释学》，见《思想》4，岩波书店 1988 年版，第 7 页。另外，丸山真男在《闇斋学与闇斋学派》（《日本思想大系 31·山崎闇斋学派》，岩波书店 1980 年版，第 661 页）作过如下阐释："日本近世的程朱学尽管有很多源流，但是将程朱学从理论到实践均作为一个世界观而用尽全心去体会，并为之奋斗的最初学派是闇斋学派。"关于"崎门三杰"之一的佐藤直方的儒教与神道折中的思想，他作了如下陈述："在天命的正统性里看出普遍的原理的这一直观的方法，同样具有彻底性，日本的场合，必须追溯到天照大神的神秘敕谕这一原点。天照保证自己的子孙繁荣无穷，作为条件应该也下达了德治主义革命的神敕！'日神托言：若保我子孙五百万年，并非好事，子孙里若有行不义之人出现则踢杀之，此乃好事。'（五编辑藏禄，说话闻书，五六丁）"这一内容，随着时代的推移，一切规范的价值判断都被斥为好义，"不管是好是坏"，将历代天皇作为神代奉戴至今的历史中，形成了与从皇御国的万国中发现优良传统的本居宣长的理论（参见直昆灵，くずばな等）如同从反方向啮合的凹凸一样非常适合的日本的政治形象……但是关于 L 正统（legitimacy 正当化正统＝统治者的正统这一含义上区别于教养的正统——引用者注）的方法的彻底性的含义从反方向"一致"的佐藤直方与本居宣长都只是孤立的存在，是事情的反面。在"经历了维新的内乱和明治十年的民权运动而诞生的帝国宪法和教育敕语的'国体的精华'中，正式将'血'与'圣德'这两个正统根据合流。"

据奥姆斯分析,我们可以从其文本中发现以下四层意思,即:①字面本意(literal,事实上的历史);②比喻意(allegorical,使解释成为可能的关键);③道德的寓意(tropological,个人中心);④终极关怀的(anagogical,集合中心)。下面我们将这些内容应用到出口直的思想之中。出口直的出发点是被认为有德的自身在世界、社会中经历的不当的苦楚。她的一生正好发挥了使比喻性解释成为可能的关键性作用。出口直将解释的关键放在《古事记》、《日本书纪》神话上,通过这一操作,引申出一个真正意义上的真理、事实及其意义。但是,她所引申的事实内容,与国家的公认意识形态恰恰相反,她否定了天皇家族的神圣渊源,宣布被舍弃的神——艮之金神取代天照大神,成为天地开辟的神。出口通过这种重新解释神话作为新的真理,为自己与国家主导型的近代化相背的行动进行正当化解释。其中不仅被赋予一种道德教义,还有一种通过她自身的行动,使人相信可以确立平等社会的终极关怀性的集合性意义(改变世界)。

具有如此思想内涵的大本教,当然要被当时的"正统"(国家)宣布为"异端",遭受近代日本史上最为残酷的镇压。

天理教的教祖中山美纪(Nakayama Miki)在1882年(明治15年)建设中的甘露台遭受破坏的情况下,仍丝毫不动摇抵抗的决心,先后被拘留18次,于1887年(明治20年)结束了90年的生涯。她教导人们:"有日月之神(父母神)才有这个世界,有这个世界才有世间万物,有世间万物才有每个个人,有每个个人之后才有法律,即使有法律之后,心定(信仰)仍属首要。"教导人们信仰凌驾于所有政治支配与法律之上。我们可以从中发现与国家价值对立的"超越的契机"。

这位教祖终其一生都拒绝从属于国家神道,在其晚年,反而是

313

她的教团内部干部，为了免受镇压而实现活动的合法化，开始走上服从国家神道的道路。教团于1903年（明治36年）制定了忠实于国家神道的《天理教教典》（明治教典），全力以赴开展脱离神道总局的独立请愿运动。1908年（明治41年），内务省终于在天理教的第5次独立请愿时，允许其脱离神道总局，独立为另一派别。这样，天理教作为教派神道十三派的最后一派，终于挤入国家神道体制下的"公认宗教"之列。

就这样，天理教完全被纳入国家神道体系后，有人开始高举开创期的天理教教义，进行内部批判，这就是天理本道。天理本道是时任山口教会长的大西爱治郎于1913年（大正2年）从天理教独立出来的组织。他们一边发行《泥海古记》，进一步明确天理教教义，大西自身也自觉成为教祖所预言的"人的甘露台"。因此，在宣扬通过父母神使理想的世界成为合乎实际的理论这一点上，与天理教是完全相同的，但在宣扬作为礼拜对象的"甘露台"实际上是自身这一救济理论方面，却与天理教截然不同。①

天理本道进入昭和时期，遭受了两次镇压。第一次是由于发行了教义解说书"研究资料"，有500人因不敬罪遭到检举（1928年，昭和3年）。第二次是日中战争爆发时，由于发表"告忧国之士"一文，又有400人遭到检举（1938）。"告忧国之士"一文中有些字被隐去，其大体内容如下：

　　　况乎所言○○接受○敕而○○，亦或○○○○神器乃○神所授等事实，实际上，并非过去之真实……我等○○无天德，我等○○正如上条所述，将我国昔时之预言当做○○、将

————————————
① 梅原正纪：《本道》，耕土社1997年版。

空虚之事当做根据,由此而无天德也。(中略)而○○忤逆天意,竟敢加害于我御教之祖,因此缘故,他们必将承受日月神的惩罚,以此载入资料之中。①

虽然有点费解,但概括起来,主要讲了以下内容:

"日本的神代记并非历史事实。以此为依据的天皇神格难以成立,同时,将天皇亲政作为我国国体也毫无事实根据。因此,天皇不具备被称为神格者的天德,也不具备统治日本的资格。"另外他们还主张在"国家危急存亡之秋",在"神格者"大西爱治郎的领导下,全体国民团结一心,共同推进"甘露台"建设这一"天业",只有这样,才能救济国家,实现世界统一与永久和平。

换句话说,与天皇相比,主张了"甘露台"的优越性,与天照大神相比,主张了父母神(天理王命)的优越性。

对第二次检举者的审判是由当时的最高法院——大审院审理。在长时间的法庭抗争里,高层领导中间没有出现一个转向者,甚至有人病死在太平洋战争末期悲惨的监狱生活中,但是信徒们毫不动摇地信赖父母神,以充满信心的态度过好每一天,据说这种精神甚至令其他囚犯都深为感动。

无论是"艮之金神"还是"天理王命",其中包含着一个论题,那就是天地开辟之神究竟把日本国的统治委让给了谁呢? 从基督教的角度而言,也可以追问,造物主委托给亚当的权威被委托给了天皇吗? 大家可能觉得这种问题显得荒诞不经,但实际上,战时对

315

---

① 明石博隆、松浦总三编:《昭和特别高等警察镇压史》Ⅲ,太平出版社 1975 年版,第 171 页。

基督教徒的镇压中,宪兵经常诘问信徒:"耶稣与天皇哪个更加伟大?"①

基督教与天皇制国体的第一次冲突是 1891 年(明治 24 年),由于东京第一高中的内村鉴三拒绝对《教育敕语》行礼拜之礼,而引发了所谓的"不敬事件"。并且,这次事件"使得长期以来一直对基督教徒的态度有所猜疑的世间,因为内村氏的这一举动进而谩骂基督教徒,给他们扣上了不臣、不爱国的罪名"②,令基督教徒承受了很多非难。此后,井上哲次郎所撰《教育与宗教的冲突》(1893 年、明治 26 年)、加藤弘之所撰《吾国国体与基督教》(1907 年、明治 40 年)都是反对基督教的言论活动。

与日本国内的基督教镇压状况相比,更为彻底的是在殖民地的残酷镇压。我们不能忘记,在韩国有众多的基督教徒因为拒绝参拜神社和天皇而被投入监狱,成为基督教的殉教者。③

专制主义国家将国家绝对化(神格化)。而对于真正的信仰

---

① 同志社大学人文科学研究所/基督教社会问题研究会编:《依据特别高等警察资料·战争状态下的基督教运动 3》,新教出版社 1973 年版,第 136 页。

② 金田隆一:《战争状态下基督教的反抗与挫折》,新教出版社 1985 年版,第 7 页。

③ 对朱基撤的残酷拷问及其殉教(1944 年),应该特别强调一下。他作为"日本帝国主义统治下的民族运动的战士",至今在国立墓地上仍竖着他的墓碑。但是历史神学者闵庚培在他的著作的"前言"中记载了下列内容。从这里我们可以很明了地看出宗教信仰作为私人化存在的同时为什么又具有公共性的理由。"他并没有尝试进行'民族运动'。但是,日本帝国的国体和国家宪法的中枢是天皇制,而天皇制又被规定为具有神性,它的身份被严格地定义为神而不能被侵犯,这与基督教的唯一神信仰是不相容的,导致朱基撤的基督教信仰与国体互相抵触,并最终进行'必然的'挑战……他只是彻底地忠实于他的信仰,并为之献出了生命。他对信仰自身的忠实、信仰的现在性以及信仰内侧燃烧的火焰'自发的'成为对日本帝国一种根原性的、原点的反抗而被现象化。"(闵庚培:《只为神的荣光——殉教者朱基撤牧师》,SUGU 书房 1989 年版,第 15 页)

而言,绝对的只有神,因此必然导致国家变得相对化。日本在战争期间对亚洲各个国家的所作所为,其思想含义,时至今日仍是一个未解决的残留问题。日本首相进行的"正式参拜靖国神社",为何会招致以韩国为首的亚洲各国如此强烈的反对呢?(第二次世界大战时,靖国神社被利用为国家绝对化的工具)这不单单是战后处理这一政治性问题,而应该看做是对日本人广泛而共同的宗教意识淡薄的一种警告。因为这种宗教意识,由于国家为政者在统治上对宗教的妄加利用,在历史中被大大地歪曲了。①

第二次世界大战后的日本,迎来了无条件的信教自由。《日本国宪法》第 20 条中,关于"信教自由"规定如下:

①保障任何人的信教自由。任何宗教团体都不得接受来自国家的特权,不得行使政治权力。

②任何人都不可被强制参加宗教性行为,如庆祝仪式、典礼、仪式活动等。

③国家及其机关不得进行宗教教育及其他任何宗教性

① 本书论题二"日本的公私观念的近代化"中,对近代日本未产生公共社会的原因,小路田泰直将考察的目光指向了"宗教"作用的重要性,解释是"理应整顿'私利私欲'的政治中间层、'市民的宗教'等都以半途而废的形式仅仅停留在形成阶段",这一论述的方向性,笔者表示赞成。但是,一个大问题点在于:在某种意义上,小路田所说的"有权威的市民宗教"是以"国家神道"的形式被统治者巧妙地制造出来的这一事实。并且,这一思想使得当时的体制方面的知识分子利用黑格尔流派的民族国家观甚至发出了"天皇是超越国家的、国民生存全体性的表现"(和辻哲郎:《日本精神》,1934 年)的言论。开头所谈到的日本思想的"糊里糊涂任其耽搁下去"的"无限抱拥性"这一不好的方面也是从这里产生的。本来,卢梭一派的"市民宗教"的概念里就蕴藏着"被捏造的疑似宗教"的危险性。作为这一观点的对峙观点,笔者在这里想提出"拥有否定论理的实定宗教"(能够不断实现自我绝对化并从内侧进行批判地考虑的宗教)的观点。

活动。

切实理解这些宪法条文的内容,并将其应用到现实生活中,对于日本人权思想与民主主义的确立是非常重要的。但是,战争结束 20 年后,随着国家神道法西斯化时代的记忆逐渐远去,这些宪法条文也逐渐变得空洞化。

1988 年(昭和 63 年)6 月,最高法院判决"拒绝自卫官合祀诉讼"符合宪法规定。1968 年(昭和43 年),山口县居民中谷康子的丈夫、身为自卫官的中谷孝文因交通事故去世。当中谷康子得知当地的队友会已将丈夫作为"神"被合祀在山口县的护国神社后,便以"根据身为基督教徒的自身信仰,想静静地追慕丈夫"为由,提起诉讼,要求撤销合祀。一审及二审判决根据以下理由,判处自卫队(国家)的行为违反了宪法:

一、自卫队的合祀申请,违反了宪法记载的政教分离规定,是违反公共秩序的侵害行为。

二、在静谧的宗教环境下追念配偶的死,这一利益属于"宗教上的人格权"的一种,是法律保护的对象。

三、自作主张的合祀妨碍了从基督教徒的立场出发缅怀丈夫这一原告的人格权。

但是,最高法院推翻了一审和二审判决,而作出了以下判决:

一、自卫队的行为称不上宗教活动。

二、宗教上的人格权并不属于法律利益。信教自由只要没有被赋予强制或不利因素等,要对其他宗教行为予以宽容。

三、合祀是在信教自由的保障下，神社进行的自由行为，没有侵害原告的任何法律利益。

为什么"作为神被合祀"不属于宗教活动呢？另外，最高法院的这一判决完全错误理解了"宗教上的宽容"的含义。所谓"宗教上的宽容"，是指国家为保护极少数宗教信仰者的信仰，应该抑制自我的权力。国家非但没有完全理解自洛克以来的国家不得干涉信仰者的内面这一宽容意识，反而向极少数的信仰者要求起"宗教上的宽容"来。①

基于战后日本这一状况，有必要推广以市民社会为基础、包括国家在内的"公共哲学"。最终，我们必须对现代日本人所拥有的深层宗教意识进行深入批判。离开了这一点，就无法在日本社会确立真正意义上的"良心的自由"。正如前文所述，日本人的宗教意识是一种佛教、神道、新宗教、基督教等多元化的存在。今后，需要一种能够从根本上统筹这种多元化宗教意识的理论。我们必须一方面在社会生活中不断重视宗教信仰，另一方面又从制度论角度，严格实施"国家与教会（寺院、神社）的分离"政策。怎样才能使其成为可能呢？作为一个例证，最后我将自己的观点简单归纳如下②。

## 5. 公共空间与日本宗教的多元性

国家为政者进行的统治问题与权威的问题息息相关。不仅是

① 稻垣久和：《知与信的构造》，约旦社 1993 年版，第 295 页。
② 详细内容参见稻垣久和：《着眼于构筑公共哲学》，教文馆 2001 年版。

特论三 日本宗教的"公"、"私"与"公共性"

国家,我们社会生活的全体都围绕着统治与权威的问题而展开。家庭、学校、公司、医院、各种自由结社以及所有这一切存在的社会领域(我想将其称为构造的多元性)的统治,其最终的权威究竟在哪里呢? 这些社会领域就是现代人的生活世界。在日常的生活世界里,存在着超越国家及各种社会制度的宗教权威,这一点现代日本人一般都不会想起。但是,全球化的现实世界却并不如此。因此,为了国际场合中的不同文化间的交流,需要一种全新的生活世界的哲学。

生活世界存在的场所的构造是什么样的呢? 从本文开头所叙述的"内在即超越"中可以找到启示。现代日本人在日常生活的内在中,需要一种与"超越者"面对面的训练。有必要练习倾听"超越者的语言"。首先要有"超越者的语言",然后人们要去倾听。这种"不可逆"的顺序是很重要的("即"就是指这种不可逆并且不可分、不可同的性质)。但是,这种来自"超越者"的话语听起来并不是一样的,而是体现为一种多元方式。这里面就存在着公共场合中的"超越"与宗教多元性的关系。

首先,我们给"公共性"下个定义。"公共性"一般包括以下三个特征:

①能够容纳任何人的开放性空间;②每个人所拥有的价值是互不相同的;③对人们之间发生的事情抱有关心[interest 的词源为 inter-esse(在其间)]。要而言之,"公共性"是指"在多数价值及意见'之间'形成的空间,反之,失去了这一'之间',公共性也不能成立"①。走出单纯由共同性质的东西形成的空间,尊重不同人

---

① 斋藤纯一:《公共性》,"思考的新视野"丛书(岩波书店 2000 年版,第 5 页)。

们之间的意见,这就是公共性空间形成的条件。

现在,让我们把社会领域划分为私领域、公共体与公共空间三个部分。私领域的典型是家庭。共同体包括宗教团体、公司等拥有较为相同价值的领域。再进一步,不同性质的价值多元地交叉在一起,作为与不同的他人进行讨论的空间而形成的就是公共空间。

因此,公共空间是一个与宗教的多元性具有亲和性的概念。在现代日本,我们不得不认真地考虑宗教多元性这一问题。下面我们看一个具体的例子。

《日本国宪法》无条件地保障每个国民的信教自由。但是同时规定禁止国家袒护特定宗教。我们设想有下面这样一个场合。

假设有一位神道信徒的议员说:"日本是以天皇为中心的神国。"另有公明党的议员说:"日本是以日莲大圣人的教导为中心的佛国。"而另有基督教徒的议员又说:"造物主将日本定义为以耶稣为中心的神国。"按照现行宪法,一个人作为个人,也就是"私人",从自己的宗教信念出发,说出上面的话是没有任何问题的。但是,若是以国会议员的身份说出上面的话,在特定的时间、特定的场合下有可能引发一些微妙的问题。特别是,如果一个首相作了上述发言,则将招致很大的疑义。

一个人一旦就任首相这种代表一国立场的职位时,他也就成了一种国家机关。这个时候,国家与教会(神社、寺院)必须分离、加以区别。基督教神学中是如此,现行宪法也明确规定了这一点(宪法89条、20条)。2000年5月15日,自民党的森喜朗总裁以首相身份,在"神道政治联盟国会议员恳谈会成立30周年纪念庆祝大会"的致词中,不仅讲道:"日本国是以天皇为中心的神国,这一观念要让广大国民所了解。"还说:"我们神道政治联盟国会议员也要在神社总厅的指导下,使大家认识到,人类社会究竟什么才是最重要的,要回归这一原点。我想,这就是我的使命。"①很明显,这个发言是国家机关给予神社神道这一宗教团体的特别优待。

国家应该遵守的是不偏袒任何一种宗教团体及其教义,平等对待所有的宗教团体。这是现行宪法所主张的精神。因此,如果平等对待这一前提存在的话,有必要在公共教育中进行宗教教育(正因为没有实施宗教教育,所以人们对宗教的认识始终停留在无知状态)。这个时候,应该明确教导人们神道也是一种宗教(即使万物有灵、八百万神等思想也是隶属于宗教学中的"自然宗教")。神道方面有良知的学者,也有不少在为将神道确立为宗教而努力②。如果日本人普遍能够将神道作为一种宗教来把握的话,那么无论这个国家的政治家如何想利用神道来统一国家意识形态,恐怕都难以得逞。正是由于不把神道作为宗教来把握,而是把它作为一种超宗教性的国民习俗、国家仪式等来理解,才产生了"无限抱拥性"这一思想上的大问题。

不过,在神社神道中,把活生生的"天皇"看做"现御神"(活着的神、现人神),又使问题更加复杂化。③ 对于神道信徒来说,可能就如同"日本是丰苇原瑞穗之国"一样,是教义上的一个非常重要的内容。但是,对于非神道信徒而言,这是很难接受的吧。天皇仅仅是属于神道这一宗教团体的"活着的神",同时,又被宪法规定

---

① 加地伸行编著:《日本不是神的国家吗?》,小学馆文库 2000 年版,第 31 页。

② 如中野裕三:《战后神道学研究概观》,载《神到宗教》第 167 号;《1997 年公开研讨会:战后五十年的神道学思考》第一部(第 153—163 页);神道文化会座谈会《教学·神学·教化与神道文化》(载月刊《神道文化》2000 年第 20 号);国学院大学日本文化研究所编:《日本的宗教与政治》(成文堂 2001 年版)等。

③ 神道全国协议会编:《形成期的现代神道》,1984 年版,第 365 页。

为"日本国民的统合象征"。因此,我认为我们的议论从一开始就蕴涵着很大的困难。为什么呢?因为"不要将天皇神格化"这一市民非常自然的感觉,却很有可能被神道信徒们当做亵渎、冒犯天皇的言论。即使在这里解释说,在日本这样一种多神教的风土下,神这一词语的含义与一神教中的神的概念是不同的,也不能解决问题。因为问题并不在于语言自身,而在于语言行为。因为,可能大多数人并没有意识到,但现在大多数人所采取的行动方式,很有可能会压迫到少数人。多数人应该对少数人予以宽容,这应该在法律上得到确认。并且,实际上,这一点也存在于宪法第89条和第20条的历史背景中。

宪法第89条和第20条的历史背景中,有"教会与国家分离"的思想。众所周知,这一概念被纳入宪法的缘由,是1945年12月15日联合国军最高司令官发布的"神道指令"。"神道指令"的目的,是废除战争状态下的日本国内"军国主义"与"过激的国家主义"的意识形态,为此,决定将神社与国家分离。因此,我们应该时时回到这一原点与原则,来解释宪法第89条和第20条,并让它适用于具体的事例。通常使用的"政教分离"这一词语很容易招致误解。如果仅按字面意思,将这一词语的含义理解为政治与宗教的分离,那么,由于在不同的场合,政治和宗教这两个词会被解释为各种不同的意思,从而必然使这个词语本身无法具有确定的含义。结果,在法庭的具体案例中,甚至演变为"目的效果论"这一很难理解的概念,这时,政治状况中的内容必然会变得摇摆不定。与此不同,笔者认为应该这样理解这一词语:将政治这一抽象的概念理解为现实生活中具体化的国家这一社会制度,将宗教这一抽象的、形而上学的概念理解为具体化的神社(教会、寺院)这一社会制度,这样"政教分离"这一词语的基本含义就是上述两种

323

社会制度的分离。

国家本身属于公共领域的一部分,但它并不是公共空间本身。公共空间是指包括 NGO、NPO 等在内的、"非国家的、非市场的"多样化民间社会性制度多层交织而成的空间,是这些主张的多元性价值互相拥挤在一起的空间。不管怎么说,在公共空间内不光存在由共同价值构成的集团,因此不能对诸多宗教团体的其中之一实施优待,必须平等对待所有的宗教团体。

笔者认为,将国家完全定义为人类的构想物是非常困难的。因此,无神论的法国革命中最终也保留了"至高的存在"这一概念,以理神论为背景的美国独立宣言中,也歌颂了"在造物主的名义下,所有人类的平等性"。今天,为了各个宗教、各个意识形态多元性的和平共存,我们应该探索一种什么样的公共哲学呢? 笔者认为作为人类的实在认识的构造,建立在现实主义(实在论)上的哲学是比较妥当的。建立在非实在论的立场(人类相信的"超越"只不过是来自人类的投影这一费尔巴哈式的想法)上,是不可能形成真正意义上的"公共哲学"的。由此而言,当我们把约翰·希克(John Hicks)的宗教多元主义理论看做一种社会哲学时,会得到某种重要的启示。因为他是从宗教的实在论立场出发构建这一理论的,而且其中蕴藏着由实在论的立场向多元性价值可以共存的公共空间的形成转变的连续关联的可能性。

## 6. 宗教多元主义与公共哲学

多元主义(pluralism)这个词被应用在各个方面,如价值多元主义、文化多元主义、民族多元主义,等等,它并不单指有很多的价值、有很多的文化、有很多的民族等意思,不仅有很多,而且要如实承认这些东西的存在状态,这一主张才是多元主义,也就是主张不要以一元的形式将他们强制地统一起来。多元主义的反义词自然是一元主义(monism)。说到宗教多元主义(religious pluralism),并不仅仅指有很多宗教,而是主张如实承认很多宗教的存在这一事实,还含有不要一元性地强制推行某种宗教的主张。

下面我们要讨论的是宗教的多元主义与公共空间的关系。

约翰·希克(John Hicks)是从承认宗教乃多元化存在这一状况出发的。对于卡尔·拉纳(Karl Rahner)的基督教与其他宗教相互关联的理论,既给予高度评价,同时又指出其有一定的限度。拉纳的"匿名的基督徒"思想,主张真心皈依其他宗教的人,也将全部被耶稣所救赎。希克批判这一总括主义的想法,认为它是以基督教为中心,来俯视其他宗教的想法,从而提出平等看待各个宗教的宗教多元主义的观念。1986 年,在美国加利福尼亚州,以坚持宗教多元主义立场的人们为中心,召开了题为"基督教的独自性神话"的研究会议。这次会议的论文集由希克和保罗·尼特(Paul F. Knitter)编辑出版。① 由于希克神论的主要内容是在近年来英美分析哲学发展的基础上展开的,因此,单从宗教学、神学的角度进行批判并无太大意义。详细的评论请参阅其他有关书籍②,在此我仅简要地介绍一下希克的有关理论。

首先希克将宗教现象作为问题。他将宗教现象分为两种,一种是从宗教立场上审视,一种是从自然主义立场上审视,他把前者称为宗教的实在论,把后者称为宗教的非实在论,自身则站在前者

---

① J. 洛克、P. F. 尼特编,八木诚一、樋口惠译:《超越基督教的绝对性》(春秋社 1993 年版)。

② 参见稻垣久和:《哲学的神学与现代》(约旦社 1997 年版)第二章,及间濑启允、稻恒久和编:《宗教多元主义探究》(大名堂 1995 年版)。

的立场上。然后在心里想象一个信仰者形象,他实现了由自我中心向实在中心的生的转换,经历了救济/解脱,并在实践着爱/慈悲。这个时候,就会承认在宗教现象产生的"含义性"上有不同宗教的经验方法("作为—经验"experiencing-as)。(这是将维特根斯坦动态论中的鸭子—兔子的头的图"作为—来看"(seeing-as)扩张后得来的理论)然后,在这一含义上,设想在超越现象世界的地方有一个"超越者"。这个"超越者"被称为"唯一的实在"(the real),将世界的救济宗教理解为人类对于这一"唯一的实在"的应答。不过,这个时候,"唯一的实在"在理论上是不可知的。人类只能体验到作为现象存在的宗教。由于文化、传统等不同,"唯一的实在"也以各种不同的形态被经验(experieneing-as):耶和华、父神、阿拉、湿婆、婆罗贺摩(梵)、达摩(法)、涅磐等。这样,犹太教、基督教、伊斯兰教、印度教、佛教等世界宗教就被统合起来。在此,他使用了与康德的认识论进行类比的方法。事实上,唯一的实在被称为"实在本身"(the Real an sich),它属于本体世界,是不可知的,只不过我们在现象世界里经历它,并以各种各样的名字来称呼它而已。

从哲学角度看,希克理论里忽隐忽现的康德认识论,与他的出发点——经验主义显示出某种奇妙的不协调。即使如此,对于我们生活世界的理论把握,单凭经验主义是不能表现完全的,我们需要一种超越论的方法,正是在这个意义上,希克的方法也是可以理解的。由此,笔者提出了作为理解日常的生活世界的理论——创发性解释学。

据创发性解释学看来,希克的理论只把宗教信念的含义性作为问题,不可能涉及我们要经历的实在的全部领域。即使如此,当我们把它作为社会哲学来看时,他还是给予我们某种十分重要的启发。因为,他是从宗教的实在论立场出发来构成其理论的。并且,如果我们站在作为宗教实在论的创发性解释学的立场上,将这一理论进行重组,可以将其适用于多元化价值共存的公共空间的形成。

在日本,应该比欧美更加认真地考虑诸多宗教的多元化共存这个问题。不同宗教的信徒应该和站在哲学立场上的人们合作,共同反抗新国家主义的抬头,努力促成实在论基础上的"公共哲学"的形成。在公共场合,应该向民众示意存在着一种国家之上的精神价值。可以预测,全球化的 21 世纪正是一个向着这个方向不断发展的过程。①

当然我们所说的宗教,包括唯一神道、单一宗教、多神教、不立神的宗教等各种宗教在内。正是各种不同性质的东西共存,并出现在言论空间这里,才形成了"公共空间"。

正是由于意识到诸多宗教的多样化差异,并存在包容这些差异的"家族的类似"(family resemblance——维特根斯坦 Wittgenstein),才使得宗教诸多信仰共存的公共空间得以成立。我想承认这一宗教现象的实在性并把经历这一实在性的世界表现为灵的世界(spiritual world)。[如同 1999 年 WHO 总会对健康的定义,除了身体的(physical)、精神的(mental)、社会的(social)以外,又增加了 spiritual 进行讨论一样]②不称宗教世界而将其称为灵的世界,是想通过不把现象还原为精神的世界而保留它的实在性来强

① 姜尚中:《新公共圈的创造与宗教》,收入第三文明社编《21 世纪的日本与宗教》(第三文明社 2000 年版)。

② WHO·1999 年总会与解说在《终极关照》里登载了题为"心灵的·关照的展望"的专题文章。笔者将与身体的、精神的、社会的、心灵的(spiritual)相对应的世界分别称为 1、2、3、4 世界。(参见《着眼于构筑公共哲学》第 4 章)

调这一实在论的哲学立场。

关于公共性,汉娜·阿伦特(Hannah Arendt)的社会哲学具有一定的启发性。但是,由于她不重视宗教在现代人的生活中所拥有的意义,因此,虽然她可贵的承认活动(vita activa)中的多元性,却欠缺由宗教的诸多信仰所形成的公共空间的构想。正如所论述的,我们应该通过考虑将公共性定位为维持各个宗教团体的宗教活动(灵的活动),从而来维持公共空间。

我们应将宗教作为人类生活根源性的存在来重新认识,不把它从公共场合排除出去。不仅如此,拥有宗教价值的人群在各种志愿者团体、学校、医院、福利设施等产生公共空间,只要没有对他人造成破坏且其本身是人道的,就应该受到伦理上、法律上的保障。这样,可以抑制过度的自我中心主义和社会全体道德的滑落,期待"拥护人类尊严的自由社会"的到来(参见美国的自由主义Vs.共同体主义的争论)。但是,由于宗教价值参与了新的"非国家的、非市场的"市民社会的形成①,国家必须对所有宗教都保持同等距离②(因此,我们希望,为了能将"正式参拜靖国神社"问题引起的无谓的对立和混乱,转变为更加具有建设性的国民大讨论,应在"公共讨论场合"展开充分讨论,讨论建立国立墓苑来追悼战争牺牲者这一替代方案是否确实可行)。

"公共哲学"并不是笛卡尔式的从"自我"这一单独的"个人"出发的"私哲学"。"个人"不是单独的,而是为"超越"所支撑。另外,将国家作为最高价值的"公哲学"也早已不能适应 21 世纪

---

① 参见 J. 哈贝马斯著,细谷贞雄、山田正行译:《公共性的构造转换(第 2 版)》(未来社 1994 年版,"序言"第 38 页)。

② 参见卡新鲁华(Jose Casanova)著,津城宽文译:《现代世界的公共宗教》(玉川大学出版部 1997 年版,第 78 页)。

的全球化时代。处在国家与个人"之间"、把包含国家在内的多样化社会领域的实在性亦即构造的多元性作为宗教的实在论,来进行综合讨论的市民(citizen)哲学——这就是笔者所主张的"公共哲学"。

# 后　记

金　泰　昌

　　下面,我想从我们所关注的几个视角,对本次公共哲学共同研究会(2000 年 5 月 12—14 日)的报告、讨论以及拓展议题中所涉及的主要内容,归纳为以下五大类:

　　一、究竟是否存在日本式的公私观念? 若是存在,那么日本式的公私观念原型是怎样的? 又是如何变化的? 它与中国及欧洲的公私观念有何不同?

　　二、当今有关日本的公私观念的讨论,与公私关系的历史渊源及其发展过程有着怎样的联系? 追根溯源地探讨日本古代公私问题的历史背景,对于思考当今日本公私问题是否有效? 抑或紧紧盯住当今的现状就可以充分认识,没有必要追根溯源呢?

　　三、所谓"公"与"私"中的"公",与"公共性"有着何种关系? 近年来的主流观点,倾向于将"公共性"与"公"等同起来,或者几乎作为相同意思进行解释,这种认识正确吗? 我们是否应将"公共性"与"公"予以分开考虑呢?

　　四、日本属于国民共同体还是属于市民的公共空间? 将共同体的理论更加多元化(复数化)或加以扩大,是否就可成为公共空间的理论? 共同体与公共空间就其构想、逻辑及结果而言是否相互有所不同? 为何时至如今还要强调共同体? 讨论向公共空间的转换为何是个问题？若从其有问题角度而言,如今还要强调共同体的思维岂不是包含着更大的问题？

五、从回顾日本过去、展望日本未来的这一立场出发,什么样的公私观念在理念和实践中是切实可行的？在国家、社会和市场分化发展的过程中,如何构筑个人选择尊重并遵守、但有时又会感到矛盾与对立的生活空间的基本依据？从这种观点而言,我们从欧美的历史中可以吸取些什么经验教训？特别是在18世纪以后的欧洲以及20世纪60年代的美国,其政治社会的变化,又给我们带来哪些启迪？

以上我简单归纳整理了我们的问题意识所在,为了更好地调整今后的讨论方向,下面我就大体阐述一下我们通过本次共同研究会的所学、所思、所感。

首先,关于日本式的公私观念,就我个人的理解,水林彪先生的发言可以归纳为以下两点:

第一点,日本式的公私观念的原型呈现出一个重层结构,即国家(オホヤケ,ohoyake)的领域(＝公)位于中心部分,其周边环绕着非国家(最初是ヲヤケ,woyake;其后转化为ワタクシ,watakushi)的领域(＝私)。而且,无论非国家领域如何变化、发展、成长,或由国家分离、独立、自立,获得一定的公(共)性格,要想据此用其他的"公"来对抗国家,使其正当化,都是非常困难的。在日本,收拢于国家的"公"的力学发挥着巨大作用。

第二点,日本的这种公私观,在日本历史发展过程中,即便国家与社会二元分离(我个人认为,用国民国家与市民国家、市场的三元分离这一方法更为现实)成立,还是难以确立与"国家的公"不同渠道的"社会公共性"(我认为,还应加深"市场的公共性"),迄今为止"公·私"还专门被限制在"国家(オホヤケohyake)的公"这种一元化认识的框架之内。

从这种视点来看,在对应国家与社会的二元分离方面,日本与中国及欧美情况都有所不同。中国早已确立了从国家与社会这两个不同脉络来把握,而欧洲经过市民革命确立了"市民公共性",又经过产业革命确立了"市场公共性"。更何况美国已在认真地思考"人种间的公共性"及"性别上的公共性",我自己还想发展一步,将跨越年龄段的公共性都纳入视野。

水林彪先生的发言,与专门研究日本思想史及日本国家制度史的专家观点究竟有何关联?他们对此究竟会作何种判断?我确实难以回答!我相信,对于理解当今日本有关公私议论的基本观点,及其方向、对立等方面,都有极大的启示作用。

其次我想谈的是,在思考当今有关日本的公私观念时,对词源追根究底式的探索及有关历史背景的研究与当今的现实究竟有着多大的关联?对于现在的日本,我们是从历史的观点上用"与过去的连续性"来审视呢?还是用"与过去的断绝"来审视呢?立场不同,议论自然不同。除去日本史及日本思想史等专业议论,对于当今日本展开的有关公私关系的议论,可以说二者基本上是对立的。特别是将第二次世界大战后的日本看成是战前日本的延伸(无论是否认识到,从根本而言是想回归到"灭私奉公"的构想和逻辑),还是站在当今日本与过去日本根本不同的立场(明的或暗的指向否定抛弃"灭私奉公"的构想和逻辑),二者几近分裂。然而,据我看来,在"公"乃"国家(オホヤケ,ohyake)的公"这一前提上,二者几乎是相同的。

因此问题的核心是,有必要对于"公"乃"国家(ohyake)的公"这种一元化的公私概念的原型及其发展变化(依然是继续着一元化的现状),作为思考和认识的基本框架予以确认。有鉴于此,对

333

于词源追根究底式的探索及有关历史背景的研究,就显得不可或缺。实际上,大多数日本人或对日本理解很深的外国人,在谈及"公"和"私"的问题时,都会将"公"理解为"国家(オホヤケ,ohya-ke)的公",在此基础上再论述其是否妥当,这是无可否认的现实。

基于这种状况,在当今日本的公私论中,这种在明的或暗的前提下将"公"等同于"公共性",或几乎理解为同样的意思,我们有必要重新加以审视。(特别是东岛诚先生的报告及围绕其报告的讨论)

我想,在日本思想史上,最早使用公共(性)一词的大概是横井小楠。他构想了一个与"公"不同层次的规范领域——天下公共之实理(政)。

源了圆先生的特论为我们解开了这一历史事实,对铲除有关日本公私观的以往偏见提供了一个巨大的转换契机。之所以这样说,是因为以往一般都认为,所谓"公共性",原本是为了引进"public"、"publicness"、"publicity"这种外来概念而使用的翻译词语(当然,仅用英语代表欧美各国确有问题,此乃为叙述方便的权宜之计,敬请谅解),其意思历经多种演变,无论内涵上还是外延上都发生了多种变化。但在日本并没有被充分理解到,它是一种国民与市民作为主体参加的,经常动态形成的国民与市民及国家的基本相互关系。

"公共性"一词与"公"不同,并非以国家为中心,而是含有强烈表现以市民为中心之意的意思。而且,"公共性"还是判断国家决定、行动、需求正统性的基准根源(如参加性、公开性、共同关心性等)。因此,站在执著于日本历史与传统文化原型这一立场,一方面必须原封不动地保持"国家(オホヤケ,ohyake)的公",另一方面我认为,又应对"公共性"赋予新意,与"公"明确区分开来。

这样,议论就能更加明了,立足于此的实践才能更加清楚透明。

还有一个重要论点,这就是"共同体"与"公共空间"的问题。这个问题特别是在斋藤纯一先生的报告及其与小林正弥先生的讨论,以及小路田泰直先生的报告及其讨论中都曾出现,并不是一个稍加调整就能解决的问题。另外,在井上达夫先生的报告及其讨论中非常明显,将坏的共同体的弊害,理解为疑似公共性的弊害,将共同性与公共性混为一谈——虽然只是一部分,对此问题的危险性我们也必须加以认识。就我个人的感想而言,与其作为一般论来讨论共同性(共同体)与公共性(公共空间)的问题,还不如追问一下,何时何地究竟是为什么而展开讨论? 这样要更为现实,理论意图也更为突出。

由此而言,我认为,不能将关于日本的讨论与美国、加拿大置于同一个坐标上进行。美国和加拿大自建国之初就是移民国家,无论是在人种上还是在文化上都属于多元社会,具有原子论般极强的个人主义社会心理,在此基础上的共同体论,具有很强的均衡调和色彩,即为了共和国免于结构性的分崩离析,使其存续下去,必须进行调整和克服。反之,日本自古至今,无论从历史根源来说还是现状来说,所有的非国家(オホヤケ,ohyake)的领域(各种共同体可以存在的唯一场所)在被"国家(オホヤケ,ohyake)的公"一元化的过程中,"私"被彻底地抑制和溶解,时至今日,这种双重结构(国家共同体以及为其所收敛统合的非国家共同体)还未能克服其同调强制性倾向,还在一味地抬头,在这种状况下,我们为什么还要展开共同体论,我对此感到疑问。

美国和加拿大的共同体论,可以说出于其本身的现实需要,有其一定的妥当性。然而,日本的共同体论,无论是从对日本生活所面临问题的基本认识而言,还是从其对策方面而言,都给我一种缘木求鱼的感觉。

无论日本的共同体多么复杂，多层化，都不能消除被"国家（オホヤケ，ohyake）的公"这一排外而强有力的共同性所吸收的危险性（对共同体外部而言），以及共同体特有的压抑性随时爆发的可能性（对共同体内部而言）。

我认为，并非"国家（ohyake）的公国家（オホヤケ，ohyake）的公"及其附属于其外部的"私"，而是国家与个人之间存在着多样且多元的、多层的中间领域，能使双方互为前提，相辅相成，能够成为有力促进相互发展和成长的媒介——这才是所谓的公共空间的存在理由。它绝不能是一种具有内部闭锁统合倾向的空间，并以共同享有一定的目标、价值、标准、传统、经验、言语、信条、习惯等为基础。我们需要一种与此不同的生活（生存）空间，它应该是对不得不存在于共同体外部的他者开放的，且能够与非共同体构成人员（正因为不能共享共同体的基本前提，因此不可能加入共同体）共存的公共空间。我想，正因为有此必要性以及对此认识加深的结果，人们对于公共空间的关心才不断地提高。

关于日本的公私论以及公共性的讨论还有一个特点，那就是宗教及灵性、精神性问题较少被提及。人们常说，日本人是一个没有宗教的民族，而我认为，无论结果是好是坏，日本人应该属于多宗教民族。假如日本是一个无宗教社会，就容易被人理解为具备论述无神时代（状况）下的公共性这一问题的条件。而假如日本基本上是一个多宗教社会化，那么宗教多元化与"公私"及公共性的问题就具有重要意义。由此而言，稻垣久和先生的特论为我们揭示出需要重新思考的一系列问题。

最后还要补充一点，如果我们从过去（特别是近世以后）到现在的日本发展轨迹以及今后展望这一观点来看，虽然日本在"富国"方面取得了成功,但在"强国"方面不仅归于失败,而且只能说是给日本国内外带来了莫大的灾难。由此而言,我觉得,无论是对于国家还是对于国民,日本与其需要"武士的公",毋宁说更需要"商人的公(共性)"。当然,我们充分理解,正因为当时的统治者是武士(阶级),事情并不能说得过于绝对,然而若我们为现在和将来的日本计,我们非常有必要考察"商人的公共性"的意义与作用。我认为,此处所谓的"公",与其说是公共性,倒不如说是对日本式的"公"这一概念更为忠实的解释(当然这是我的个人见解),理解为国家(国民)形成的基本原理,或是理想的国家状态更好。

# 译 者 后 记

经过中日双方的各界同仁数年间的艰苦努力,这套十卷本《公共哲学》丛书终于将由人民出版社正式出版发行,作为翻译委员会成员之一,既有如释重负之感,同时回顾这四五年来所走过的漫长历程,不由得感慨系之。

本丛书的翻译缘起,可追溯到2003年。当时我正在日本关西某私立大学担任客座教授,由"将来世代综合研究所"组织策划、东京大学出版会出版的《公共哲学》丛书第1辑10卷刚好刊行完毕。日方希望将这些研究成果介绍到其他国家和地区,问我能否先在中国出版汉译本。因为20世纪90年代初,我在日本神户大学留学期间,曾参加过两次由"将来世代国际财团"主办的"将来世代留学生论坛(forum)"活动,得以结识"将来世代国际财团"理事长矢崎胜彦先生及"将来世代综合研究所"所长金泰昌先生。矢崎胜彦理事长是位奇特之士,在其作为企业家达到人生巅峰时,突然急流勇退,辞去公司社长职务,亲自创设"将来世代国际财团"、"京都论坛"等民间机构,并邀请韩国学者金泰昌教授主持"将来世代综合研究所"(现名"公共哲学共働研究所")的工作。

"将来世代国际财团"开展的活动范围主要包括以下三大领域:第一是由"将来世代综合研究所"牵头举办各种学术研究,定期或不定期地在日本及国外召开各种不同规模的学术讨论会,出

339

版有关研究书籍;第二是启蒙教育活动,举办各种有关将来世代的普及活动,组织开展各种形式的国际交流;第三是实践活动,用将来世代的观点建立可持续发展的世界观和自我观,开展各种实践活动,曾在中国的四川、贵州和新疆捐资开展生态宣传、植树造林和支持贫困地区教育事业,还在印度等国家植树造林,传播环保理念。

　　"将来世代留学生论坛"则属于上述第二个活动,于 1993 年 9 月 15 日正式启动,主要召集来自亚洲各国及地区的外国留学生,通过参观与日本历史文化有着密切关联的日本各地,加深对日本的理解。我所参加的两次活动,一次是登富士山(1994 年 7 月 19 日至 21 日),另一次是参观位于长崎西南海上的军舰岛(1994 年 8 月 18 日至 20 日)。军舰岛本名端岛(现属长崎市高岛町),因其外形恰似军舰,故以得名。明治以后曾作为日本重要的煤炭生产基地而繁荣一时,鼎盛时期小小岛上曾居住着 5000 多人,但由于煤炭资源的枯竭、石油等新型燃料的使用等因素,岛上矿山最终于 1974 年关闭,岛上的 2000 多居民被迫全部撤离,人去楼空,往日的建筑渐渐沦为一片废墟,令人唏嘘不已。

　　我们白天参观,晚上聆听金泰昌所长及其他应邀嘉宾所做的有关将来世代的报告。会后则与矢崎胜彦理事长及来自世界各地的留学生们举杯欢饮,彻夜畅谈,确实是不亦乐乎。如今想来,皆已成为青春时期留学生活的宝贵记忆之一。

　　虽然"将来世代留学生论坛"陆续举办了 20 余次,但"将来世代国际财团"与"将来世代综合研究所"后来工作的重点则转向了主办公共哲学共同研究会,定期邀请活跃在日本学界的各方代表性人物,探讨有关公共哲学的各种理论及实践问题,并由东京大学出版会将其成果陆续公开出版,据说本《公共哲学》丛书最终计划刊行二十卷。

2004年春,我结束日本的客座教授任务回国后,立即着手联系国内的出版社和翻译工作人员。由于本丛书的翻译工作既需要深厚的日文功底,又需要高度的专业知识,非一般常人所能胜任,经历了种种曲折交涉,最终由著名学者卞崇道教授牵头,动员了中国社会科学院及国内各大学的专家学者,组成强大的翻译委员会,并于2004年8月25日在北京饭店举行了首次《公共哲学》丛书翻译工作会议,正式启动本丛书的翻译工作,矢崎胜彦理事长、金泰昌所长及有关工作人员都前来参加,充分体现了日方对此工作的高度重视。而出版社方面,也是一波三折,好事多磨,最终由林美茂先生推荐的人民出版社慷慨允诺,才得以玉成此事。应该说,本丛书能够在中国翻译出版,确实凝聚着中日双方的努力与心血。

本卷《日本的公与私》,如本书凡例中所述,主要以2000年5月12日至14日举行的第22届公共哲学共同研究会"日本公私观念的特征及外国公私观念的转换"中的部分成果为中心整理而成。作为本《公共哲学》丛书唯一冠以"日本"名称的一卷,其重要性不言而喻。由于日本在明治维新前吸收了大量的中国文化,明治维新后又深受欧美的影响,因此日本的"公私"概念既有其自身历史的沉淀,也离不开上述外来因素的吸收。而参加本书讨论的不仅仅有来自日本历史、日本思想史等日本问题研究专家,还有研究中国及欧美思想史的学者,因此围绕各个专题的讨论必然带有跨学科、跨国界的特点。对于书中每个议题及特论的主要内容及其特点,黑住真教授的导论和金泰昌的后记分别进行了较为详细的介绍和评价,在此不再赘言。总而言之,本卷既有对日本历史上"公私"概念及其思想脉络的梳理,又有对当今日本的信息社会及宗教状况的探讨,不仅对我们认识对日本的"公私"问题大有裨

341

益,而且对我们了解日本的历史和文化也颇有启迪,这也是译者翻译此书的目的所在。

本卷的翻译工作由南开大学的三位同仁种健、韩立红、刘雨珍共同承担,具体分工如下:

种健:论题一、论题二

韩立红:论题三、论题四、拓展讨论

刘雨珍:论题五、论题六、特论一、特论二、特论三

及前言、导言、后记

三人各自译毕后,由刘雨珍负责全书的统稿工作,对一些专有名词及译名进行了统一,对某些部分还加上了译注。应该说,翻译工作进展得并不顺利,其难度远远超出原先的想象。首先是本书专业性强,涉及知识面广,许多地方超出我们的能力;其次,由于本书乃讨论会中的成果,有些地方显得逻辑并不十分严谨,给我们的理解也造成了不少麻烦。幸而由于三位同仁的共同努力,得以及时完成。由于我们对公共哲学等专业知识理解有限,译文中难免会出现一些不妥之处,敬请方家批评指正!

在本书的翻译及查阅资料过程中,得到了南开大学外国语学院日语系部分研究生的大力帮助,责任编辑洪琼博士也为本书的编辑工作付出了诸多心血,在此一并致以深深的谢意!

刘雨珍

2007 年岁末于南开大学

# 第22次公共哲学共同研究会

[**发题者**]

水 林 彪：东京都立大学教授

小路田泰直：奈良女子大学教授

东 岛 诚：东京外国语大学非常勤讲师

斋 藤 纯 一：横滨国立大学教授

田 中 秀 夫：京都大学教授

川 出 良 枝：东京都立大学副教授

三 岛 宪 一：大阪大学教授

纸 谷 雅 子：学习院大学教授

宫 岛 乔：立教大学教授

井 上 达 夫：东京大学教授

[**讨论参加者**]（按五十音图排序）

今 田 高 俊：东京工业大学教授

金 凤 珍：北九州市立大学教授

黑 住 真：东京大学教授

小 林 正 弥：千叶大学副教授

柴 田 寿 子：东京大学副教授

铃 木 正 幸：神户大学教授

花 冈 永 子：大阪府立大学教授

原 田 宪 一：山形大学教授

福 田 欢 一：东京大学名誉教授、日本学士院会员

沟 口 雄 三：大东文化大学教授、东京大学名誉教授

山 胁 直 司：东京大学教授

吉 田 公 平：东洋大学教授

渡 边 康 麿　Newport University 教授

[综合主持]

林胜彦：NHK "21 世纪企业" 栏目高级策划人、制片人

[主办方出席者]

西 冈 文 彦：京都论坛策划委员、传统版画家

金　泰　昌：将来世代综合研究所（现为公共哲学共働研
　　　　　　究所）所长

矢 崎 胜 彦：将来世代国际财团理事长（兼任公共哲学共
　　　　　　働研究所事务局局长）

[**发题者简介**]

**水林彪**(Mizubayashi Takeshi):1947 年生,东京都立大学教授。主要著作:《封建制的重组与日本社会的确立》(山川出版社,1987 年),《记纪神话与王权祭祀》(岩波书店,1991 年初版,2001 年修订版),《我国"公私"概念的历史展开》(载《历史与方法 1·日本史中的公与私》,青木书店,1996 年版)。研究领域:日本法制史。

**小路田泰直**(Kojita Yasunao):1954 年生,奈良女子大学教授。主要著作:《日本史的思想》(柏书房,1997 年),《"邪马台国"与日本人》(平凡社,2001 年)。研究领域:日本近代史。

**东岛诚**(Higashijima Makoto):1967 年生,东京外国语大学非常勤讲师。主要著作:《公共圈的历史创造——江湖思想》(东京大学出版会,2000 年),《交通的自由,思想的运输》(载《东京大学日本史学研究室纪要》第 5 号,2001 年),《激进的音型》(载《环境情报科学》30 卷 3 号,2001 年)。研究领域:历史学。

**斋藤纯一**(Saito Junichi):1958 年生,横滨国立大学教授。《公共性》(岩波书店,2000 年),《表象的政治与表现的政治》(载《现代思想》25 卷 7 号,1997 年 7 月),《社会分断与保障重组》(载《思想》925 号,2001 年 6 月)。研究领域:政治理论、思想史。

**井上达夫**(Inoue Tatsuo):1954 年生,东京大学教授。主要著作:《共生之法——作为对话的正义》(创文社,1986 年),《通往他者的自由——公共性哲学的自由主义》(创文社,1999 年),《现代的贫困》(岩波书店,2001 年)。研究领域:

法哲学。

阿部洁(Abe Kiyoshi):1964 年生,关西学院大学副教授。主要著作:《公共圈与交往》(Minerva 书房,1998 年),《日常生活中的交往》(北树出版,2000 年),《彷徨的民族主义》(世界思想社,2001 年)。研究领域:社会学、新闻传播与交往论。

黑住真(Kurozumi Makoto):1950 年生,东京大学教授。主要著作:《禁止基督教与近代日本——以丰臣秀吉"天正十五年六月十八日令"为线索》(载沟口雄三等编:《来自亚洲的思考 4·社会与国家》,东京大学出版会,1994 年),《儒学与近世日本社会》(载《日本通史第 13 卷·近世》,岩波书店,1994 年)。研究领域:日本伦理思想史。

源了圆(Minamoto Ryoen):1920 年生,东北大学名誉教授。主要著作:《近世初期实学思想研究》(创文社,1980 年),《型》(创文社,1989 年),《莲如》(载《净土佛教思想》第 12 卷,讲谈社,1993 年)。研究领域:日本思想史。

稻垣久和(Inagaki Hisakazu):1947 年生,东京基督教大学教授。主要著作:《知与信的构造》(约旦社,1993 年),《宗教多元主义研究》(共编,大明堂,1995 年),《着眼于构筑公共哲学》(教文馆,2001 年)。研究领域:宗教哲学、科学哲学。

责任编辑:洪　琼

封面设计:曹　春

**图书在版编目(CIP)数据**

日本的公与私/[日]佐佐木毅,[韩]金泰昌主编;刘雨珍,韩立红,
　种健译. -北京:人民出版社,2009.6
　(公共哲学丛书/第3卷)
ISBN 978－7－01－007438－2

Ⅰ.日…　Ⅱ.①佐…②金…③刘…④韩…⑤种…　Ⅲ.哲学思想
　-研究-日本-现代　Ⅳ.B313.5

中国版本图书馆 CIP 数据核字(2008)第 168636 号

**日本的公与私**

RIBEN DE GONG YU SI

[日]佐佐木毅　[韩]金泰昌　主编　　刘雨珍 韩立红 种健　译

**人民出版社** 出版发行

(100706　北京朝阳门内大街166号)

涿州市星河印刷有限公司印刷　新华书店经销

2009 年 6 月第 1 版　2009 年 6 月北京第 1 次印刷

开本:880 毫米×1230 毫米 1/32　印张:12.625

字数:300 千字　印数:0,001－3,000 册

ISBN 978－7－01－007438－2　定价:42.00 元

邮购地址 100706　北京朝阳门内大街 166 号

人民东方图书销售中心　电话 (010)65250042　65289539

原 作 者：佐々木毅、金泰昌　编

原 书 名：日本における公と私

原出版者：東京大学出版会

　　　　　我社已获东京大学出版社（東京大学出版会）和公共

　　　　　哲学共働研究所许可在中华人民共和国境内以中文

　　　　　独家出版发行

著作权合同登记　01－2008－5123 号